주민과 시민 사이

한국 시민사회의 사회적경제 활동 톺아보기

진인진

주민과 시민 사이 한국 시민사회의 사회적경제 활동 톺아보기

초판 1쇄 발행 | 2017년 2월 28일
기획·글 | 공석기·임현진
발 행 인 | 김영진
발 행 처 | 진인진
편　　집 | 김민경
등　　록 | 제25100-2005-000003호
주　　소 | 경기도 과천시 별양상가 1로 18 614호(별양동 과천오피스텔)
전　　화 | 02-507-3077~8
팩　　스 | 02-504-3079
홈페이지 | http://www.zininzin.co.kr
이 메 일 | pub@zininzin.co.kr

ⓒ 진인진 2017
ISBN 978-89-6347-325-3 93300

*본 연구는 2016년도 서울대학교 아시아연구소의 아시아연구기반구축 사업의 지원을 받아 수행되었
　습니다(#SNUAC-2016-007).

기획의 글

주민과 시민 사이를 넘어

저자들은 지난 2015년부터 시민사회와 사회적경제를 주제로 연구를 진행하면서 국내외 다양한 현장을 방문할 기회를 가졌다. 풀뿌리 지역을 보고, 듣고, 만나는 과정에서 시민사회의 사회적경제 활동에서 다양한 장애물과 지렛대를 동시에 발견할 수 있었다. 일견 한국적 추격의 모습 속에서 희망을 발견하기도 하였지만 동시에 시간에 관대하지 못한 우리의 고질적인 조급증으로 인해 지속가능하지 않은 방식이 양산되고 있음을 목격하기도 하였다. 사회적경제 활동 현장에 뛰어든 헌신과 열정의 선배 시민사회 활동가들이 후배들에게 과거와 같은 인내와 헌신 그리고 희생과 노력을 그대로 요구할 수 없는 현실이다.

최근 중진국 함정에 빠져 마치 러닝 머신에 서 있는 것처럼 앞으로 나아가지 못하고 있는 한국 사회 전반에 대한 '새로 해보자'(rebuild, reset, restart) 주장을 구체적으로 구현할 수 있는 방법 중의 하나가 바로 협동의 경험이라고 생각한다. 청년, 장년, 그리고 노년의 모든 세대가 공동체의 파괴라는 트라우마를 안고 살고 있다. 사회에 만연해 있는 반칙과 불의에 대해 큰 좌절과 분노를 느끼고 있는 작금의 상황에서 우리에게는 새로운 돌파구가 절실한 상황이다. 맛사지와 같은 담론으로 힐링하기에 우리 안에 배태된 트라우마는 너무나 크고 깊다. 이에 세대의 간격을 넘어, 지역의 경계를 넘어설 수 있는 협동과 연대의 경험만이 이 트라우마를 덮어 쓸 수 있다고 전제하고 저자들은 한국 시민사회의 사회적경제 활동에 대해 주목하였다.

협동적 인간이 되기 위해서는 내가 만든 경계를 일단 넘어서야 하고, 협동과정에 대한 참여를 통해 새로운 연대감, 신뢰, 민주주의, 그리고 공동체를 구체적으로 경험할 수 있다. 이것은 단순한 주민을 넘어 시민으로 올바로 서는 과정이기도 하다. 우리는 트라우마의 시대를 살고 있다. 이를 극복하기 위해서는 진정한 시민성을 갖춘 다양한 세대들이 공공선 이슈에 지속적으로 개입하는 것이 중요하다. 사회적경제 영역은 바로 협동과 연대를 경험하고 대안을 발굴할 수 있는 실천의 장인 것이다.

저자들은 이런 배경에서 이 책을 기획하게 되었다. 한국이 선진적인 나라들을 추격하는 방식으로 진행되고 있는 사회적경제 활동 속에 주민과 시민을 넘어설 수 있는 가능성을 확인하고 싶은 것이다. 지난 10여 년 동안 때로는 아래로부터 자립적인 운동으로, 때로는 위로부터 기획의 방식으로 사회적경제 활동이 급속하게 추진되었다. 다양한 실험과 노력 중에서 저자들은 지역에 기반을 둔 사회적경제 활동을 살펴보고자 하였다. 이를 7개 권역별로 나누었고 권역별 사례는 도시, 농촌 그리고 도농복합형 지역을 고려하여 최종 18곳을 선정하였다. 사례 조사 대상은 마을기업, 협동조합, 사회적기업 및 중간지원조직을 비롯한 다양한 사회적경제 조직을 포함한다.

약 2년여 간의 현지 조사 연구를 통해 저자들은 풀뿌리 공간에서 지역 구성원들이 어떻게 사회적경제 활동을 통해 과거의 지역 공동체를 다시금 회복하고, 연결하며, 활성화시킬 수 있는지를 살펴보고자 하였다. 이는 풀뿌리 주민이 사회적경제 활동을 통해 지역의 공공성 혹은 공공선을 미시적으로 재구성하는 과정에 대한 탐색적 연구라 할 수 있다. 즉, 본 연구의 목적은 주민들이 다양한 사회적경제 활동을 통해 지속가능한 지역공동체를 구성하고, 지역 경계를 넘어 상호 연결되면서 시민으로 나아갈 수 있는 가능성을 탐색하는 데 있다. 나아가 본 연구에서는 지역 기반 사회적경제 활동에 참여하는 주민들이 자율적이고 창조적인 힘을 발휘할 수 있는 조건을 살펴보고, 이를 실현하기 위한 구체적인 지원 방안이 필요함을 정책 과제로 제안하였다.

아직도 한국의 사회적경제 활동을 평가하기는 이른 감이 없지 않다. 그렇지만 사회적경제 활동을 둘러싼 한국적 추격 경험에 대한 성찰적 진단이 지속적으로 필요하다는 판단 하에 부족하지만 이 연구를 공유하고자 한다. 이 책은 크게 세 가지 연구를 반영하고 있다. 2012년 고용노동부 지원 하에 진행한 사회적기업 연구사업, 2015년 기획재정부 지원 하에 진행한 협동조합 연구, 그리고 2016년 서울대학교 아시아연구소 지원 하에 진행된 시민사회와 사회적경제 연구 등이다.

이 책을 준비하는 과정에서 많은 분들의 도움과 노력이 있었다. 우선 현장의 소중한 경험을 나눠주신 지역 현장 활동가들께 감사를 드린다. 또한 두 차례 걸쳐 진행된 〈서울대 아시아연구소 협동조합정책 포럼〉에 패널로 참석해주신 선생님들께도 깊은 감사를 드린다. 무엇보다 현장 인터뷰 조사에서부터 녹취 그리고 단행본 편집에 참여해 준 김태연 박사과정 학생과 유지연 석사에게 감사드린다. 특히 단행본 작업에 참여해 준 김태연 박사과정 학생에게 감사의 마음을 전한다. 이들의 헌신과 열정이 없었다면 이 책은 세상에 나올 수 없었을 것이다.

봄이 오는 관악에서
공 석 기, 임 현 진 拜

목차

표 목차

그림 목차

I. 왜 지역을 주목하는가

1. 지역기반 사회적경제 활동의 중요성

세계화의 위협에 대한 대안으로 풀뿌리 지역 혹은 마을이 떠오르고 있다. 치열한 경쟁과 각자 도생의 분주한 삶으로부터 탈출하여 물질적으로는 조금 부족하지만 좀 더 여유 있고 서로 돕는 삶을 통해 보다 인간답고 행복한 삶을 되찾으려는 현대인들의 욕구가 증가하고 있다. 이처럼 우리를 압박하는 위협과 위기로부터 벗어나지 못한다면 우리 안에 쌓여가는 시기와 분노 그리고 절망의 늪에서 헤어날 수 없다. 이런 맥락에서 지역과 공동체가 주목받고 있다. 무너진 공동체를 풀뿌리 지역에서부터 자발적이고도 주체적인 모습으로 회복하고자 노력하는 다양한 사회적경제 활동이 지역을 기반으로 형성되고 있다.

최근 한국 사회는 공생, 공유, 사회적 가치의 중요성을 재조명하면서 서구가 놀랄 정도로 정부, 시민사회, 기업이 사회적경제 영역에 적극적으로 참여하고 있다. 특별히 2012년 12월 1일 협동조합기본법이 시행되면서 협동조합이 2016년 12월 말 현재 10,381개가 설립될 정도로 양적인 측면에서 급속히 성장하고 있다. 물론 사회적협동조합(568개)보다는 대부분이 도매, 소매, 제조 등의 생산자 협동조합에 머물고 있다. 지역공동체 구성원 간의 신뢰를 회복하고 호혜적 경제활동을 통해 지역공동체를 이룰 수 있는 지역 기반의 협동조합이 비록 느린 속도이지만 하나 둘 형성되고 있다.

그동안 지역 재생, 지역경제 활성화를 목적으로 정부 주도의 지원 사업이 다양하게 진행되었다. 대표적인 것이 마을기업지원 사업이다. 아직까지 마을기업이 지역공동체 회복에 어느 정도 유의미한 기여를 했는가에 대해서는 논쟁의 여지가 있지만 대부분이 준비 부족, 외부 지원에 의존한 사업, 그리고 지역 내 호혜경제 생태계의 부재 등으로 어려움을 겪고 있다는 것은 부정할 수 없다. 보다 긴 호흡으로 마을 단위 사회적경제 생태계를 재구성하기보다는 조급한 성과주의에 빠져 불완전하게 표준화된 모델을 가지고 계몽적차원에서 위로부터 주입 및 적용시키려는 정책이 다수를 이루었다는 비판에서 자유로울 수 없다. 때로는 같은 지역 내에서도 중앙과 지역정부로부터 유사한 사업들이 사회적경제 활성화 명목으로 무분별하게 지원되는 문제도 낳고 있다. 이와 같이 위로부터 진행되는 한국형 추격 모델이 사회적경제 활동관련 정책에도 예외 없이 나타나고 있다.

다행스러운 것은 지역의 파괴된 마을공동체를 미시적 차원에서 재구성하려는 헌신과 사회적 가치의 씨앗이 다양한 형태의 사회적경제 활동을 통해뿌려지고 있다는 점이다. 풀뿌리 차원에서 주체적인 자세로 비록 작은 규모라도 자발적인 협동의 실험을 구현해 나가며 이를 통해 지역 주민 간의 상호신뢰를 회복하고 그 협동의 싹을 하나 둘 틔워 가는 것을 확인할 수 있다. 이러한 주민 모임은 도시와 농촌을 가리지 않고 북 카페, 농가레스토랑, 마을도서관, 공동주택 사업, 텃밭, 꾸러미사업, 로컬푸드 매장, 그리고 생협 등과 다양한 연계를 맺어가고 있다. 이러한 협동경험을 통해 지역 주민들은 공동의 시설을 마련하고자 자발적으로 출자하여 시설을 만들고 운영과정에 참여하거나 서비스를 제공하는 새로운 경험을 이루어 가고 있다. 특별히 젊은 주부와 청년들이 창의적인 아이디어와 계획들을 풀뿌리 수준에서 다양하게 발굴하고 이것을 협동조합을 통해서 구현하는 노력들이 전국적으로 확산되고 있다.

이와 같이 풀뿌리 수준에서 진행되고 있는 다양한 협동과 공유의 실험들은 지역에 기반을 둔 공동체가 올바로 성장할 수 있는 자양분이 되고 있다. 지역에서 형성되고 있는 다양한 사회적경제 조직들은 지역 주민 간의 사회적 신뢰를 회복시키며 과거 주변부에 위치했던 사회적 약자나 소수자에게도 일자리를 제공한다. 이는 궁극적으로 지역 주민 간의 신뢰회복이며, 상생과 협력 공동체가 회복되는 것의 전조일 것이다. 그러나 이 과정은 결코 단선적인 진화의 과정일 수 없다. 이러한 낙관은 기획과 계몽 그리고 위로부터 주도되는 정책개입에서 비롯된다. 삶은 결코 명쾌한 공식으로 설명될 수 없을 정도로 복잡한 요인과 조건들로 가득 차 있다. 그 중에서도 이 공동체를 구성하는 주민들의 미시적 변화를 면밀하게 분석하지 않는다면 정책 한계를 쉽게 마주할 것이다. 이런 맥락에서 사회적경제 활동 연구에 있어서 주민들의 미시적 변화를 역동적으로 분석한 연구가 절실히 요청된다. 안타깝게도 이러한 지역에 기반을 둔 다양한 사회적경제 활동이 어떻게 미시적으로 등장, 연결 그리고 형성 혹은 재구성되는가에 대한 역동적 과정을 분석하는 연구가 부족하다.

　이러한 견지에서 저자들은 세계화의 위협과 위기에 대한 대응과정으로서 풀뿌리 차원의 공동체 회복 노력을 지역에 기반을 둔 사회적경제 활동을 중심으로 살펴보고 그 미시적 재구성 과정에서 발견되는 주요한 특징을 다섯 가지 요인-리더십, 신뢰, 학습, 혁신, 지원-에서 접근하고자 한다. 기존의 연구들이 1~2년 안에 사업의 효과나 성과만을 평가하기 위한 도구를 개발하는 것에 초점을 두었다면 본 연구는 보다 장기적인 차원에서 풀뿌리 지역의 사회적경제 활동의 지속가능성을 제고하기 위한 요인이 무엇이며 동시에 그것을 막는 장애물은 무엇인가를 제시하는 것에 초점을 맞추고자 한다. 그러기 위해서는 공허한 이론보다는 풀뿌리 현장 속으로 내려가 지역 주민들의 협동의 삶 속에서 마주하는 어려움에 대한 하소연을 듣고, 동시에 그들이 그 어려움을 극복하기 위해 함께 머리를 맞대고 답을 찾고자 노력하는 모습을 살펴보며, 더 나아가 공동으로 결정한 것을 어떻게 구현하고자 노력하는 지 협동의 과정을 추적하고자 한다.

약 2년여 간의 현지 조사 연구를 통해 저자들은 풀뿌리 공간에서 지역 구성원들이 어떻게 사회적경제 활동을 통해 과거의 지역 공동체를 다시금 회복하고, 연결하며, 활성화시킬 수 있는지를 살펴보고자 하였다. 이는 풀뿌리 주민이 사회적경제 활동을 통해 지역의 공공성 혹은 공공선을 미시적으로 재구성하는 과정에 대한 탐색적 연구라 할 수 있다. 즉, 본 연구의 목적은 주민들이 다양한 사회적경제 활동을 통해 지속가능한 지역공동체를 구성하고, 지역 경계를 넘어 상호 연결되면서 시민으로 나아갈 수 있는 가능성을 탐색하는 데 있다. 나아가 본 연구에서는 지역 기반 사회적경제 활동에 참여하는 주민들이 자율적이고 창조적인 힘을 발휘할 수 있는 조건을 살펴보고, 이를 실현하기 위한 구체적인 지원 방안이 필요함을 정책 과제로 제안하였다.

2. 사회적경제 활동의 지속가능성에 대한 질문

시민사회 연구자로서 저자들은 시민사회의 다양한 영역들이 사회적경제 활동에 어떻게 참여하고 있는가를 주목하고 먼저 시민사회와 사회적 기업의 연계과정에 집중하였다. '과연 한국 시민사회가 사회적 기업 발전과정에 어떻게 기여할 수 있는가'를 좀 더 미시적인 차원에서 접근하였다. 2000년대 들어 한국 시민사회 역시 대안 세계화에 대한 관심이 확대되었고 그 일환으로 사회적경제 활동에 적극적으로 참여하게 되었다. 이런 측면을 주목하고 시민사회의 헌신적인 운동가·활동가가 사회적 기업가로 변신하기 위한 많은 요인들을 탐색하였다. 그 결과 활동가가 기업가로 전환하기 위해서는 크게 네 가지 요인이 중요하다는 것을 발견하였다. 헌신에서 혁신으로 전환해야하고, 과거의 강한 연결망에 집착하기보다는 새로운 사람과의 연결망을 구성하기 위한 자기변신의 노력이 필요하다. 여기에 자기역량을 강화하기 위한 노력 -회계, 경영, 조직관리-도 결합되어야 한다. 그리고 이러한 요인을 뒷받침해주는 외적조건(제도·문화)이 튼실하게 존재해야 한다는 것이다.

이러한 '활동가에서 기업가로'의 변화 메커니즘을 주목하면서 그들이 사회적기업에 적극적으로 참여하는 과정에서 마주하는 장애물을 분석하였고, 이를 극복한 사례들을 주요 대상으로 연구를 진행하였다. 그러나 대부분의 성공사례로 알려진 사회적기업은 여전히 중앙정부 혹은 지방정부의 지원 하에 추진한 사업이었다. 또한 활동가가 사업가로 변신하는 것에 초점을 맞추었기에 사회적경제 활동에 참여하고 있는 풀뿌리 구성원의 변화과정과 활동지역에서 어떻게 협동의 생태계를 구축하는 지로 연구를 확대하지 못했다. 물론 사회적기업의 초기 발전국면이라 이러한 연구 질문에 타당한 답을 찾기에 자료 및 경험이 충분하지 못한 것이 사실이다.

이런 맥락에서 본 연구는 삶의 밀착적인 공간인 마을(지역)으로 내려가서 진행했다. 풀뿌리 지역의 사람들은 사회적경제 활동 경험을 통해 어떻게 대안 세계화의 답을 구하고 있을까? 연구자들은 지역의 미시적 공간에서 구성원들이 사회적경제 활동을 통해 주민들이 어떻게 지역 공동체 속에서 상호 신뢰관계를 쌓아가며 그 관계망 속으로 더욱 깊이 들어가는지를 살펴보았다. 우리가 부러워하는 서구 선진국의 마을공동체 주민들이 구성, 공유 및 강화하고 있는 사회적 가치들 -이웃, 신뢰, 안정, 자유, 평등, 친환경-이 우리사회에는 어떤 방식으로 나타나고 있는지를 분석하는 것은 한국 시민사회의 새로운 방향으로의 발전 가능성을 가늠하는 중요한 잣대가 될 수 있다.

최근 연구들은 한국의 사회적경제 활동이 국가의 위로부터의 정책 개혁적인 성격과 시민사회 진영의 운동 중심적 접근이 지배적이라는 분석이 강하다. 이 두 가지 비판의 핵심은 바로 위로부터의 기획이라는 것이다. 그러나 풀뿌리 주민들도 이미 전 지구적인 신자유의의 세계화로 인한 위협과 피해를 체감하면서 자발적으로 대안세계화에 대한 고민을 시작하고 있다. 그 결과 이러한 아래로부터의 욕구와 노력이 위로부터의 정책 개입 및 운동과 만나게 되었고 그 결과가 마을 기업, 사회적기업, 협동조합과 같은 다양한 사회적경제 활동으로 나타난 것이다. 결코 위로부터의 주도나 아래로부터의 노력으로만 설명할 수 없는 것이다. 그렇지만 본 연구는 한국 시민사회의 역동성을 주목하고 후자에 더 초점을 맞추어 풀뿌리 주민들이 스스로 나선 것에 주목한 것이다. 그들이 어떻게 함께 고민하고 대안을 궁리하고, 새로운 실험으로 도전했는지 소위 협동의 실천 경험과정에 대해 주목하고 있다. 이러한 주민의 혁신적 노력이 마을 안에서의 공공성을 구축하고 이것이 마을의 경계를 넘어 시민사회로 확대될 때 국가적으로 강한 시민사회를 갖출 수 있는 근간이 될 수 있기 때문이다. 다시 말해 마을 주민이 시민으로 거듭나는 것이며 이것이 참여 민주주의를 구현함으로써 국가의 주권자인 시민으로 거듭날 수 있는 것이다. 그러나 현실은 그렇게 녹록치 않다. 돈이 마을에 들어가니 기존의 신뢰관계가 깨지고 조그만 마을에 정치가 난무한 경우도 발견된다.

정부 지원정책을 수행하는 마을과 지역이 늘어가다 보니 민관 거버넌스가 중요한 과제로 부상하였다. 칸막이가 강하게 자리 잡았던 정부와 주민사이에 조금씩 그 장벽이 사라진 경우도 있지만 아직도 그 불신의 늪은 깊은 것이 현실이다. 이러한 문제를 타파하기 위하여 다양한 중간지원조직이 형성되면서 민관 거버넌스의 건강한 메커니즘을 모색하는 노력이 이어지고 있다. 그러나 보다 심각한 것은 민민 간의 거버넌스가 더 어렵다는 점이다. 마을 주민들 사이의 작은 규모의 협동은 영역에 따라 쉽게 이루어지기도 하며 강한 연대활동으로 성공한 경우도 많이 발견된다. 그러나 이것이 마을을 넘어 좀 더 넓은 지역으로 확대하고자 할 때 혹은 한 영역을 넘어 다른 부문 간의 협력을 추진할 때 그 장벽이 심각하다는 것을 확인하게 되었다. 이러한 사회적경제 활동 영역 내의 민민 거버넌스의 한계는 주민이 시민으로 성장하는데 큰 장애물이 아닐 수 없다. 본 연구는 이러한 문제의식을 가지고 주민과 시민 사이를 연결할 수 있는 징검다리는 무엇이며 이것을 막는 장애물은 무엇인지를 구체적인 사례연구를 통해 발견하고자 한다.

본 연구는 국내외 대표적인 지역공동체의 사회적경제 활동을 대상으로 한 사례연구이다. 또한 아래에 예시한 주요 연구 질문을 통해 지역 사례 간의 공통점과 차이점을 발견하는 비교연구이기도 하다. 지역의 사회적경제 조직들은 어떻게 구성되는가? 지역 주민들이 위로부터의 공동체 만들기 혹은 아래로부터 자율적인 공동체를 형성하는 요인은 각각 무엇인가? 지역 주민들은 사회적경제 활동에 참여함으로써 진정 행복감을 누리고 있는가? 지역 주민들이 스스로 사회적 가치를 생성, 공유 및 확대하는 방법은 무엇인가? 지역 공동체의 지속가능성은 사회적경제 활동과 어떻게 관련이 있는가? 지역 주민이 지역의 경계를 넘어 사회적 생태계를 구축하기 위한 계기는 무엇인가?

저자들은 이상의 질문을 통해 지역(마을)공동체 주민들이 사회적 가치(비전), 지속가능성(돈), 그리고 상호연대(재미·신뢰)의 기쁨을 어떻게 발견하고 공유하고 강화하는지를 살펴보고자 하였다. 위의 세 가지 연구 주제를 좀 더 부연하면 아래와 같다. 우선 지역(마을)공동체를 살펴보자. 본 연구가 정의하고 있는 지역(마을)은 일정한 지리적 공간으로 제한해 놓은 개념은 아니다. 지리적으로 지역사회 혹은 도시보다는 공간적으로 작은 개념으로 정의하고 있다. 지역 공동체의 특징은 일정 공간 안에서 구성원들이 어떤 관계를 구성하고 있는가이다. 즉 일상적인 대면관계를 유지하는 것이 마을을 규정하는 가장 핵심적인 요건이라 할 수 있다. 이처럼 지역(마을)은 일상생활의 대면관계를 유지하게 하는 주거성과 기능적으로 상호 의존할 수 있는 사회적 기반을 공유하는 것이 핵심이다. 이러한 주거성과 사회기반 공유성을 토대로 지역 주민은 연대감, 공동체성, 지역적 정체성을 이루게 되는 것이다. 그렇다면 이러한 지역 공동체는 저절로 생기는 것인가? 지역(마을) 공동체는 결코 위로부터 일방적으로 만들어지는 것이 아니다. 도시형 지역 공동체를 대표하는 아파트 공동체는 아파트 단지를 중심으로 형성된다. 그렇지만 아파트 단지 안에 산다고 해서 도시형 공동체가 저절로 형성되는 것이 아니다. 아파트 단지 주민들이 사회경제적 활동을 함께 함으로써 관계망을 더욱 촘촘하고 두껍게 유지할 때 지역 공동체는 그 힘을 발휘하게 된다. 즉 지역공동체는 사업이 아니라 삶의 관계망에서 더욱 튼실해지는 것이다. 그 관계망을 강화시키는 통로가 바로 사회적경제 활동이라 할 수 있다.

둘째, 본 연구는 지역 공동체의 사회적경제 활동을 통해 느슨한 삶의 결들이 자연스러운 방식으로 엮어지는 과정에 관심을 두고 있다. 서구의 협동조합을 비롯한 사회적경제 활동은 삶의 전부로 녹아져 있다. 지역의 사회적경제 활동을 단순한 사업으로 이해하기 보다는 삶 전체로 접근하는 것이 중요하다. 지역의 사회적경제 활동이 신자유주의 세계화의 위협을 극복하고자 지역 주민들이 함께 대안을 궁리한 끝에 나온 방법으로 이해할 필요가 있다. 그 궁리 과정은 지역 주민들의 대화와 논쟁 그리고 교육의 과정이다. 궁리를 통해 나온 합의 내용을 구체적인 삶의 현장으로 옮기기 위해 함께 협동을 하게 된다. 즉 사회적경제 활동은 지역 내 민주주의를 구현하는 실천의 장이며, 주민 스스로 지역을 넘어 시민으로서 사회전체를 바라볼 수 있도록 요구하는 공공의 장이다.

우리 사회의 화두는 행복한 삶이다. 행복한 나라 1위로 꼽히는 덴마크 사람들은 왜 행복하다고 할까? 국가(정부)·기업·시민사회 간의 상호 신뢰가 확실히 구축되어 왔다. 이 신뢰는 풀뿌리 마을을 넘어서 지역사회 그리고 국가로 이어지고 있다. 그들은 자유와 평등, 나눔과 배려 그리고 협동을 최고의 가치로 여기면서 구체적인 삶 속에서 이 가치를 하나하나 확인하고 있다. 그 대표적인 것이 바로 지역(마을)에서 협동의 삶을 통해 상호 존중하며 한 사람 한 사람의 자발적 참여를 유도한다. 이러한 가치와 현실의 일치감을 체득하면서 안정감과 여유를 갖고 책임과 의무를 다하고 있다. 사람들이 이러한 안정감과 여유를 갖고 상호 신뢰하며 사회적경제 활동에 적극적으로 참여한다면 행복한 마을의 선순환 과정을 이룰 것이다. 이탈리아의 볼로냐, 트렌티노의 협동조합 경험도 이러한 선순환 과정의 대표적인 사례이다. 그렇다면 한국의 지역(마을)은 어떠한가? 도시 혹은 농촌의 지역 공동체의 주민들은 이러한 행복한 삶을 갈구하며 이를 얻기 위한 노력을 하고 있는가? 서구의 선진적 경험과 한국의 사회적경제 활동에서 나타나는 차이는 무엇인가? 그 핵심으로 우리 사회가 여전히 주민에 머물고 있다는 것을 강조하고 싶다. 주민에서 시민으로 발전하지 못하는 것은 사회적경제 활동을 안정적으로 유지할 수 있는 생태계가 부족하기 때문이다. 이것은 외적 지원만으로는 결코 구축될 수 없으며 주민들 스스로의 변화 노력을 통해서 시작될 수 밖에 없다. 주민들이 사회적경제 활동을 통해 사회적 가치를 미시적으로 재구성하고 이를 공유함으로써 상호 신뢰를 강화할 때 주민에서 시민으로 나아갈 수 있는 가능성은 훨씬 높아질 것이다. 지역 사례연구에서 그 가능성을 좀 더 구체적으로 살펴보고자 한다.

셋째, 지역 공동체가 지속가능하기 위해서는 사회적경제 활동의 필요성 즉 그 가치에 대한 동의가 우선적으로 이루어져야 한다. 그 사회적 가치를 참여를 통해서 지속적으로 재사회화하는 것이 중요하다. 또한 그 가치를 구현하기 위해 지역사회의 다양한 구성원이 이 활동에 참여할 수 있는 지속가능성 메커니즘을 구축해야 한다. 공생, 상생, 연대, 나눔, 공유, 공동체 등의 사회적 가치의 사회화 과정은 파괴된 사회적 가치의 부활에서 시작된다. 그 과정은 단순한 교육으로 가능하지 않으면 구체적인 참여를 통한 구체적 체화과정이어야 한다. 즉 주민들의 지역 협동조합과 같은 사회적경제 활동을 통해서 그 가능성이 더욱 높아질 것이다. 특별히 시장경제 영역에서 소외되어 온 경력단절 여성, 청년, 은퇴자 등이 지역 협동조합을 통해 협동과 연대라는 사회적 가치를 재발견하며 이를 뒷받침하는 신뢰, 안정, 평등, 자유, 참여 등의 가치를 더욱 공고히 할 수 있다. 이러한 가치들이 계몽의 차원에서 위로부터 정책으로 제시되면 그 실효성은 매우 낮을 것이다. 서구의 경험처럼 지역 주민들이 단순 소비자가 아니라 지역의 다양한 협동조합의 참여를 통해서 사업 아이템을 개발하는데 적극적으로 참여하는 것은 사회적 가치를 체득하는 중요한 채널이 된다.

 그렇다면 풀뿌리 사회적경제 활동은 어떻게 지속적으로 유지될 수 있는가? 하나의 표준화된 모델을 찾는다는 것은 지역의 무한대의 가능성과 맥락적 특성에 대한 고려를 무시하는 것이다. 현장이 지역의 필요성을 가장 잘 알기 때문에 다른 지역의 경험으로 그대로 모방하는 것은 실패할 경우가 훨씬 높기 때문이다. 농촌과 도시의 지역 공동체는 다른 형태로 나타나겠지만 무엇보다도 지역 주민 간의 신뢰에 방점이 찍힐 것이다. 지역 주민이 지역 수요에 따라 필요한 사업을 구상할 것이며 이 과정에서 끈끈한 협동과 상호 신뢰관계를 만들 수 있기 때문이다. 농촌 지역의 공동체는 농업경제 활동에 절대적으로 의존할 수밖에 없다. 논밭 작물 그리고 지역 특용작물은 그 지역의 역사, 문화, 삶의 결이 쌓여 있기에 그 역사와 문화가 연결된 소위 스토리가 있는 고유사업을 개발하는 것이 중요하다. 한편, 도시 공동체의 주요 구성원으로 여성주부, 불안한 청년세대, 실버세대가 최근에 사회적경제 활동의 주역으로 주목받고 있다. 요즘 도시의 지역(마을) 공동체는 백수가 지킨다는 말이 유행할 정도로 아줌마(육아에 우선을 두고 있는 경력단절의 주부)의 열정이 공동체의 연결고리 역할을 하고 있다. 그 지역의 필요를 가장 잘 알고 있는 아줌마 여성들이 아이디어를 내고, 열정은 있지만 취업불안으로 경제활동의 언저리에 머물고 있는 청년들이 지역공동체에 적극적으로 개입할 수 있는 것이다. 만약 이들의 열정과 창의성이 실버세대(명퇴자, 퇴직자 포함)의 전문성 및 연륜과 결합하여 지역의 사회적경제 활동의 주축을 이룰 수 있을 것이다. 그러나 지나친 낙관은 금물이다. 각 세대 간 협력이 결코 자연스러운 것이 아니며, 사업에 따라 기득권을 놓고 갈등할 수 있으며 가치의 충돌,

상호 이해의 부족 등으로 지역에서 여성, 청년, 실버 세대가 자연스럽게 협력할 수 있기 위해서는 인내의 시간과 시행착오가 전제되어야 한다. 본 연구에서는 지역의 사회적경제 활동의 지속가능성과 연결하여 위의 요인들을 구체적인 사례를 통해 분석하고자 한다.

마지막으로 본 연구는 지역 주민들이 시민으로서 지역을 넘어, 국가 더 나아가 세계를 바라볼 수 있는 역량에 주목하고자 한다. 이는 지역 주민들이 전 지구적 맥락 속에서 풀뿌리 지역을 이해할 수 있는 능력을 갖추는 것을 의미한다. 세계화의 위기를 지역(마을)에서 해답을 찾고자 풀뿌리로 내려갔다고 해서 그 이해의 폭도 지역으로만 제한하는 것은 주민에만 머물러 있는 제한된 사고이다. 지역의 사회적경제 활동을 전 지구적 차원으로 확대하는 것이 진정한 의미의 시민으로 거듭나는 것이다. 과연 우리 사회의 다양한 사회적경제 활동에서 이러한 전환과정을 발견할 수 있는가? 실례로 최근 주목받고 있는 지역의 에너지 자립화 과정은 흥미로운 사례이다. 기후변화, 기후정의라는 가치를 공감하는 지역 주민들이 자발적이고도 헌신적인 참여로 에너지 자립을 이룰 수 있다면 이것은 분명 지역주민에서 시민으로 성장하는 중요한 근거가 될 것이다. 또한 도농 지역에서 활성화되고 있는 로컬 푸드 사업 역시 생산자 농민들이 식량주권 및 먹거리 기본권에 대한 이해에 기초에 사회적경제 활동에 참여한다면 단순한 돈벌이를 넘어 지역의 식량주권과 먹거리 기본권을 지키는 노력에 참여하는 시민으로 거듭나는 과정인 것이다. 그러나 이것은 단순한 학습으로만 이루어지는 것이 아니다. 학습을 넘어선 지역 내 다양한 협동조합 간의 협력 활동을 통해서만 협동적 인간 즉 시민으로서의 안목을 확대시킬 수 있는 것이다.

II. 어떻게 지역에 접근하는가

1. 기존 연구 살펴보기

서구 협동조합의 성공 경험은 본 연구의 연구방법의 중요한 기초 자료이다. 한국 사회에서 점증하는 지역 기반 협동조합의 올바른 성장 방향을 모색하기 위하여 정부, 시민사회, 학계 및 기업 모두가 서구의 성공사례를 주목하였다. 특별히 협동조합의 성지로 불리는 이탈리아 볼로냐와 트렌토에는 지난 몇 년 동안 한국에서 수백 명의 관련 전문가들이 방문하였고 많은 신문, 방송 및 출판사들이 관련 프로그램과 서적들을 만드는데 열을 올렸다. 이런 이유에서 이탈리아, 스페인, 캐나다 그리고 영국 등의 사회적경제 활동 경험이 여과 없이 소개된 것이 사실이다(김현대 외 2014; 파넬 2011; 자마니 2009).

그러나 대부분의 연구들은 협동조합 관련 법, 제도, 정책 그리고 성공 사례에만 초점을 맞춘 나머지 지역의 사회적경제 생태계를 이끄는 풀뿌리 주민들의 생각 및 삶의 변화과정에 대한 부분을 충분히 다루지 않고 있다. 왜 그들이 변했는지, 왜 그들이 사회적경제 활동을 중심으로 한 삶을 살지 않으면 안 되는지에 대한 면밀한 분석 없이, 제도와 정책이 우리 사회에 적용되면 우리도 협동의 삶을 저절로 유지할 것이라는 순진한 믿음을 보였던 것이다. 그 정책이 나오게 된 정치·경제·사회·문화적 맥락에 대한 이해와 그것을 일궈 낸 사람들의 생각, 그리고 일상의 삶 자체를 면밀히 검토하지 않은 것이 사실이다. 이런 문제의식을 가지고 서구의 경험, 특히 협동조합의 성지로 일컬어지는 이탈리아 북부지역의 경험을 살펴보자.

협동조합을 통해 지역 공동체를 재구성하려는 한국 시민사회에 서구의 경험, 특히 이탈리아의 경험은 늘 부러움의 대상이 된다. 기존 연구에 의하면 유럽의 사회적경제 조직 –사회적기업 및 협동조합, 마을기업 등 – 의 성공요인으로 조직구조나 운영메커니즘 보다 그 지역 사회의 사회, 정치, 문화적 맥락과 그 속에 사는 구성원들의 성숙한 시민의식을 강조한다(Restakis 2010; Quarter 2009). 서구 또한 처음부터 튼실한 사회적경제 생태계를 안착시킨 것은 아니다. 저자는 2012년 이탈리아 북부지역 협동조합을 방문할 기회가 있었다. 그 조사 경험에 비추어 볼 때, 사회적경제가 자연스럽게 형성된 곳은 역설적이게도 가장 낙후된 지역이었다. 이탈리아의 경우 협동조합이 발전한 곳은 사회경제적으로 가장 낙후된 북부의 트렌토(Trento)이다. 스페인의 바스크도 비슷한 특징을 보이는 곳이다. 그 지역에서는 가톨릭 전통 위에서 사회주의의 공동체 및 협동과 같은 이념이 지역 주민들 사이에 뿌리 깊이 자리 잡고 있다. 이것이 사회적 가치에 우선성을 둘 수 있는 좋은 토양이 된 것이다. 가톨릭과 사회주의 전통이 강한 이탈리아 북부 도시 볼로냐(Bologna)는 과거 이탈리아 북부 공산당의 거점 지역이었다. 스페인의 바스크 지역도 비슷하게 공산당 전통이 강한 곳이다. 이 지역은 프랑코 정권에 의해 지역 경제는 물론 사회 기반시설이 철저히 파괴된 곳이었다. 이런 현실적 바닥을 경험함으로써 지역 주민들은 협동을 매개로 상호 신뢰 의식이 몸과 마음에 녹아들어가게 되었다. 협동조합의 경제활동 방식을 삶의 모든 부분으로 확대 및 적용하게 되어 말 그대로 협동조합 속에 살게 되면서 삶 자체가 협동조합을 떠나서는 설명이 되지 않을 정도로 사회적경제 생태계를 확고하게 구축하였던 것이다. 어린 시절부터 협동조합 속에서 살아왔기 때문에 협동조합 방식에 대해 특별한 문제의식을 갖지 않으며 그것을 자연스럽게 여기게 되는 것이다 (임현진·공석기 2014).

이탈리아 북부의 지자체는 사회적경제 활동을 지원하는 다양한 법적, 제도적 그리고 물적 지원을 아끼지 않고 있다. 그렇다고 해서 사업자 선정과정에서 협동조합을 우대하는 가산점 제도를 운영할 정도로 협동조합의 경쟁력이 떨어지는 것은 결코 아니다. 협동조합들은 규모에 상관없이 충분한 자생력을 갖출 정도로 오랜 경험과 노하우를 갖고 있다. 이는 지나친 물적 지원 혹은 유인기제가 스스로 경쟁력을 갖출 수 있는 힘을 처음부터 갖추는 데 독이 될 수 있음을 의미한다. 사실 서구 유럽의 사회적경제 조직 특히 협동조합이 자본주의 시장경쟁 체제 속에서도 꾸준히 성장할 수 있는 것은 무엇보다도 지역사회 내에 구축된 사회적경제 생태계가 확실히 자리 잡았기 때문이다. 지역 주민의 다양한 사회서비스 욕구를 채우기 위해 형성된 이탈리아의 사회적협동조합 경험은 협동조합이 지역공동체의 가치를 구현하기 위해 성장한 과정으로 이해할 수 있다.

물론 최근 글로벌 경쟁력을 강조하는 신자유주의적 경제 세계화의 파고가 높아지면서 그 여파가 이탈리아 북부 지역까지 미치기 시작하였다. 지역을 중심으로 강한 협의체를 형성하여 전통적인 협동조합을 보호하고 있지만 이것이 영원히 지속될 수 있을지에 대해서는 사회적 가치를 먹고 사는 후속세대가 자라나지 않으면 이곳도 장담하기 어려운 것이 현실이다. 일례로 트렌토의 한 협동조합 간부는 경제 운영방식에 있어 협동조합 이외의 다른 옵션을 고려하지 않고 있지만 자녀 세대는 자신과 다른 생각을 갖기 시작했음을 인정하였다. 이처럼 협동적 삶의 세대 간 이전이 자연스럽게 이어지지 않고 있다는 것은 유럽 협동조합 대부분이 청년층의 충원과정에서 어려움을 겪고 있음을 반증하는 것이다.

한국의 경우는 어떠한가? 협동의 전통이 강한 지역에서 성장한 사회적경제 활동은 사실 지역적으로 변두리 소외지역이 많다. 원주와 홍성 지역에서 나타나는 협동의 경험은 비슷한 맥락으로 이해할 수 있다. 낙후지역의 주민은 더 이상 내려갈 수 없는 빈곤의 상태를 경험하면서 지역 주민 스스로 생존하기 위해 협동하려는 의지와 에너지가 생기고 협력활동을 통해 신뢰를 구축하고 강한 연대감을 형성하였다. 그 시작은 대부분이 종교 지도자나 사회주의적 이념에 기초한 노동자들의 적극적인 참여로 진행되었고, 오랜 시간 동안 협동의 경험이 축적되면서 지역을 중심으로 강한 협동 공동체가 형성된 것이다. 그렇다면 한국 사회가 서구의 다양한 사회적경제 활동 경험에서 배우고 싶어 하는 것은 무엇일까? 그 중에서도 협동하는 사람들이 어떻게 자라날 수 있는가 일 것이다. 예를 들어 이들이 지역의 다양한 형태의 사회적경제 활동을 통해 주민이 주체로 서가는 과정, 실질적 민주주의를 학습하고 구체적으로 경험하는 과정, 그리고 주민 간의 신뢰와 연대를 형성하는 과정일 것이다. 이탈리아 볼로냐 지역의 경우, 협동하는 사람은 지역 공동체 안에서 자연스럽게 형성되는 것이지 만약 운동의 방식 혹은 위로부터의 기획으로 만들어지게 된다면 그것은 지속가능하지 않다는 것을 쉽게 확인할 수 있다. 일상 속에서 협동의 관계망이 끊임없이 작동할 때, 나아가 그 안에서 함께 사는 즐거움을 만끽할 때 지역에 대한 소속감이 강해지면서 공동체 의식이 형성된다. 이처럼 사람에 대한 신뢰, 시간에 대한 관대함, 서로를 존중해 주는 마음, 동일한 권리를 가진 협동의 주체로서 인정하는 삶의 관계망이 형성될 때 한국 사회에서도 건강한 사회적경제 생태계가 형성될 수 있을 것이다. 이러한 견지에서 한국에서 진행되고 있는 사회적경제 활동은 많은 시행착오를 보이며 때로는 안타까울 지경이다. 정부(중앙·지역)가 강력하게 추진하고 있는 사회적경제 정책은 비록 몇몇 지역에서 주목할 만한 성과를 보이고 있으나 아직까지 자연스럽게 사람들이 협동하기 보다는 인위적인 사업을 기획하며, 아래로부터의 자발적 참여보다는 위로부터 견인하는 전략이 주를 이루고 있다.

한국의 사회적경제 발전과정을 한마디로 요약한다면, '사회적기업에서 협동조합으로 추격 경험'이라고 말할 수 있다. 저자들은 한국의 사회적기업 발전에 깊은 관심을 갖고 2012년에 수행한 연구주제 – 한국시민사회가 사회적기업 발전과정에서 어떻게 기여할 수 있는가 – 를 사회적경제로 확대하는 동시에 미시적 차원으로 초점을 이동하였다. 2012년 사회적기업 연구는 한국 시민사회가 대안 세계화에 대한 관심을 갖고 사회적경제 활동에 적극적으로 참여하는 과정에 대한 분석이다. 즉 시민사회의 헌신적인 운동가·활동가가 어떻게 사회적 기업가로 변신하였으며 이 과정에 중요하게 작동한 요인들을 탐색하는 것이었다. 연구 결과 시민사회 활동가가 기업가로 전환하기 위해서는 크게 네 가지 요인이 중요하다는 것을 발견하였는데, 우선, 사회적기업에 적극적으로 개입한 활동가들은 헌신에서 혁신으로 전환하는 과제를 마주하였다. 둘째, 시민사회 활동가는 과거의 강한 연결망에 집착하기 보다는 새로운 사람과의 연결망을 구성하기 위해 자기변신의 노력이 필요하다는 것을 강조하였다. 셋째, 시민사회 활동가는 자기역량을 강화하기 위해 다양한 추가적인 노력을 하지 않으면 안되었다. 회계, 경영, 조직관리 등에 전문적인 이해가 필요하였으며, 참여하고 있는 사업에 대한 전문적인 지식을 획득하지 않으면 안 되었다. 이 모든 것이 무에서 유를 창조하는 매우 힘든 과정이었다. 마지막으로 위의 요인들이 제대로 작동하기 위한 외적 환경으로서 지원이 중요하였다. 서구 선진국의 경험을 추격하기 위해 한국은 다양한 물적, 제도적 지원이 필요한 것이 사실이다. 물론 이 외적 조건(제도·문화)이 안정적으로 존재해야 하는 것이 중요하다. 또한 사회적기업가로의 변환 과정에 대한 분석을 진행하는 동시에 한국 시민사회가 사회적기업에 적극적으로 참여하는 과정에서 마주하는 장애물을 발견하였고 이를 극복한 사례들을 주목하였다. 그러나 대부분의 사례연구가 중앙 혹은 지방정부의 지원 하에 추진한 사업들에 초점을 맞추게 되어 사회적기업을 둘러싼 다양한 사회적경제 활동에 참여하는 풀뿌리 구성원의 변화과정 더 나아가 지역 사회적경제 활동의 생태계 연구로까지 나가지 못하는 한계를 가질 수밖에 없었다.

이런 맥락에서 저자들은 한국 시민사회의 사회적경제 활동을 분석하기 위해서는 삶의 밀착적인 공간인 지역으로 내려가야한다는 것을 깨달았다. 풀뿌리 현장에서 사람들은 구체적인 사회적경제 활동 경험을 통해 대안 세계화의 답을 조금이라도 얻고 있는지가 궁금하였다. 더불어 지역의 미시적 공간에서 (구성원들이) 사회적경제 활동을 통해 어떻게 지역 공동체 속에서 상호 신뢰를 쌓아가며 그 관계망 속으로 더욱 깊이 들어가는지가 궁금하였다. 이를 통해 앞서 살펴 본 이탈리아 북부지역의 공동체가 공유하고 있는 사회적 가치들-이웃, 신뢰, 안정, 자유, 평등, 친환경- 을 한국 사회의 풀뿌리 주민들이 어떻게 형성하고 있는지 혹은 그 과정에서 어떤 장애물을 마주하고 있는지에 대한 답을 구하고자 하였다. 기존 사례연구를 살펴보면 서구와 한국의 경험에서 발견되는 대조적인 특징은 서구의 자연스러움 대 한국의 추격적 기획이다. 한국 사회는 아직까지 풀뿌리 지역주민들이 스스로 욕구를 갖고 협동의 장으로 나오기를 결코 기다려 주지 않고 있다. 대신에 추격의 자세로 지역 공동체 회복, 도시재생, 마을만들기, 사회적경제 네트워크 구성 등을 단시일에 이루려는 정책 드라이브가 지나칠 정도이다. 이제는 사회적경제 생태계를 구체적인 지역의 맥락 속에서 착근시키기 위해서는 사회적 가치, 사람에 대한 신뢰, 민주주의 경험, 상호협동 등을 장기적인 맥락 속에서 발굴하는 성찰적 과정으로 접근할 필요가 있다.

돌아보건대 한국사회의 역동적인 역사 속에서 우리는 몇 가지 밝은 면과 어두운 면을 발견할 수 있다. 우선 밝은 면으로 한국 사회는 공생, 공유, 사회적 가치의 중요성을 재조명하면서 서구가 놀랄 정도로 정부, 시민사회, 기업이 사회적경제 영역에 적극적으로 참여하고 있다는 사실이다. 실례로 협동조합의 설립 현황을 보면 가히 폭발적이라 할 수 있다. 그림 1 협동조합 설립 규모를 보면 알 수 있듯이, 2017년 1월 기준으로 총 10,720개이며, 유형별로 나누어 보면 일반협동조합은 10,048개, 사회적협동조합은 615개, 그리고 각각의 연합회가 52개와 5개가 있다. 또한 지역별 설립현황을 보면 그림 2에 예시되어 있듯이 대부분이 수도권(서울 2,549개; 경기 1,693개)에 집중되어 있음을 알 수 있다.

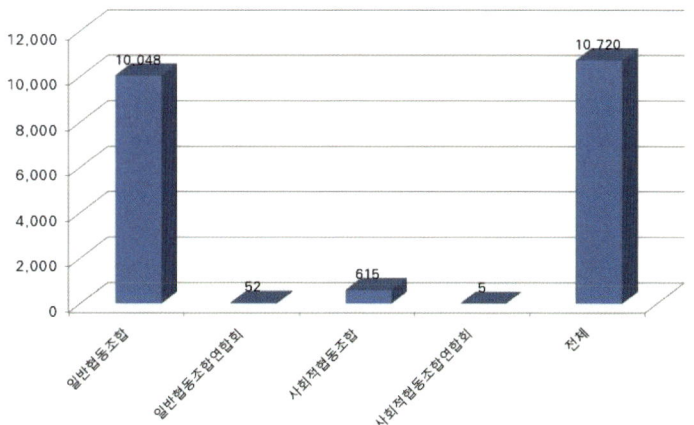

그림 1 한국 협동조합 설립현황 (유형별; 2012. 12. 1. ~ 현재)
출처: http://www.socialenterprise.or.kr/cooperative/coop_present.do/

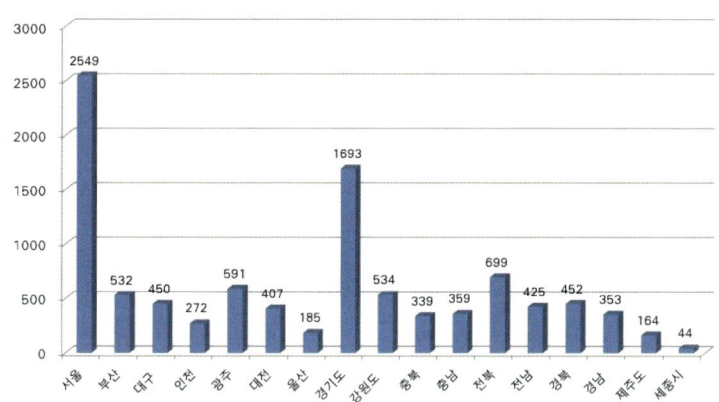

그림 2 한국 일반협동조합 설립현황 (지역별, 2012. 12. 1. ~ 현재)
출처: http://www.socialenterprise.or.kr/cooperative/coop_present.do/

그러나 위의 그림 1, 그림 2가 보여 주듯이, 2012년 12월 1일 〈협동조합 기본법〉 시행 이후 협동조합이 양적으로 폭발적인 성장을 하였음에도 불구하고 사회적협동조합보다는 일반적 협동조합에 초점이 맞추어지고 있음을 알 수 있다. 이는 지역 구성원 간의 호혜적 경제활동과 신뢰 회복을 이룰 수 있는 지역협동조합 형성이 저조함을 의미한다. 또한 협동조합이 사업에만 관심을 두고 있는 나머지 지역 주민 간의 참여와 소통 그리고 유대강화에 있어 연결고리가 약할 수 있음을 의미한다. 결국 이러한 약한 고리가 지역 공동체 형성 및 발전에 장애가 될 수 있는 것이다. 실제로 대부분의 정책 지원 사업이 복지, 노동, 교육, 농업 등에 분산적으로 진행되었기에 지역의 사회적경제 활동의 생태계 형성에 대한 고려가 부족한 것이 사실이다. 이것에 대한 실례가 바로 연합회로서 일반협동조합 연합회나 사회적협동조합 연합회의 규모가 너무나 낮다는 점이다. 이탈리아의 경우는 지역의 사회적경제 생태계 구축의 견인차 역할을 담당하는 지역 연합체가 활성화되어 있어 지역의 공동 사안에 대한 층위별로 풍성한 논의를 모으는 구심점 역할을 담당하고 있다. 그러나 한국의 경우 아직까지 안정적으로 활동하는 사회적경제 조직, 즉 협동조합의 수가 미약한 수준이다. 등록을 했지만 활동의 지속가능성을 담보하지 못한 실정이며 이런 이유에서 지역 공동의 문제를 함께 나눌 수 있을 정도의 협력과 연대를 이루지는 못하고 있다.

이런 맥락에서 지역주민 간 교류·활동 촉진, 지역사회의 신뢰 형성, 일자리 창출 등 지역 공동체의 활성화를 위해 사회적경제 활동에 대한 심층적 연구 필요성이 부각된다. 기존 정책 연구들이 지역 협동조합의 단기적 효과나 성과만을 평가하기 위한 도구를 개발하는 데 초점을 맞추었다면 이제는 장기적 차원에서 지역의 사회적경제 활동의 지속가능성을 제고하기 위한 요인 발굴과 동시에 장애물에 대한 성찰적인 분석이 요청된다. 사회적경제 활동은 지역 기반을 떼놓고 얘기할 수 없기 때문에 지역 특수의 이슈를 해결해야 하는 과제를 안고 있다. 예컨대 도시지역의 경우는 경력단절 여성, 청년, 은퇴자 등의 경제활동 욕구가 증대하고 있기에 이들이 사회적경제 활동에 적극적으로 참여할 수 있는 방법에 대해 그들 스스로 궁리하는 한편에 정책적으로 지원하는 방법도 고민할 필요가 있는 것이다. 특히 도시 지역에 자발적으로 형성되고 있는 다양한 사회적경제 활동은 한국 사회가 마주한 다양한 위협에 대한 대안을 모색하는 새로운 실험으로 주목된다. 지역 주민들이 보육·교육·주거·보건 등의 이슈를 중심으로 자발적인 협동의 경험을 쌓고 있으며 이것이 경제적 활동으로 연결하기 위한 고민을 하고 있다. 과연 이러한 연결이 지속가능할 수 있는지에 대한 분석도 매우 중요한 연구주제라 할 수 있다. 궁극적으로는 농촌, 도시, 그리고 도농지역에서 사회적경제 생태계가 자기만의 방식으로 자리 잡기 위한 노력이 꾸준히 진행되고 있다. 그 중에서도 다양한 사회적경제 활동이 상호 협력 및 연계의 망, 즉 협연(협동의 연줄)의 확대 및 활성화로 이어지고 있는지 혹은 그 가능성이 있는지를 분석하는 것이 가장 큰 연구 과제이다.

저자들은 서구의 이론 및 경험적 배경을 고려할 때 성공사례를 단순 벤치마킹하는 것을 경계한다. 즉 풀뿌리 단위에서 실제 형성 및 작동되고 있는 다양한 사회적경제 활동에 대한 세밀한 검토가 우선되어야 한다는 입장이다. 실상 한국의 사회적경제 활동은 여전히 주민에 머물고 있으며 시민으로 나아가지 못하고 있다. 이에 본 연구는 그 간극을 줄여가고 있는 노력들을 사례로 주목하고, 지역의 다양한 사회적경제 활동이 과연 지역공동체의 재조직화의 관점에서 어떤 특징과 한계를 보이는지를 파악하기 위하여 현장조사를 진행하였다. 이를 통해 최근 대중매체를 통해서 소개되어 잘 알려진 지역들의 사회적 경제 활동과 협동 경험을 심도 있게 살펴보고자 하였다. 더불어 보다 성찰적으로 그 사례들이 진정 지역에서 지속가능한 방식으로 풀뿌리 주민에게 녹아들어가고 있는지를 분석하고자 하였다.

2. 참여를 통한 접근하기: 지역을 보고 듣다

저자들은 지역에 기반을 둔 사회적경제 활동을 조사하기 위해 정량적인 분석보다는 정성적인 질적 연구에 초점을 두었다. 기존 문헌 및 신문기사 검색 그리고 전문가 자문에 근거하여 조사 지역 및 대상을 선정하였다. 대부분이 지역 공동체 회복과 경제 활성화에 긍정적인 기여를 하고 있다는 평가를 받고 있는 지역과 대상들이다.[1] 문헌조사 및 전문가 의견 그리고 연구진의 사전연구 등을 종합하여 한국 사회에서 지역 협동조합이 활성화되고 있는 7개 권역의 18개 지역 활동 사회적경제 조직을 방문하여 그 지역을 중심으로 진행되고 있는 사회적경제 생태계를 분석하였다. 이 과정을 좀 더 구체적으로 설명하면 다음과 같다.

지역 사례는 크게 7개 권역별로 나누었고, 각 권역별로 도시, 농촌 그리고 도농복합형 지역을 고려하여 선정하였다. 사례는 중앙 및 지방정부, 대학 그리고 지역 NGO 활동가의 자문을 거쳐 대상을 최종 결정하였다. 표 1에 제시한 것처럼 7개 권역 – 서울, 경기, 강원, 충청, 영남, 호남, 강원, 제주 – 에 따라 주목할 만한 사회적경제 활동 지역 18곳을 정하였고 각 지역에는 협동조합과 중간지원조직을 비롯한 다양한 사회적경제 조직을 포함하였다.

우선, 현장 방문 조사를 진행하기 위해 각 지역 사례에 대한 문헌연구를 통해 기초정보를 모았다. 사실 기존 문헌과 신문 기사는 지나치게 대상지역의 경험을 성공적으로 묘사하는 경우가 많다. 이에 본 연구의 내용 및 질문에 대한 심층적인 분석은 주로 인터뷰 조사에 의존하였다.

사회적경제 활동을 중심으로 지역 주민들이 어떻게 비전을 공유하며, 활동을 통해 삶의 재미(행복감)를 구체적으로 경험하며 이것이 신뢰관계로 발전하는지를 집중 조사하였다. 더 나아가 사회적경제 활동에 참여하는 주민들이 수평적 관계 속에서 민주주의를 구체적으로 학습하는지를 또한 살펴보

---

1   2015년 7월 본 연구의 초기 현지 방문조사를 진행할 즈음에 전국 차원의 협동조합 실태조사가 진행되었다. 만약 전체 활동 분포도에 대한 정보가 있었으면 지역과 주제별로 대상지역을 선정하는데 참고할 수 있었을 것이다. 그러나 아쉽게도 등록만 하고 실제 운영되고 있는 사례가 지역마다 편차가 존재하지만 약 10%에 머물고 있다는 충격적인 사실을 현지 조사에서 확인하게 되었다.

앉고, 조직과 운영에 있어서 혁신과정을 통해 각 경제활동이 지속가능성을 확보하고 있는지를 살펴 보았다.

둘째, 본 연구가 목적으로 하는 지역 주민들의 미시적인 변화를 발견하기 위해서는 인터뷰 조사가 필수적이다. 인터뷰 조사는 각 지역의 협동조합의 경험을 보다 균형적인 시각으로 진단할 수 있는 방법이기 때문이다.

지역 방문을 통해서 현장 분위기를 살필 수 있지만 그 지역의 변화과정을 좀 더 구체적으로 체감하기 위해서는 인터뷰 조사가 매우 중요하다.

표 1 권역별 조사 지역 및 대상

권역	조사 지역 및 대상
서울	마포구 성미산 마을 종로구 창신동·봉제골목 행복중심생협(연합회)
경기	따복공동체지원센터 용인시 수지 느티나무 도서관 여주시 통카페 부천시 경기두레협동조합, 행복을 나누는 도시락 안산시 안산의료복지사회적협동조합 성남시 주민신협
영남	대구 동구 안심마을지역 사회적협동조합 동행 부산 해운대구 반송동 희망세상, 도시재생사업(산복도로·감천문화마을)
호남	진안군 진안마을만들기센터 완주군 완주로컬푸드협동조합 전주시 남부시장 청년몰
강원	원주시 원주협동조합사회경제네트워크, 의료복지사회적협동조합
충청	옥천군 옥천살림, 옥천신문 아산시 공세리 마을협동조합, 제터먹이 사회적협동조합
제주	제주시 사회적경제네트워크 제주시 행복나눔마트협동조합

약 18개월에 걸친 방문 및 인터뷰 조사에 참여한 연구원은 총 10명에 이른다. 연구책임자의 가이드에 따라서 조사원은 각 지역 특성에 대한 사전조사를 진행하였고, 이 내용을 사전에 공유하고 본 조사에서는 과연 조사 지역 내 사회적경제 활동이 어떻게 지역의 공공선을 이루는데 기여하는지에 초점을 맞추었다.[2] 7개 권역의 18 지역을 방문하였고, 27명에 대한 인터뷰를 진행하였다. 〈부록〉에 소개되어 있는 것처럼 인터뷰 조사에 협조해 준분들은 지역 협동조합이사장, 이사, 직원, 중간지원센터 책임자, 귀농·귀촌·귀향자, 지역 시민사회단체 활동가, 목사, 농민단체 활동가, 사회적경제네트워크 사무국장, 도서관장, 지역신문 편집국장, 시민사회단체 대표 등과 같이 지역 사회적경제 활동의 핵심적 역할을 담당하고 있는 분들이다. 이들은 각 지역에서 최소한 10년 이상의 사회적경제 활동에 직간접적으로 참여하고 있는 사람들로서 1인당 인터뷰는 1시간~2시간 30분으로 심층적인 인터뷰가 진행되었다.

셋째, 인터뷰 조사는 풀뿌리 지역에서 활동하고 있는 주민들이 다양한 방식으로 사회적경제 활동을 진행하는 과정을 주요 키워드를 중심으로 진행하였다. 협치, 주민과 시민, 경계, 공공성, 시민성, 거버넌스 등이 주요 분석 키워드로 사용하였다. 과연 주민 간의 협력에만 머물고 있는지 아니면 주민에서 시민으로 그 활동의 폭과 인식이 확대되고 있는지를 주목하였다. 주민의 사회적경제 활동의 경계는 어디인가? 그 경계를 넘어선 연대활동을 통해 주민 혹은 시민으로서의 공공성, 시민성을 갖추게 되고 있는지를 주목하였다. 특히 한국적 맥락에서 협치(민관 거버넌스) 더 나아가 민민거버넌스의 모습이 자리를 잡고 있는지를 주목하였다. 만약 협치가 어렵다면 그 이유가 바로 주민과 시민 사이의 간극을 넘지 못하는 한계와 어떻게 접목되는지를 주목하였다.

---

2 지역 현지 방문 및 인터뷰 조사에 보조연구원으로 문명선, 유지연, 이주연, 이은아, 김태연 조교와 이다솜, 신승민, 김영지, 백인하 연구인턴이 참여하였고 이들은 지역 사전 조사, 인터뷰 조사 및 녹취 과정에 큰 도움을 주었다.

넷째, 지역사례 간의 비교를 유형화를 통해서 살펴보고자 하였다. 권역 내에서 다양한 형태의 사회적경제 활동을 몇 가지 유형으로 구분하였다. 도시형, 농촌형, 그리고 도농복합형으로 범주화하여 각 유형이 어떻게 차별적으로 나타나는지를 비교 분석하는 것이다. 역사, 문화, 경제적 특성 및 주민의 협동경험이 어떻게 지역 고유의 사회적경제 활동으로 형성되고 있는지를 주목하고자 하였다. 그것이 도시, 농촌, 그리고 도농복합형과 어떻게 연결되는지를 주목하였다.

마지막으로 모든 조사지역 인터뷰 조사에서 동일하게 던진 질문, 바로 꿈, 재미 그리고 돈에 대한 지역 주민들의 생각에 초점을 맞추었다. 각 지역에서 진행되고 있는 사회적경제 활동에서 주민들은 꿈을 꾸고 있는가? 함께 협동하면서 재미를 누리면서 상호 신뢰와 연대감을 구축하고 있는가? 그리고 참여하고 있는 사회적경제 활동이 지속가능한 사업인가? 외부적 지원 없이도 스스로 성장할 수 있는 역량을 갖추고 있는가? 이러한 질문에 도시, 농촌 그리고 도농복합 지역에서 어떤 차이를 보이는지를 주목하였다.

3. 지역사례 미리보기: 무엇이 같고 다른가

본 연구에서 선정한 사례들을 크게 도시형(원도심·아파트형), 농촌형, 도농복합형으로 구분할 수 있다. 도시에는 원도심 지역에서 다양한 사회적경제 활동이 나타나는 경우도 있고, 신도시 아파트 단지에서 형성되는 아파트형 사회적경제 활동도 나타난다. 도시의 경우는 인구가 밀집되어 있어 사회적경제 활동 규모가 상대적으로 큰 반면에 농촌지역의 사회적경제 활동의 경우는 작은 규모를 유지하며 전통적인 농산물 생산을 중심으로 이루어지고 있다. 도농복합형에서는 중간 규모를 유지하면서 생산자조합원과 소비자조합원의 협력을 도모하는 사회적경제 활동이 두드러진다. 로컬푸드 매장의 확산현상은 도시와 농촌을 연결하여 생산, 소비, 유통 및 재생까지 하나의 사회적경제 생태계를 구축하고자 한 노력으로 이해할 수 있다. 이 세 가지 유형 권역별 사례조사에서 다양하게 나타나고 있음을 확인할 수 있다. 아래 표 2는 지역과 유형을 연결하여 제시한 것이다.

표 2 조사지역, 대상 및 유형

권역	유형	조사 지역 및 대상
서울	도시형 (원도심·아파트형)	마포구 성미산 마을
		종로구 창신동, 봉제골목
		행복중심생협
경기	도시형 (원도심·아파트형) 도농복합형	따복공동체지원센터
		용인시 수지 느티나무 도서관
		여주시 통카페
		부천시 경기두레협동조합, 행복을 나누는 도시락
		안산시 안산의료복지사회적협동조합
		성남시 주민신협
영남	도시형 도농복합형 도시형(원도심형)	대구 동구 안심마을지역 사회적협동조합 동행
		부산 도시재생사업(산복도로·감천문화마을)
		부산 해운대구 반송동 희망세상
호남	농촌형 도농복합형 도시형(원도심형)	진안군 진안마을만들기센터
		완주군 완주로컬푸드협동조합
		전주시 남부시장 청년몰
강원	농촌형 도농복합형	원주시 원주협동조합사회경제네트워크, 의료복지사회적협동조합
충청	농촌형 도농복합형	옥천군 옥천살림, 옥천신문
		아산시 공세리 마을협동조합, 제터먹이 사회적협동조합
제주	도농복합형	제주시 사회적경제네트워크, 행복나눔마트협동조합

이런 유형을 토대로 각 지역별 사례를 간략하게 스케치해 보자.

가. 서울지역

① 마포구 성미산 마을

도시형이며 성미산 마을의 다세대 주택 중심 원도심형이다. 성미산 지키기 운동으로 시작되어 기존 운동 세력이 존재하며, 2010년경부터 주민들이 주도하는 소규모 사업을 중심으로 활성화되었다. 복지, 교육, 돌봄 사업 등 3차 산업이 주를 이루며, 작은 사업체들이 모여 협동하며 지역 생태계를 조성하고 있다.

② 종로구 창신동 봉제골목

도시형이며, 동대문시장, 평화시장을 서포팅하는 공장 단지에 형성된 다세대 빈곤 가구 집단 거주지 중심의 원도심형이다. 3차 산업 중심의 소규모 사업이 주를 이룬다. 창신동의 경우 (과거 노동 운동) 주민들 간 연대, 협력 정신은 남아 있으나, 칸막이 현상으로 인해 자체적인 공동체 형성·유지는 어려운 실정이다. 이에 해당 지역에서는 사회적경제 활동이 주로 외부 운동 세력의 개입 및 정부·복지 기관의 정책적 지원에 의해 발달하였다. (예, 최근 마을 만들기 마을넷 등 서울시의 지원) 즉, 협동조합·사회적기업이 기존 사회 운동 조직에 의해 자생적으로 성장한 것이 아닌, 외부 민간·공공기관의 서비스를 통해 조직, 운영되고 있다.

③ 행복중심생협

도시형이며, 원도시형으로 출발하였으나 도시 지역의 생협에 대한 니즈를 기반으로 아파트형으로 확장하고 있는 추세이다. 여성민우회에서 시작하여 기반 조직이 있으나, 활동 분야를 여성에 국한하지 않고, 복지, 교육, 생명, 안전 등 생활밀착형 3차 산업을 중심으로 대규모 사업을 운영하고 있다. 아쉽게도 서울 지역 사례조사에 전형적인 아파트형이 포함되어 있지 않으나, 서울 내 아파트 공동체를 중심으로 사회적경제 활동을 조직, 운영하고 있는 다수의 사례가 존재한다.

나. 경기지역

① 따복공동체지원센터 (수원·의정부)

경기도의 중간지원조직으로 신도시 중심 사회적경제를 활성화하는 데 주력한다. 아파트 공동체를 대상으로 다양한 사회적경제 모델을 실험적으로 운영하고 있으며 지역 내 사회적경제 활동을 지원하는 허브 역할을 하고있다. 경기도 지역은 운동 경험은 비교적 적으나 사회적경제에 대한 니즈, 공감대가 형성되어 있다. 아파트형과 마을형이 공존하며, 전통적인 마을을 대상으로 하는 사회적경제 활동이 확산되고 있는 추세이다. 전통 마을의 경우 새로운 정책 사업에 대한 거부감은 있으나 기존 운동 경험이 있는 마을의 경우 참여 의지가 높다.

② 용인시 수지 느티나무 도서관

도시형이며 신도시를 중심으로 하는 아파트형이다. 소규모 3차 산업이며, 도서관 서비스와 더불어 학습프로그램 운영, 영화제 개최 등을 통해 지역 내 사회적 소외 계층에게 교육·문화 활동의 기회를 제공한다. 기존 운동 경험은 없으나 새로이 형성된 아파트촌을 중심으로 주민 공동체를 형성하는 데 기여하고 있다.

③ 여주시 통카페

농촌형이며 3차 산업 중심의 소규모 사회적기업이다. 사회적경제에 관심이 있는 여주대학의 교수가 주도적으로 진행한 프로젝트의 일환으로 다문화 가정 여성 대상, 카페 사업과 결합하여 일자리를 제공한다.(바리스타 교육 등) 기존 사회 운동 경험은 없으나 국제 결혼, 다문화 여성 고용 지원 등 최근 사회에서 화두가 되고 있는 주요한 이슈를 반영한 대안적인 모델이라 할 수 있다.

④ 부천시 경기두레협동조합

도시형이며 아파트촌을 배경으로 3차 산업 중심의 대규모 사업을 운영하는 전형적인 아파트형 사례이다. 경기두레의 경우 종교단체에 근간을 두고 있으나, 해당 단체로부터 독립하여 최근에는 독자적으로 협동조합을 운영하고 있다. 조합에서 활발히 활동하는 주요 조합원들의 경우 시민 사회와 깊은 연관을 가지고 있다.

⑤ 부천시 행복을 나누는 도시락

도시형이며 정부의 복지사업과 연계하여 급식 사업 등 3차 산업 기반의 대규모 사업을 조직, 운영하고 있다. 조직 및 주요 활동가들이 지역 사회운동의 역사와 강한 연관 관계를 가지고 있다. 사회적기업의 가치 창출과 저소득층 대상의 고용창출을 동시에 시도하여 획기적인 모델이라는 평을 받고 있으나, 현실적으로 한국 사회에서 굉장히 성장하기 어려운 여건에 놓여있는 것이 사실이다. 특히, 정부 정책에 영향을 많이 받아 사업의 지속성을 유지하기가 어렵다.(바우처 제도 등) 생존 전략으로 혁신 및 지역 시민사회와 강한 연대를 형성하여 조직을 유지하려 하고 있으나 여전히 자생력을 키우고자 노력하고 있다.

⑥ 안산시 안산의료복지사회적협동조합

도시형이며 의료 복지 등 3차 산업 기반의 대규모 사업을 운영한다. 사업 지역이 원도심에서 아파트로 주거형태가 바뀌면서 도시화되고 있으며, 안산 공업 지대의 외국인 노동자 유입 등으로 다문화 인구가 크게 증가하고 있는 추세이다. 기존 사회운동조직 베이스가 강하며, 관련 협동조합들과 강한 네트워크를 형성하고 있다.

⑦ 성남시 주민신협

로컬 베이스가 강한 도시형 사례이며, 원도심에서 출발하였으나 사업 지역
이 도시화됨과 동시에 사업 자체가 대형화하면서 대규모 아파트형으로 전환
되었다. 주민신협이라는 정체성이 원도심에 머무르고 있으나 도심 개발, 도
시형으로 확대할 수밖에 없는 구조이다. 한 살림 등 다른 협동조합과 네트워
크를 형성하고 민민거버넌스를 실현하기 위해 다양한 노력을 기울이고 있다.

요컨대, 경기 지역은 매우 다양한 유형이 존재한다는 점이 큰 특징이다.
실상 모든 유형을 목격할 수 있다. 최근에는 남양주, 포천 등 과거 농업 지역
이 도시화 되면서 도농복합도시가 등장하고 있으나 사회적경제 활동은 아직
활성화 되지 못하고 있는 실정이다.

다. 영남지역

① 대구 동구 안심마을지역: 사회적협동조합 동행

도시형과 도농복합형이 혼재한다. 초기에는 원도심을 중심으로 사회적 소
회계층 대상의 소규모 사업이 주를 이루었다. 그러나 육상선수권대회 이후
선수촌 아파트를 중심으로 아파트 공동체가 형성되면서 중산층의 확산과 함
께 도시 텃밭 등 아파트형 사업이 새로이 등장하였다. 대구의 경우 과거 장
애인 운동의 역사를 기반으로 전반적으로 사회 운동 문화가 형성되어 있으
나, 해당 운동들이 단체가 사회적 협동조합을 주도한 것은 아니다. 시민사회
와 관이 가깝지 않아 사회적경제 활동이 비교적 저조하나 개방되고 있는 추
세이며, 자활, 협동조합 등 다양한 시도가 이루어지고 있다.

② 부산 도시재생사업(산복도로·감천문화마을) & 해운대구 반송동 희망
세상

도시형이며 원도심 중심의 소규모 3차 산업이 주를 이룬다. 기존 사회 운동
경험이 있는 비영리 기관의 주도로 사회적경제 활동이 전개되고 있다. 그러

나 동시에 도시재생사업을 통해 도로 정비 사업, 지역 문화 자원 개발 등 도시 환경개선, 사회문화적 인프라 확충에 주력한다. 그러나 지역 자체적으로 경제적 문제에 대한 갈등, 주민들의 공감 문제 등으로 공동체 형성이 미비한 탓에 타 지역에 비해 사회적경제 활동이 활성화되지 못하고 있는 실정이다.

라. 호남지역

① 진안군 진안마을만들기센터

전형적인 농촌형 지역에 있는 중간지원조직으로 이 센터를 중심으로 기존 농민 운동 경험이 있는 농민 단체를 기반으로 1차 산업 중심의 사회적경제 활동이 이루어지고 있다. 특히 지역의 중간지원조직인 진안마을만들기센터를 중심으로 다양한 위탁 사업을 하고 있다. 지역 주민들의 강한 연대, 협력 의식, 귀농귀촌자들의 결합으로 전문성과 열정이 해당 지역의 사회적경제를 활성화하는 동력으로 작용하고 있으며, 최근 성공적인 사회적경제 모델로 정착하였다. 기존 농민과 유입인구 간의 갈등, 텃세 문제 등 이슈가 잔존해 있으나 공동체 내부의 협의를 통해 지혜롭게 해결해 가고 있다.

② 완주군 완주로컬푸드협동조합

도농복합형 사례이며, 1차 산업이 주를 이루나 식당, 마트 등 3차 산업이 복합되어 있다. 대규모 사업을 지향하고 있으나 주로 생산자 중심이며 소비자 결합은 미비하다.

③ 전주시 남부시장 청년몰

도시형이며, 3차 산업을 기반으로 한 마켓 중심 사회적경제 활동이 이루어지고 있다. 소규모 사업으로 시작하였으나, 최근 청년 주도의 성공적인 사회적경제모델로 주목받으면서 많은 곳에서 벤치마킹하려는 사례이기도 하다. 다만 내부적으로 협동 문화를 만들어 가는 데 많은 어려움을 겪고 있으며 사업의 지속가능성 향상을 위한 혁신이 요구되고 있다.

마. 강원지역

① 원주시 원주협동조합사회경제네트워크

도농복합형이며 원도심형이 주를 이루고 아파트형은 드물다. 지역 내 중간지원조직인 원주협동조합사회경제네트워크를 중심으로 사회적경제 활동이 이루어지고 있다. 로컬 푸드 등 1차 산업에 기반한 소규모 사업이 주를 이룬다.

② 원주시 의료복지사회적협동조합

원주의 경우 기존 사회 운동 조직을 베이스로, 협동조합 간 연줄, 즉 협연이 사회적경제 활동 전반에 강하게 자리잡고 있다. 의료복지사회적협동조합은 최근에 새롭게 조합원을 정비하며 새로운 도약을 준비하고 있다. 협연이 없었으면 쉽게 무너질 수 밖에 없는 구조였다. 협동조합 초기 사회 운동 1세대와 2세대가 결합하여 조합의 발전에 획기적으로 기여하였다. 최근에는 주요 활동가들이 2세대로 대체되었으며 외부에서 유입된 활동가들의 영향력이 확산되고 있다.

바. 충청지역

① 옥천군 옥천살림 그리고 옥천신문

전형적인 농촌형 사례이며, 최근 들어 사회적경제 활동이 막 발달하기 시작한 초기 단계에 있다. 로컬 푸드 등 1차 산업 기반의 소규모 산업이 주를 이룬다. 지자체의 지원 미흡, 인적·물적 자원 부족 등 기본 여건이 열악하며, 인근 대도시(대전)로 인구 유출이 많아 여전히 사회적경제가 성장하는 데 어려움이 많다. 다만 옥천신문이 사회적경제 활동을 위한 여론 형성 및 교육에서 주요한 역할을 하고 있다.

② 아산시 공세리 마을협동조합

농촌형 사례이며 카페, 도서관 등 3차 산업 중심의 소규모 사회적경제 활동이 이루어지고 있다. 지역 내 운동 역사는 짧으나, 교육, 복지, 여성 등 사회적 이슈에 관심이 많은 지역 주민들이 자발적으로 공동체를 형성하고, 사회적경제 활동을 이끌어나가고 있는 고무적인 사례라 할 수 있다.(아산시의 적극적 협조가 있었다.)

③ 제터먹이 사회적협동조합

전형적인 농촌형 사례로 1차 산업 기반의 소규모 사업이 주를 이룬다. 제터먹이의 경우 기존 마을 공동체가 성장한 것이 아닌, 운동 의식을 가진 외부의 시민활동가들이 귀농귀촌하면서 사회적경제 활동을 주도한 사례이다. (시민 운동 세력이 해당 지역으로 유입되어 사회적 경제의 관점에서 지역 사업을 운영한다.) 물론 한살림을 비롯해 오랫동안 농총 공동체 지키기 운동이 강하게 자리잡고 있었다.

사. 제주지역

① 사회적경제네트워크 그리고 행복나눔마트협동조합

도시형이며 제주시의 아파트촌을 중심으로 아파트형 사회적경제 활동이 활성화되고 있는 추세이다. 대체로 3차 산업 중심의 소규모 사업이 이루어지고 있으나 제주시 및 중간지원조직인 제주사회적경제네트워크를 통해 사회적경제 활동의 규모를 확대하기 위한 다양한 지원이 이루어지고 있다. 제주의 경우 지역 전반적으로 협동 문화가 자리잡고 있어 협동조합이 발달할 수 있는 토양을 갖추고 있으나 제주 자체가 작고 인구가 적다는 한계가 있다. 일단 실험적으로 여러 사업을 시도해보고 생존 전략을 마련할 필요가 있다.

III. 시민사회의 사회적경제 활동

1. 서울: 자립, 기획, 운동의 결합

서울의 경우는 마포구와 종로구를 조사지역으로 선정하였다. 마포 성미산 지역주민들은 다양한 소모임을 통해 지역 기반 협동조합을 끊임없이 구성하고 있다. 왜 그리고 어떻게 성미산 마을 주민들은 다른 지역과 달리 협동의 방식으로 삶을 꾸려가기 위해 끊임없이 모이고 궁리하고 현실과 부딪치고 있는가에 대한 답을 찾고자 조사 대상으로 선정하였다. 비슷한 문제의식을 가지고 종로구 창신동의 봉제산업에 참여하는 주민들의 협동의 경험을 살펴보고자 그 지역을 사례로 선정하였다. 또한 여성민우회에서 시작한 행복중심생협(연합회)을 주요 사례로 살펴보았는데 이는 생활밀착형 생협활동에서 여성

그림 3 성미산 마을지역 지도

의 참여의 중요성을 살펴보기 위함이다. 비슷한 맥락에서 서울 각 지역에서 진행되는 에너지 자립프로젝트인 햇빛발전협동조합 활동은 주목할 만하다.

(1) 마포구 성미산 마을 사회적경제 활동

가. 성미산 마을 특징

마포구 성미산마을은 마포구 성산동 일대를 의미하여 '성미산마을'은 특정 지명이 아니라, 성산동 성미산 일대에 위치한 여러 마을공동체들이 모인 지역을 아울러 말한다. 성미산 마을에는 70개가 넘는 다양한 지역주민 모임이 활동하고 있다. 성미산 지역공동체 내 다양한 주민 모임이 운영되고 있으며 이것은 오프라인 및 온라인이 상호 결합하여 운영되고 있다.[3]

그림 4 성미산 마을 사회적경제 조직: 성미산학교, 성미산마을극장, 작은나무, 카페동네부엌

---

3 온라인 카페(cafe.daum.net/sungmisanpeople)를 통해서 활성화되고 있다.

성미산 지역 공동체는 1994년 20여 가구의 젊은 맞벌이 부부들이 모여 공동육아 어린이집을 운영한 것에서 시작해 점차 교육, 주거, 문화 등 다양한 분야에서의 공동 생활을 지향하는 대표적인 도시형 지역공동체로 성장하였다. 지난 2001년 성미산 개발 계획에 환경 파괴를 우려한 주민들의 반대 활동(성미산지킴이 활동)이 외부에 알려지면서 '성미산 마을'이라는 명칭이 생겨난 것이다. 현재 성미산 마을에서 다양한 사회적경제 조직들이 활동하고 있다. 그림 3에 제시되어 있듯이 사회적경제 활동으로는 공동육아 어린이집, 방과 후 어린이집, 대안학교인 성미산 학교, 반찬가게인 동네 부엌, 유기농카페 작은 나무, 성미산 밥상, 공동주거공간인 '소행주'(소통이 있어 행복한 주택), 성미산 마을 극장 등 주민들이 스스로의 필요에 의해 만들어 운영하는 커뮤니티 시설들이 운영되고 있다. 이 밖에도 음악이나 춤, 그림, 스포츠 등 주민이 함께 즐기는 70여 개의 문화·여가 관련 지역 주민모임이 활동하고 있다.

나. 마포 성미산 지역 협동조합 생태계 분석 및 주요 이슈[4]

성미산 마을은 보육 문제를 해결하기 위해 협동의 전통이 아래로부터 자연스럽게 형성된 대표적인 사례이다. 성미산의 지역공동체가 활성화되었고 지금도 꾸준히 확장되고 있는 그 이유는 무엇이며 그것을 막고 있는 장애물은 무엇인지를 살펴보았다. 성미산 마을의 지역공동체 활동을 10년째 하고 있는 (사)마을의 이창환 대표는 다양한 주민모임에 참여하였고 서울시마을공동체지원센터 등의 실무를 맡기도 했다. 만약 한 지역 주민이 성미산 지역 공동체에 속해 있다고 한다면 다양한 주민모임 혹은 협동조합(등록·비등록)에 가입되어 활동하는 것이 보통이다. 표 3을 통해 알 수 있듯이 다양한 유형의 조직들이 성미산 지역의 사회적경제 생태계를 이루고 있다. 이 대표의

---

4   아래 분석은 2015년 9월 21일, 마포구 성미산 마을 방문 및 (사)마을 이창환 대표 인터뷰 조사를 바탕으로 한 것이다.

경우만 하더라도 2015년 10월 말 현재 10개 정도의 협동조합에 가입하여 활동하고 있으며, 협동조합과 같은 방식으로 운영하고 있지만 등록되지 않은 주민모임에도 참여하고 있는데 그 숫자가 10개나 된다. 이것은 성미산 마을에 얼마나 사회적경제 생태계가 얽혀져 있는지를 보여주는 것이다.

표 3 성미산 지역의 사회적경제 조직

분야	유형별 조직(설립년도)	협동 조합 수
교육	공동육아협동조합: 우리(1994), 참나무(2002), 　　　　　　　성미산(2005), 또바기(2005) 방과후 공동육아협동조합: 도토리(1999), 성미산마을(2015) 대안학교: 성미산학교(비인가, 2004)	6개
나눔·복지	마포희망나눔 – 돌봄두레(2005) 개똥이네놀이터 – 어린이책방(2011) 마포의료복지사회적협동조합(2012) 우리동물병원생명사회적협동조합, 우리동생(2013)	2개
문화	성미산문화협동조합(구, 성미산마을극장, 2013) (사)마포FM, 공동체라디오방송국(2005)	1개
경제	울림두레생협(구 마포두레, 2000) 되살림가게(2007), 비영리가게 동네부엌(2002), 최초 민간 마을기업 비누두레 (2008), 3명 여성 일공동체 좋은날협동조합 – 더치공방 (2013) 성미산대동계 (2005), 임의단체 성미산상인회 (구, 성미산동네금고(2011) 소통이있어행복한주택(소행주, 2008), 주식회사 작은나무카페 (2004) 2013년 협동조합으로 전환 함께하는주택협동조합 (2013) 성미산밥상 (2010), 친환경유기농 지역주민의 자발적 사업 소풍가는고양이, 청소년창업기업 (예비적사회적기업)	5개

※ (사)사람과 마을 이창환 대표의 발표자료 [2015년 성미산 마을]을 바탕으로 재구성함.

도시 지역 공동체는 자발적 주민모임이 복잡계처럼 관계망이 확대될 때 가능하다

　도시와 농촌 지역에서 저절로 공동체나 마을이 형성되지 않는다. 도시의 경우 한 개 동에 최소 2만 명 이상 살고 있다. 도시에서 그것이 협동조합이든 마을모임이든 공동체 활동을 하기 위해서는 주민의 자발적 참여가 우선되지 않으면 어떤 것도 이루어질 수 없다. 그렇다면 그 자발성은 어떻게 확보될 수 있는가? 주민들이 당사자로서의 자신의 필요와 욕구를 갖고 협동조합에 참여를 할 때 자발성과 지속성을 확보할 수 있다. 성미산마을 지역은 생활권으로 따지면 주민이 10만 명에 이른다. 그들 중에 공동체 활동과 같은 방식으로 자발적으로 생긴 주민 모임이 70개 정도이며 그 중에 가장 큰 조직은 두레생협이다. 이 생협 조합원은 1만 2천 명 정도에 이르기에 주민의 10%가 협동의 관계망에 들어와 있다고 말할 수 있다. 물론 생협 조합원 중에도 집에서 인터넷으로만 소비하는 소극적인 조합원들이 존재하지만 마포 성미산 지역에서 이 생협 조합원이 사회적경제 활동에 참여하는 가장 큰 집단이라고 말할 수 있다.

　성미산 지역 70개 주민모임의 성패 요인은 모임에 참여하는 사람들이 각각 자기가 참여하고 싶고, 활동하고 싶고, 하고 싶은 만큼만 활동하는 것을 보장 받고 그렇게 운영되고 있다는 데 있다. 물론 어떤 사람이라도 10개 정도의 모임을 열심히 할 수는 없다. 한 두개 정도만 열심히 하지만 그 중복참여 과정을 통해 그 주민들이 연결고리 역할을 하면서 각자 다른 모임에 참여하고 있는 주민들 간에 관계망을 이루게 된다. 이 관계망이 계속적으로 중첩되고 이것이 확산될 때 주민 모임끼리의 관계가 복잡계 같은 모습을 띠게 된다. 이러한 복잡계 형태의 사회적경제 활동의 모습이 성미산 마을의 모습이고 이것은 공동체 관계망인 것이다.

　성미산 마을 지역 주민 모임이 정부의 지원을 받기 시작한 것은 2007년 즈음이며 지금은 약 5개 주민 모임이 정부지원을 받고 있다. 나머지 65개

정도의 주민모임은 정도는 정부의 지원 없이도 잘 진행되고 있는데 이렇게 되기 까지 개별 주민 모임이 지속가능성을 유지하는 데 많은 시간이 걸렸다. 지난 21년 간의 지역 주민모임 형성과정을 간략히 소개하면, 초기 7~8년 사이에는 1년에 한 개 정도의 주민모임이 생길 정도로 아주 천천히 진행되었고 그 규모도 20명 정도만이 참여하는 수준이었다. 7~8년이 지나면서부터는 작은 주민 모임이 1년에 2~3개씩 늘어나기 시작하였고 최근에는 그 증가 속도가 급격히 빨라지면서 1년에 5~6개씩 그 모임이 증가하고 있다.

성미산 지역 주민은 보육문제를 해결하는 과정에서 협동조합의 전통을 이루었다

성미산 지역에 살게 된 주민들 중 어릴 때부터 협동조합을 공부해 본 사람들은 없었다. 다시 말해 이웃 주민들과 논의를 통해서 의제를 설정하고, 그 방법을 결정하고 실행하고 평가하는 경험을 가지고 있는 주민들이 없었던 것이다. 그렇지만 지역에서 스스로 자신의 문제를 해결하기 위한 첫 조직으로 협동조합을 만들면서 이것이 수평적으로 확장된 것이다. 어린이집을 17가구의 부모들이 모여서 만들면서 공동출자 방식과 직접참여 방식이라고 하는 협동조합 방식을 선택한 것이다. 이후 일종의 학습 효과를 띠면서 두 번째, 세 번째 조직들이 만들어지고 지역에서 협동조합으로 등록을 했든 안했든 대부분 협동조합 방식으로 운영이 되고 있다. 이런 전통이 생기면서 기본적으로 주민 모임에 필요한 재원은 스스로 만든다는 것이 당연하게 받아들여지게 되고 그 필요가 절실하면 절실할수록 회비의 규모도 커지게 되었다. 따라서 조합을 이루는 구성원 전체가 운영에 참여하고 의사결정 방식 또한 다수결보다는 대체적으로 합의 방식을 따르는 협동의 문화, 연대의 가치를 우선시하는 문화적인 토대가 성미산 지역에 자리 잡게 된 것이다.

성미산 마을 지역에서 사회적경제와 관련된 다양한 활동을 하면서 주민들끼리 자주 던지는 질문은 "이것이 진짜 당신이 하고 싶은 것인가? 이 일을 함으로써 정말 당신은 즐거운가?"이다. 주민들이 이러한 본질적인 질문을 스스로에게 지속적으로 던지면서 현재 참여하고 있거나 계획하고 있는 주민모임 혹은 협동조합이 지역공동체 활성화에 기여할 수 있는지를 점검한다. 이것은 지역에서의 사회적경제 활동이 갖는 의미 즉 정체성과 운동성에 대한 끊임없는 확인과 공유의 과정인 것이다. 이것이 전제되지 않으면 사회적경제 활동은 내부 혹은 외부 위협에 쉽게 흔들릴 수 밖에 없는 취약한 구조이기 때문이다. 예를 들어 서울시나 행정자치부가 추진하고 있는 마을만들기 지원사업을 성미산 지역에서도 수행하고 있다. 70개 주민모임 중에서 약 20개가 마을기업 지원사업을 수행하고 있으며 170명 정도의 고용효과를 내고 있다. 사실 성미산 지역 주민들이 처음부터 이런 저런 협동조합적 사업을 추진해 왔기 때문에 이것이 마을기업에 해당하는 지도 모를 정도로 사회적경제 활동에 익숙한 상황이다. 이는 현실에서의 필요와 필요를 가진 주민들이 함께 모여서 그 문제를 해결하기 위해 주민 모임을 형성하고 그것을 열심히 하다 보니 마을기업 지원사업을 받게 된 것이다. 그런데 문제는 지원의 대부분이 사업비를 지원하거나 공간임대료를 대출해주는 형식으로 사업을 바라보기 때문에 당사자의 필요나 협동의 기쁨의 측면에서 사업을 보지 않는다는 점이다. 결과적으로 사업 아이템을 가지고 사업을 성공시켜서 그걸 가지고 주민의 관계망을 만들어가는 거꾸로 된 접근을 하고 있다는 점이다. 이것이 지속된다면 결코 당사자성과 아래로부터의 욕구를 끌어내지 못하고 사업 아이템을 쫓는 프로젝트 기획자나 컨설턴트만 넘쳐나게 될 우려가 있다. 지역 풀뿌리에서 이런 문제의식을 갖고 있기에 서울시의 마을만들기 지원제도를 전면적으로 수정할 필요성이 제기된다. 다시 말해 개별 사업을 지원하고 그것을 수행할 만큼 지역 주민들은 준비되어 있지 않다는 현실을 인정하는 것이 필요하다.

성미산 지역에서는 주목할 만한 실패 경험이 적은 것이 특징이다. 그만큼 지역공동체의 협동과 상생의 경험이 많이 축적되어 있기 때문이다. 그렇지만 아래에 소개할 한 실패 사례는 지역 공동체에서 여성과 남성의 협동의 방식에 차이가 존재한다는 것을 보여주는 중요한 사례로 시사하는 바가 크다. 몇 년 전 성미산 마을에서 남성을 중심으로 자동차정비소를 협동조합(성미산 차병원협동조합)으로 운영해보자는 의견이 모아졌다. 300명 조합원의 참여를 통해 힘차게 출발하였지만 그 수익구조가 조금씩 악화되었다. 초기에는 새로운 사업을 운영하는 데서 나오는 미숙함 그리고 조합원이 이용하는데 좀 불편한 곳에 위치한 문제 그리고 서비스 질 문제로 이해하였다. 그러나 가장 큰 문제는 협동조합의 가장 중요한 요소인 투명성·정보공개 원칙이 제대로 지켜지지 않았기 때문인 것으로 드러났다. 이 사업을 실제 책임을 맡고 있는 운영자가 조합원에 대한 인정욕구가 강한 나머지 협동조합 운영과정에서 마주하는 문제에 대해 제대로 공개하지 않고 혼자 고민하다가 결국 어떤 임계점을 넘기고서야 문제를 공유하였던 것이다. 그 결과 조합원들이 함께 공동의 문제를 해결하는 주체로 협력을 할 기회를 잃게 되었다. 이 조합원은 카센터를 잘 운영해서 사람들에게 인정받고자 욕심을 낸 것이다.

사실 이 자동차정비소 협동조합은 여성 특히 엄마들이 참여하지 않아서 실패했다는 평가도 있다. 엄마들은 지역의 시시콜콜한 문제까지 서로 나누는데 비해 아빠들은 혼자 문제를 해결하려는 성향이 강하고 민주적 의사결정 경험을 머릿속에만 갖고 있다는 지적이다. 그렇다고 해서 이런 사람들을 대상으로 협동조합 교육을 지속적으로 한다고 해서 바로 변하는 것은 결코 아니다. 이런 남성과 여성의 성향 차이를 주목함으로써 이후 지역 협동조합 운영에서 남성과 여성의 참여와 역할을 고려할 필요가 있는 것이다.

한 주민이 자발적 참여를 할 때까지 기다려주는 것이 필요하다

마포 지역의 공동체가 활성화되고 다양한 협동조합이 지속적으로 형성되는 가장 큰 자양분은 바로 자발성을 유도하는 것이다. 구성원 모두가 정말 이 일은 내가 필요한 것이고 내가 하고 싶은 것이라는 내적인 요구를 분출시키는 과정 즉 자발성의 원리가 작동될 때 협동은 시너지를 발휘할 수 있는 것이다. 만약 지역 활동가 한 사람이 주민모임을 조직하려고 한다면, 분명 이 사업은 다른 경우보다 초기에 잘 될 수 있다. 그러나 그것이 지속되기 위해서는 사람들이 지역의 삶을 함께 고민하고 대안을 궁리하고 구체적인 사업 안에서 협동할 때 협동의 가치를 깨닫고 이후 유사한 일에 자발적으로 참여하게 해야 한다. 활동가가 어떤 이유에서 갑자기 사라진다면 활동가에 의존했던 주민모임은 곧 와해된다. 이런 이유에서 지역공동체를 고민하는 리더들은 주민들의 변화 즉 자발적 참여가 일어날 때까지 기다리는 것이 중요하다. 마포 성미산의 경험에 따르면 삶의 현장 속에서 이 기다림의 시간은 1~2년이 되기도 한다. 성미산 지역의 공동체는 이러한 기다릴 줄 아는 리더들이 많기 때문에 희망이 있는 것이다. 이런 이유에서 성미산 지역에서는 "차이를 차별하지 말고 다양성을 인정하라. 말로는 사람들을 변화시키고 설득할 수 없다. 무조건 주민을 기다리고 주민을 믿고 뜻을 따르라."등의 말이 자연스럽게 받아들여지고 있다. 이런 문화 속에서 지역 주민들의 변화를 목격하였고 그 변화의 폭발력을 경험하였기에 사람들에게 소망을 두는 것이다.

요컨대, 성미산 지역 공동체는 시민사회 활동가가 주민들의 성장을 이끌어내는 것보다 주민들이 자기들의 필요와 욕구에 의해 활동을 시작하였고 그것은 협동의 방식으로 진행되었다. 성미산 지역은 사람들을 믿고 기다릴 줄 아는 사람들이 많은 곳이기도 하다. 이런 협동의 문화가 두터워지면서 주민 간 관계망의 폭과 깊이는 더욱 커지게 되었다. 이러한 희망적 측면이 있는 동시에 위부 위협도 더 강하게 밀려오고 있음을 주목할 필요가 있다. 최

근 서울의 많은 지역에서 겪고 있는 임대료 상승으로 인한 사업자들의 퇴출 위기가 성미산 지역에서도 예외가 아니기 때문이다. 주택문제만이 아니라 마을기업, 주민모임, 협동조합, 사회적기업 모두가 같은 위기를 마주하고 있다. 이것은 개별 주체들이 해결할 수 없는 사회적경제 영역 전체의 문제로서 민관이 협력해서 일종의 공유자산으로 만들어 외부위협으로부터 보호할 필요가 있는 부분인 것이다.

(2) 종로구 창신동 지역의 사회적경제 활동

가. 창신동 봉제 골목 특징

종로구 창신동 봉제마을 지역은 서울시 종로구 창신2동 일대를 의미한다. 현재 지역의 활발한 지역공동체 활동 모습은 '창신마을넷'을 통해 쉽게 확인할 수 있다.[5] 창신마을넷은 지역 주민과 마을 활동가들이 함께 만든 네트워크 단체로서 창신동 지역의 다양한 사회적경제 활동 및 생태계 지형을 확인할 수 있다. 창신동 일대 지역은 1960년대부터 현재까지 동대문 의류산업의 배후생산지이자 수도권의 대표적인 의료제조업체 밀집지역으로 유명한 곳이다. 1970년대 이후 창신동에 평화시장 봉제공장들이 이전하며, 현재 약

그림 5 창신동 지역

5   인터넷 카페 참조 cafe.daum.net/chamnet

1,100개의 봉제공장이 창신동 일대에 산재해 있다. 창신동의 집들은 가파른 언덕에 위치해 있다. 창신동은 최근 서울 도심의 옛 모습을 그대로 유지하고 있어서 다양한 영화와 드라마의 촬영지로 유명하며 젊은이들의 창의적 예술 활동 공간으로 주목받고 있다.

놀라운 사실은 종로구에는 사회복지관이 하나 밖에 없는데 바로 창신동 산꼭대기에 위치해 있다는 점이다. 요즘은 영화, 드라마 등의 촬영장으로 유명해진 창신동은 사실 동대문 시장에서 판매되고 있는 옷을 유행에 맞추어 순발력 있게 만들어내는 봉제작업의 집합소이기도 하다. 사실 창신동은 한국 산업화의 어두운 면을 보여주는 곳이다. 봉제지역 주민들은 밤낮없이 봉제 일로 바쁘기 때문에 보육, 복지 등의 문제를 공동으로 해결하기 위한 관계중심 네트워크를 형성되기 어려운 상황이다. 이런 생계에 바쁜 부모님 대신에 마을 아동·청소년에게 사회적 돌봄을 지원하기 위해 '해송아동지역센터'가 형성되었고 이것을 중심으로 점차 지역공동체 활동의 근거가 생겨나고 있다. 현재 창신동에는 마을 활동가들과 지역 주민들에 의해 세워진 지역아동센터(해송, 청암), 뭐든지 도서관, ○○○간(공공공간), 창신AZIT, 창신동 라디오 '덤', 아트브릿지, 한다리 중개소 등이 운영되고 있다. 서울시와 창신마을넷, 창신동의 다양한 커뮤니티, 지역주민, 봉제업 관계자, 외부전문가 등으로 구성된 협의체는 봉제공장이 밀집한 창신2동 647번지 거리에 봉제박물관과 봉제거리를 조성해 창신2동이 봉제마을로 거듭날 계기를 마련하고자 노력하고 있다.

나. 종로구 창신동 지역협동조합 생태계 분석[6]

창신동 맥락에 필요한 주민들의 욕구를 만족시키고자 협동하기 시작하다

이곳 창신동의 봉제일은 소위 호랑이 눈깔 붙이는 것과 똑같은 구조로 진행되고 있다. 90년대에는 블라우스 하나 만들면 5,000원이었는데 지금은 3,500원으로 그 단가가 더 떨어졌다. 그것은 미싱이 좋아진 것도 이유이지만 사실은 일거리가 떨어질까 걱정이 되어 입찰 시에 좀 더 낮은 가격으로 경쟁적으로 일감을 확보하기 때문에 수익은 점차 적어지고 그것을 보충하기 위해 더 많은 일을 하게 되는 악순환이 반복되고 있는 구조인 것이다. 창신동 지역 주민들 중에 이 봉제일에 부부가 전적으로 매여 있는 경우가 많기 때문에 그 아이들의 보육은 물론 공부를 시키는 것은 지역아동센터(공부방)의 몫이 되었다. 이런 사회적 서비스 활동을 계속 진행하면서 근본적인 문제, 즉, 엄마들은 자신의 아이들을 지역아동센터에 맡기고 자신들은 왜 일에 지쳐서 아무것도 하지 못하는가라는 문제를 해결하지 않으면 안되었다. 왜 그들은 장시간 노동을 해야만 하는가? 엄마들을 노동에서 해방시킬 수 있는 것이 무엇인가를 고민하다 그 해결책으로 '마을넷'을 만들게 된 것이다.

협의체 형식의 서울의류봉제협동조합은 출발부터 한계가 존재한다

한편 봉제산업 구조 및 작동원리를 살펴볼 필요가 있다. 종로구의 봉제공장과 소상인들은 중구의 사업 자본에 예속되어 있다. 이 봉제공장에 종로구 창신동을 포함하여 인근 지역에 무려 8만 명이 고용되어 있을 정도로 노동집약적인 구조를 보인다. 비록 전순옥 의원이 중심이 되어 '서울의류봉제협동조합'을 만들어 운영하고 있음에도 불구하고 이것은 봉제공들의 근본적인 복지문제를 해결할 수 없는 구조이다. 이 협동조합은 사업장별로 필요

---

6 아래 분석내용은 2015년 10월 21일, 종로구 창신동 지역활동가 남기창 목사 인터뷰 조사를 바탕으로 한 것이다.

에 의해서 형성된 협동조합 간의 협동으로 운영되기 보다는 사업자 간의 협동조합 성격이 강한 연합회 혹은 이익집단처럼 운영되고 있기 때문이다. 과거 647회 모임(647번지는 봉제공장이 집중적으로 몰려 있는 번지임)이 주도로 협동조합을 만들었지만 이것은 친목단체로 있던 것이 협동조합으로 변형된 것이다. 그 결과 600명의 조합원이 참여하고 있다 하더라고 협동의 가치가 개별 조합원으로까지 확대되지 못한 상황이다. 또한 아래로부터의 민주적 의사결정 방식이 지켜지기 보다는 이미 상위에서 결정하여 참여 사업장별로 물건을 다 떼어서 주는 기형적 형태를 보인다. 다시 말해 각 사업장마다 조합원들이 독립된 의사결정 구조를 갖춘 공장(원단을 싸게 공동구매하는 것)들의 협동이기 보다는 중구(자본)에서 주문을 받는 형식이 되어 그들이 스스로 할 수 있는 일은 아무것도 없는 것이 문제의 핵심이다. 협동하기를 원하고 그 필요성을 절실히 느끼는 지역 소상공인의 아래로부터의 참여를 적극적으로 유인하지 않는 것은 창신동 지역의 협동의 노력과 경험들이 더욱 발전시킬 수 있는 가능성을 방기하는 것이다.

도시의 많은 지역협동조합이 브로커의 기획 작품이다

창신동 지역의 다양한 사회적경제 활동을 주도한 한 지역활동가는 자신을 농담 삼아 '브로커'라고 부른다. 그 이유를 자신이 창신동 지역의 다양한 사회적경제 조직에 직간접적으로 참여하고 있으며 초기에 이런 저런 협동조합을 만들 것을 촉구하는 소위 '협동조합의 전도사'처럼 활동했기 때문이라고 말한다. 예를 들어 캠페인처럼 확산되고 있는 서울시의 햇빛발전협동조합 활동이 대표적인 사례이다. 최근에는 지난 3년의 활동을 돌아볼 때 협동조합에 대한 접근이 단순한 운동적 차원에서 전개된 것을 반성적으로 바라보기 시작했다.

지역협동조합이 많은 어려움을 마주하고 있는데 크게 두 가지로 그 이유를 찾을 수 있다. 하나는 협동조합을 하려고 하는 사람들이 실제 협동조합을 필요로 하는 욕구에 의해서 시작한 것인가, 아니면 정말 몇몇 기획자들이 협동조합을 기획한 것인가에 따라 구분없이 진행한 것과 관련이 있다. 이에 창신동 지역을 포함해서 거의 대부분 지역의 협동조합이 기획자들의 기획 작품이라는 비판이 따르기도 한다. 실상 지난 몇 년 동안 사회적경제 영역이 부상하면서 시민사회가 혹할 만한 도구인 협동조합에 대한 관심이 급부상하였다. 문제는 지역 주민 스스로 그 도구를 가지고 뭔가를 해보고 싶은 욕구를 가진 것이 아니라 기획자 혹은 브로커들이 뭔가를 할 수 있겠구나라고 생각한 것이다. 현재 협동조합의 문제는 지역 협동조합을 처음 기획한 사람들이 그 사업에 지속적으로 참여하지 않는다는 것이다. 기획된 협동조합에 참여하는 조합원 중에 정말 자신의 필요에 의해서 하고 있는 사람이 얼마나 있을까를 자문할 때이다.

협동조합의 조합원을 연줄에 의해 동원할 경우 그 지속가능성은 떨어진다

많은 협동조합의 시작과정에 연줄이 동원된 경우 많은 문제를 노정하게 된다. 이는 우리 시민사회 운동에서 배태된 문제와 연결된다. 협동조합의 조합원으로 참여하는 것이 기존의 연줄에 근거해서 부탁하니까 형식적으로나마 이름을 올리게 되는 것이다. 예를 들어 서울시와 환경단체들이 중심이 되어 추진한 햇빛발전협동조합의 경우, 초기에는 대부분이 자기 아이를 포함해 미래 세대를 위한 생태계를 보호한다는 대의를 가지고 이 사업에 참여하는 것처럼 보였다. 그러나 실제 내부를 들여다 보면 조합원 활동이 자기 스스로의 필요와 욕구보다는, 같이 활동을 하고 있는 사람들이 연줄에 근거해서 도움을 요청하니까 어쩔 수 없이 후원하는 정도로 조합원에 가입하는 경우가 많은 것이 현실이다. 문제는 가치에 대해 전적으로 동의하고 그것을 보고 후원해야 하는데 최소 구좌(1만원 혹은 5만원) 정도만 후원하는 정도에 그치고 만다는 점이다. 이것은 기부활동도 아니고 애매한 형태로 형식적인 결합에 머문 것이다. 서구의 경우는 협동조합의 조합원이 되려면 큰 부담(적어도 500만원)을 지게 한다. 이 정도의 조합비를 내고 책임 있는 활동을 하도록 요청한다. 그러나 한국의 경우는 아는 사람의 요청이니까 미안해서 그냥 도와주는 차원에서 최소한의 구좌만 여는 정도로 결합한다. 이런 형식적인 조합원의 수가 늘어날수록 해당 협동조합의 성공가능성은 낮아지게 된다. 협동조합은 기업으로서의 가치와 원리가 있어야 하고 조합원의 적극적인 참여가 매우 중요하기 때문이다. 형식적인 조합원이 대부분인 경우에는 기획자의 또 하나의 협동조합 작품에 머무는 것이다. 요컨대, 사회운동 혹은 캠페인의 방식으로 협동조합 참여를 유도하는 것은 많은 사람들의 참여와 관심을 불러오는 데는 필요하지만, 지나칠 정도록 강한 연줄에 의해 협동조합을 확장하려는 전략은 그 지속가능성을 떨어뜨리는 요인이 되고 있다.

사회적 가치를 우선하는 지역주민이 많아질수록 협동조합의 건강성이 살아난다

10년 넘게 지역아동센터(공부방)에 참여하는 선생님들의 복지문제를 고민하면서 시작한 신용협동조합의 경험은 주목할 만하다. 현재 협동조합법에는 금융에 관련된 활동을 금지하고 있다. 그럼에도 불구하고 지역에서는 협동조합의 방식으로 비인가 신용협동조합을 운영하고 있는데 이것은 진정한 의미의 협동조합 정신을 구현하고 있는 사례이다. 사실 협동조합 이름을 붙일 수 없기에 계모임과 같이 운영하고 있으며 70명이 넘는 조합원이 참여하고 있다. 조합에 참여하기 위해서 가장 중요한 것이 공동유대이다. 지금도 신협의 조합원은 그 지역에 살아야 가입이 된다. 공동유대는 가치를 공유하는 사람들이 사회적 가치를 공유하고 있을 때 대출 상환에 대한 도덕적 해이가 최소화된다. 이 지역아동센터(공부방)를 중심으로 운영되는 협동의 경험을 창신동 지역 주민 전체로 확장할 수 있을까? 인터뷰에는 이것에 대해서는 부정적인 입장을 취하는데 그 이유는 창신동 지역 주민들이 어느 정도 공동유대감과 신뢰감을 쌓아가고 있지만 이들이 사회적 가치를 삶의 우선순위에 두고 있는가에 대해서 아직 확신이 서지 않기 때문이다.

협동조합은 기업이라는 인식이 부족한 것이 협동조합의 큰 장애물이다

물론 협동조합이 가치 위주로만 운영되는 것은 아니다. 예를 들어 창신동의 '뭐든지 도서관'은 마을운동으로서는 우수사례이다. 그런데 주민들이 마을 도서관을 운영하는데 점차 어려움이 커지니까 협동조합으로 운영하겠다는 제안을 한 적이 있다. 수익사업의 구체적 그림이 없이 무조건 협동조합으로 하겠다는 것이 가장 큰 문제이다. 많은 지역 주민들이 공동체와 연결해서 무조건 협동조합으로 해보겠다는 얘기를 자주하지만 '협동조합은 기업이다.'라는 인식이 부족한 것이 사실이다. 비슷한 사례가 햇빛발전협동조합을 운영하면서 나타났다. 이것을 교회단체가 중심이 되어 추진하였지만 이들은 협동조합이 기업임에도 불구하고 이러한 운영에 대한 고려 없이 캠페인 차원에서 접근한 것이 문제였다. 협동조합도 기업이기에 운영을 위해 정부에 최소한 세 가지 신고를 해야 한다. 법무, 노무, 세무 보고인데 이것을 개별 협동조합 스스로가 쉽게 할 수 있는 경우가 거의 없다. 다시 말해 도시지역에서 새롭게 협동조합을 준비하는 사람들은 협동조합 운영을 기업으로서가 아니라 임의단체 수준으로 쉽게 보는 경향이 강하다.

그림 6 창신동 지역 사회적경제 활동 생태계

(3) 행복중심생협연합회[7]

가. 행복중심생협과 민우회

행복중심생협연합회는 그 역사가 28년이 되었다. 그 시작은 1989년에 출범한 '함께가는 소비자 생활협동조합'이며, 여성민우회의 산하 단체로 출발하였다. 1988년 여성민우회가 설립되었던 당시에는 여성문제와 사회문제를 별도의 문제로 접근하는 경향이 강했다. 당시 풀뿌리 지역여성운동을 하려면 여성 대중인 주부들에게 접근해야 한다는 목적에서 1년 만에 생협을 설립하게 되었다. 그러나 민우회 역시 다른 대규모 시민사회운동단체처럼 종합적인 활동을 추진하였다. 여성들이 주체가 되는 생활 전반의 이슈들 - 교육, 먹거리, 여성인권 등 - 을 다루었다. 당시에는 생협법이 없었기에 민우회 내의 사업부서에 생협사업을 담당하였다. '민우회생협'으로 이름을 바꾼 이후에도 민우회 활동의 일부로 진행하면서 소극적이면서도 수동적으로 조직을 유지하였고 이런 상태가 1995년까지 이어졌다.

생협법이 만들어진 이후에는 생협활동과 민우회 활동의 경계가 분명해 지기 시작했다. 이후 생협활동을 강화하기 위해 2013년에 '행복중심생협'으로 이름을 바꾸게 된다. 사실 행복중심생협으로 이름을 바꾼 것은 사업적 고민들 때문이었다. 2000년대 들어 생협사업이 폭발적으로 성장하는 내외적 환경 변화에도 불구하고 민우회생협은 사업적으로 성장하지 못했다. 그 동안 민우회 지부가 아니면 생협을 할수 없다는 순수혈통 주의를 견지했지만 4년여 동안의 내부 논의과정을 거쳐 꼭 민우회 출신이 아니더라도 생협을 할 수 있다는 결정을 하게 되었다. 그 결과 행복중심생협연합회라는 이름을 갖게 된 것이고 현재 14개 생협이 참여하고 있으며 외형적으로 성장했을 뿐만 아니라 매출도 늘고 있다.

---

7 아래 분석내용은 2016년 8월 30일, 관악구 봉천동에 위치한 행복중심생협연합회 안인숙 회장 인터뷰 조사를 바탕으로 한다.

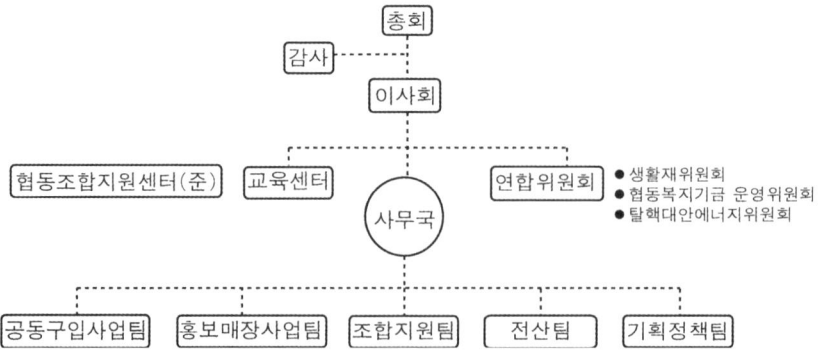

그림 7 행복중심연합회 조직구성

표 4 행복중심연합회 지역 회원 생협

지역생협이름	지역
고양파주생협	경기도 고양시, 파주시
서울서남생협	서울 양천구, 강서구, 구로구, 경기 광명시,부천시, 인천광역시
서울동북생협	서울 강북구, 노원구, 도봉구, 경기 의정부시, 남양주시
서울생협	고양파주, 서남, 동북 지역을 제외한 수도권 지역
진주생협	경남 진주
용산생협	서울 용산구, 마포구 일부
서로살림농도생협	서울 서대문구, 영등포구
풀무생협	충남 홍성군
진해생협	경남진해
광진생협	서울 광진구, 성동구, 동대문구, 중랑구, 송파구, 강동구
서대문마을생협	서울 서대문구, 은평구, 마포구
남양주생협	경기 남양주
수도권생태 유아공동체	서울, 인천, 경기
인드라망생협	고양파주, 서남, 동북 지역 제외한 수도권 지역

민우회가 생협의 출발에는 지렛대 역할을 했지만 성장과정에서는 걸림돌이 되기도 하였고 궁극적으로 내외적인 조건 변화에 적극적으로 대응하기 위해 행복중심생협으로 거듭나게 된 것이다.

여성운동의 최대 과제는 제도화의 덫으로부터의 탈출이다

생협에 여성들의 참여는 늘고 있음에도 불구하고 이것이 여성운동과 적극적으로 조우하지 못하는 이유에 우리는 주목할 필요가 있다. 생협과 여성운동이 결합할 수 있는 길은 바로 프레임의 공유이다. 즉 '여성의 빈곤화'를 핵심 프레임으로 공유한다면 이 두 영역의 만남은 더욱 빈번하고 강화될 것이다. 실례로 고양 지역의 여성운동의 경험을 들어보자. 고양 민우회가 제도화의 덫에 걸렸다는 비판을 받고 있는데 그것은 2003년 이후 정부의 위탁사업을 무려 4개나 수행하고 있다는 사실에서 찾을 수 있다. 고양성폭력상담소, 파주성폭력상담소, 성폭력피해자쉼터, 그리고 지역방과후 프로그램 등이 바로 위탁사업을 수행하는 것인데 이 사업에 민우회의 역량있는 활동가들이 센터장으로 참여하고 있다. 역량 있는 활동가들이 굉장히 역동적일 때 모두가 위탁사업의 센터장으로 자리를 옮기게 되면서 그 왕성한 운동성이 성장하지 못하고 제도적 틀에 안주하게 되어 어떤 경우에는 활동가가 센터장을 10년씩 맡는 경우도 있다. 이런 제도화의 고착이 대표보다 센터장의 경력이 더 오래된 경우도 생기는 아이러니를 보여주기도 한다. 이처럼 정부예산 지원에 목을 매는 구조를 벗어나는 것이 무엇보다 중요하다. 문제는 이러한 민우회의 모습이 생협에도 스며들어 있다는 점이다. 행복중심행협연합회 역시 중부여성발전센터로부터 위탁사업을 받고 있는데 이러한 지나친 제도화는 여성운동의 운동성 및 독립성을 저해하는 위험을 낳게 된다.

나. 행복중심생협의 지역화 및 조직화 과제

연합회가 지역 생협의 관성을 변화시키지 못하는 것이 현실이다. 서울동북생협 사례 중에 '감좋은공방'의 경우 협동조합 붐을 타고 생겼다고 말할 수 없다. 협동의 경험에는 늘 맹아가 그 지역에 이미 존재하고 있었다. 공방에 참여하고 있는 사람들은 거의 20년에 걸친 생협 활동을 통해 상호 신뢰를 구축한 분들이다. 예를 들어 여성건강에 대한 관심으로 책 모임을 시작하다가 통치마가 좋다는 것에 공감하고 함께 통치마를 만들어 입자고 제안해서 협동이 시작된 것이다. 그들은 통치마를 만들자고 하며 1년 동안 통치마 만들어 입기 강연을 하고 다녔다. 이후 통치마의 판매가 활성화되자 참여자들끼리 협동조합을 만들어 운영하자고 의견이 모아져 같은 지역에 거주하는 30명이 조합을 만들게 된 것이다. 개인, 지역공동체의 응원이 있어 지역에서 상호거래하게 되고 도봉구의 지원도 있었다. 이러한 자발적 협동과 신뢰가 토대가 되지 않으면 협동조합은 쉽게 작동할 수 없는 것이다. 이들이 만든 제품들은 행봉중심생협과 한살림에도 납품되어 판매하고 있다.

그러나 연합회가 자연스럽게 마주하는 두 가지 과제는 사업 전문화와 조직 전문화이다. 생협에 참여하는 조합원들을 어떻게 모으고 만나고 연결할 것인가라는 조직의 문제는 결코 만만한 것이 아니다. 조합원이 필요로 하는 것은 이제 교육도 아니다. 조합원 대부분이 40~50대이다. 30대가 들어오지 않아서이기도 하지만 앞으로도 30대가 들어올 것으로 기대할 수도 없다. 생협 이슈 자체가 30대보다는 40~50대의 관심과 고민에 더 잘 연결되기 때문이다. 그래서 자연스럽게 생협의 주요 참여자는 40~50대가 되고 있는데 그들이 소비할 수 있는 자원을 보다 많이 갖고 있기 때문이다. 이들이 지역에서 건강하게 인간다운 노동을 하면서 돈도 좀 벌면서 친구도 만들고 살아가는 비전을 가지고 상호 만남이 활성화되어야 하는데, 문제는 그 플랫폼이 바로 행복중심생협이 될 수 있는가이다.

도시 지역 내 생협 간의 경쟁이 너무 심각하여 공생까지 생각할 겨를이 없다

이제 생협 간의 경쟁을 인정하고 드러내야 할 때가 되었다. 생협 간의 경쟁이 너무 치열해 공생은 아예 생각도 못할 정도로 경쟁 양태는 부끄럽고 안타까운 상황이다. 문제는 생협의 생존을 고민하다보니 생협 간의 협동을 고민하기 보다는 자기 생존만을 고민한다는 점이다. 예를 들어 여러 생협을 상대로 생산품을 제공하다가도 거대 규모의 생협의 유인기제에 넘어가는 한계도 보인다. 영세 생협들은 생산자에게 자기만의 요구를 제대로 하지 못하고 눈치를 보는 경우도 존재한다. 같은 지역에 여러 생협 매장이 붙어 있는 경우도 있는데, 심각한 경쟁으로 인해 하나가 문을 닫으면 '어머 어떡하지.' 하는 안타까움을 보이는 동시에 '속으로는 내가 경쟁에서 이겼다.'는 사실을 은근히 좋아하게 된다는 것이다. 이런 경쟁과 갈등을 극복하기 위해서는 이 문제를 공론화하고 상호 논의하고 대책을 마련할 있는 협의체 즉 '소비자생협전국연합회'가 필요하다. 이러한 협의를 통한 소통, 공감, 연대, 협력이 활성화되지 않으면 생협 간의 경쟁은 결코 완화되지 않을 것이다. 수도권의 아파트 단지를 중심으로 형성되고 있는 생협 간의 경쟁은 협동조합의 협동을 통해서만 극복할 수 있다. 더불어 이러한 협동이 강화될 때 지역의 공동의 문제를 함께 궁리하고 대안을 모색할 수 있는 소통의 장이 형성된다. 이는 주민이 시민으로 거듭날 수 있는 중요한 과제이다.

2. 경기: 민관 – 민민 거버넌스의 균형 과제

경기지역에는 다양한 유형의 사회적경제 활동 특징을 보인다. 도시형, 도농복합형 그리고 농촌형 등의 사례 모두가 존재한다. 그 중에서도 전통적으로 시민사회운동이 강하게 자립잡고 있는 부천, 성남, 안산지역의 사회적경제 활동을 주목하고자 한다. 대표적 사례로 부천의 행복도시락과 경기두레협동조합, 성남의 주민신협 그리고 안산의 의료복지사회적협동조합을 선정하였다. 뿐만 아니라 경기지역에는 신도시가 개발되면서 아파트 단지를 중심으로 새로운 공동체 형성이 실험적으로 나타나고 있다. 예컨대, 신도시 지역의 공동체 형성과정으로 용인 수지지역을 주목하고자 한다. 이곳의 수지느티나무도서관의 형성 및 운영과정을 볼 때 신도시 중산층 중심의 협동의 사회적경제네트워크가 형성될 가능성을 보여준다. 그 활동의 구심점으로 도서관이 도드라진 역할을 담당한다. 한편, 경기도의 대표적인 농공지역 여주시는 다문화 사업을 사회적경제 활동으로 결합한 통카페 사업을 지원한 것으로 유명하다. 이 통카페 사업은 다문화 이슈(이주여성의 사회통합의 통로확장)가 어떻게 농촌지역에서 사회적경제 활동으로 구현되는지를 잘 보여주는 사례이다.

(1) 부천 행복도시락[8]

가. 부천지역의 강한 시민사회 전통

행복도시락은 사회적경제 역사와 맞닿아 있다. 2006년 SK에서 공모했던 '행복을 나누는 도시락'이라는 결식아동 후원 사업에 공모하게 되었다. 상동에 상가를 얻어 '행복을 나누는 도시락 부천센터'로 개소하여 100% 수급자

---

8 아래 분석은 2016년 7월 8일, 부천 행복도시락 박명혜 대표 인터뷰 조사를 바탕으로 한 것이다.

그림 8 행복을 나누는 도시락 부천점
출처: 내일신문(2010.10.06.) 부천 사회적기업의 선두주자 '행복도시락(주)'

와 한 부모 여성만을 중심으로 자립, 자활하게 되었다. 2008년 부천지역에서 1호 사회적기업으로 인증을 받았다. 더불어 일자리창출, 결식아동이나 독거노인에게 공급되기에 사회공헌 성격을 지닌다. 즉 사회서비스와 일자리가 혼합된 혼합형으로 2008년에 지정받은 것이다. 사실 행복도시락의 변화과정은 박명혜 대표의 시민사회운동 경험과 긴밀한 상관관계를 보여준다. 박 대표는 1993년부터 2000년까지 반도체회사에서 노조활동을 했고, 이후 4년 간 민주노동당 의원 보좌관 활동을 하면서 비정규직, 장애인, 이주노동자들 관련 정책 과정에 참여하였고 특별히 사회적기업육성법을 만드는데 직접 참여했다. 그녀는 지역으로 돌아와 사회적기업이 매우 의미있는 일자리를 만들 수 있다는 생각을 하게 되었고, 행복도시락 같은 경우는 사회적 소수자 중에서도 더 소수자에 해당하는 한 부모 가정 여성들에게 좋은 일자리를 제공할 수 있는 비즈니스 모델이라고 판단했다. 또 한 축으로 한국 사회에 소외받고 있는 결식 이웃이 있다. 당시 복지사각지대라 할 수 있는 독거노인, 결식아동, 장애인의 복지를 어떻게 풀 것인가를 고민하였던 차였기에 행복도시락은 이 문제를 풀 수 있는 중요한 도구가 될 것으로 기대했다.

그러나 시민사회 활동가로서 그리고 국회 정책보좌관이 사회적기업가로 거듭나는 것은 결코 쉬운 길이 아니었다. 전문경영인도 아니었고, 식품위생

전공을 하지 않은 상태에서 의지와 당위성만 가지고 시작했기에 10년이라는 고난의 시간을 보냈다. 돌아보면 식품제조 사업 그리고 한식 도시락 사업은 부가가치를 내는 것은 너무 어려운 과제였고 심지어 사회적 가치까지 구현해야 하는 상황이라 더더욱 힘든 조건이었다.

이상적인 목표에 빠지다 보면 비즈니스로서 혁신 과제를 간과하게 된다

솔직히 지불능력이 없는 특정 저소득층을 대상으로 판매하겠다는 매우 이상적인 목표에다 생산능력이나 노동력이 약한 사회적 취약계층을 고용하여 사업적으로 성공하겠다는 것은 경영학적으로 본다면 말이 안 되는 비즈니스 모델이다. 이들 취약계층은 노동 생산성이 떨어질 뿐만 아니라 서로 이해관계가 달라서 갈등이 빈번하게 발생한다. 이런 조건에서 그들을 대상으로 사회적 사명과 가치를 교육시키고 훈련하는 과정은 참으로 힘든 과정인 것이다. 안타깝게도 정부의 일자리 지원도 종료되면서 자립의 비즈니스 선순환 구조를 만든다는 것은 더욱 어려운 도전이었고 부당한 요구가 된 것이 사실이다. 실제로 자립화 노력을 꾸준히 진행했으나 시장에서 늘 낙오가 되었다. 입찰 경쟁에서 행복도시락은 규모가 작기에 늘 자격에서 결격이 되는 경우가 많았다. 가장 심각한 외적 도전은 정부가 2011년에 시범사업으로 시작해 2013년에 제도화시킨 바우처 제도[9]의 변경이었다. 이는 행복도시락이 결코 감당할 수 없는 도전이었다. 바우처 제도 도입으로 하루 1,000개 도시락을 만들던 부천 행복도시락은 하루아침에 문을 닫게 되었다. 또한 지자체장이 바뀌게 되면 친분관계에 있는 업체에게 사업권을 주게 되면서 공정한 경쟁이 되지 않았다. 결국에는 결식아동을 대상으로 한 행복도시락은 결코 성공할 수 없는 비즈니스라는 것을 확인하고 사업의 다각화를 모색하게 되었다.

---

9   보건복지부에서 결식아동에게 바우처 카드를 제공하여 편의점을 이용할 수 있게 하는 제도.

그림 9 한국만화영상진흥원 구내식당 '행복한밥상'
출처: 부천시 정책 포털 복사골이야기(2014.03.13.) '행복한 밥상' 받으러 놀러오세요!

나. 자기 혁신 노력: 사업 다각화 전략

행복도시락은 2013년 정부와의 공공협력 및 지원이 종료되면서 매출이 급감하게 되어 이를 극복하기 위해 위탁급식으로 눈을 돌렸다. 이런 사업다 각화 전략은 초기만 해도 그 모습이 마치 사회적 사명을 가지고 시작했던 작은 아이가 갑자기 큰 산업구조로 뛰어들어 큰 아저씨들과 경쟁하는 불공정한 게임을 하는 것과 같았다. 그러나 살아남기 위해 행복도시락은 조직혁신 및 전문성을 제공하기 위해 노력하였다. 그 대표적인 것이 HACCP(유해중점관리요소) 인증을 받기 위해 직원 모두가 노력한 결과 이것을 취득한 것이다. 또한 여러 번의 고배를 마셨음에도 불구하고 예비군 식당 위탁사업 입찰과정에서 결국 선정되어 예비군 훈련장으로부터 모범사례로 인정받게 되었다. 이처럼 행복도시락은 2014년 예비군 급식으로 시작해서 만화영상진흥원의 '행복한 밥상'이라는 구내식당 위탁을 맞게 되었다. 일부 이용객은 이 밥상이 기업이 제공하는 것을 몰랐을 정도로 정정당당하게 평가를 받고 있는 것이다. 2015년에는 고등학교 도시락 납품으로 사업의 범위를 확대하기 시작하였다. 비록 사업과 매출규모(15명 고용과 6억 매출)는 아직까지는 적지만 사회적 취약계층을 다수 고용하고 있다는 점에서 사회적 가치를 구현하는데 큰 성과를 보이고 있는 것이다. 사실 일반 기업이 추구하는 1억 매출에 1인 고용의 원칙을 고려한다면 행복도시락은 6억 매출에도 15명을 고용한다는 점에서 사회적기업으로서의 사명과 역할을 충분히 감당하고 있는 것이다.

행복도시락은 2016년 8월 현재 결식아동을 위한 도시락을 만들지 않는다. 그러나 독거노인 120명을 위한 도시락 제공 서비스는 지속적으로 수행하고 있다. 또한 매년 외부 후원을 받아 사각지대에 있는 사회적 약자 즉 다문화학생들, 비인가 시설 이용자, 지역아동센터, 방과후 프로그램 중 외부 지원을 받지 못하는 저소득층 아이들에게 적게는 3,000식, 많게는 5,000식을 제공하고 있다. 사실 급식사업은 아주 어려운 비즈니스 모델이기에 전국적으로 폐업률이 높다. 복지관, 자활센터 등에서 몇 년 동안 급식 프로그램을 운영하다가 이제는 얼마 남지 않은 상태이다. 이런 어려움 속에서도 부천 행복도시락은 위탁급식도 하고, 학교급식도 하고, 예비군 급식사업권도 받을 정도로 그 진정성과 전문성을 확보하고 있는 것이다. 물론 이것은 직원들의 헌신과 희생을 빼놓고는 생각할 수 없는 것이다. 도시락 사업은 결코 고부가가치 사업이 아닌 노동집약적 사업이다. 모든 과정이 수작업으로 진행되기 때문에 소규모의 경우 대기업과 경쟁이 되지 못한다. 특히 정부가 추진한 결식아동에 대한 바우처 제공 프로그램에 대해 4~5년 동안 온 몸으로 저항하였지만 결국 통과되어 좌절의 아픈 경험을 안고 있다. 박 대표는 사회적 약자 및 소수자에 대한 급식 제공 서비스는 지자체에서 100% 공공 및 후원으로 안정적인 운영을 책임져 주는 것이 바람직하다고 강조한다. 그러나 복지영역도 아니고 영리기업도 아닌 애매한 상황에서 사회적 가치를 견지하는 것은 많은 인내자본을 필요로 한다. 이런 견지에서 행복도시락은 2013년부터 사회적협동조합으로 인가를 받아서 사업을 운영하고 있다.

다. 사회적경제 활동을 통한 신뢰관계 구축

부천지역의 사회적경제 활동 중에 부천시와 협력해서 추진한 것 중에 모범사례가 별로 없다. 돌아보면 중간지원조직이 감당해야 할 일은 민간 부문에서 자발적으로 진행한 부분이 상대적으로 많다는 평가이다. 그 결과 사회적경제 활동 영역에 참여한 사람 간에 튼실한 신뢰관계를 구축한 것을 가장 큰 성과로 꼽을 수 있다. 헌신적으로 사회적기업에 참여한 결과 남은 것은 사람이라는 것이다. 부천지역에는 지금까지 매우 성공적인 사회적기업으로 내세울 것이 거의 없다. 물론 '나눔과 돌봄'이라는 일자리 제공, 돌봄 서비스 기업이 있는데 300명 고용으로 전국 최대 규모이다.

부천지역에는 사회적기업이 지역과 함께 해야 하는 것을 강조하는 사회적 기업협의회가 활성화되고 있다는 점을 주목할 필요가 있다. 물론 부천지역 보수 진영 내에서도 지역의 사회적 기업을 "사회적기업은 빨갱이다. 왜 사회적 공헌만 얘기하느냐 돈이나 좀 벌지 맨날 그 모양이냐."라고 비판하는 사람도 있다. 특별히 부천지역의 사회적기업 참여자의 평균 연령(40대 중반, 대표는 40대 후반)은 낮기에 그들의 의욕은 강하고 노련함이 부족하여 이러한 보수진영, 시장과의 대립각을 세우기도 한다. 이것은 부천지역의 사회적경제, 사회적 기업을 얘기하면 시민사회와 아주 밀접하다는 것을 보여주는 근거이다. 부천지역 시민사회 전통이 강한 것과 사회적경제 영역과의 연계를 보여주는 예는 생협들이 상호 협력관계를 유지한다는 것이다. 아이쿱, 경기두레, 시민생협 그리고 Y생협이 본래 친하지 않았지만 협의회를 만들어 강제로 함께하는 자리를 만들자고 해서 자활, 생협, 협동조합이 다 어우러진 협의회 활동을 하고 있다.

요컨대, 행복도시락은 멀리서 보면 희극처럼 보이지만 가까이서 보면 비극이라는 것을 우리는 확인했다. 사회적기업은 돈을 제대로 벌어야 한다. 그런데 일부 기업들은 사회적기업은 항상 정부 지원만 요구하고 그것에 의지해서 편하게 사는 것으로 오해 섞인 푸념도 한다. 이는 한국사회에 사회적경제가 제대로 자리를 잡지 못하고 있음을 구체적으로 보여주는 증거이다. 지역의 자치단체장은 아직까지 지역에서 소상공인이나 기존 토호세력을 뛰어넘을 만큼의 에너지를 가지고 있지 못하다. 협치의 환경은 아직까지 미숙한 상황이다. 진정으로 사회적기업들이 이렇게까지 성장하는데 얼마나 큰 노력과 헌신을 통해 가능했는지에 대해서 사회적으로 규명되지 않은 부분이 많다. 사회적기업이 일자리를 창출해야 된다면 이것을 가능케 하는 시스템과 재정지원을 해야 한다. 이러한 지원 제도에 대한 합의가 전제되지 않으면 사회적기업의 역할로 일자리 창출을 주장하는 것은 현실에 대한 무지에서 나오는 공허한 주장임을 행복도시락 사례에서 확인할 수 있다.

(2) 경기두레협동조합[10]

가. 경기두레협동조합 성장배경

경기두레생협의 출발은 독특한 역사가 있다. 부천지역은 원래 시민사회운동, 민주화운동의 산실이다. 두레생협의 출발은 석왕사 주지 영담 스님의 역할을 빼놓고 설명할 수 없는데 그 이유는 석왕사 내에 생활협동조합으로 시작하였기 때문이다. 만약 두레협동조합이 석왕사의 안정된 기반이 없었다면 자생적으로 성장하는데는 어려웠을 것이다. 석왕사 측에서 기득권을 주장하며 발목을 잡았으면 지금의 두레협동조합은 상상할 수 없는 것이다. 두레협동조합은 2001년 지역사회로 나온 이후 사업의 범위를 경기도의 부천, 시흥, 광명시에 초점을 맞추어서 현재 조합원 수 25,000명, 매장 이용자는 2만명, 직원 수는 100명에 이를 정도로 안정적인 규모로 성장하였다. 사실 한국에서 단일 조합으로는 서울과 성남의 한살림의 몇군데를 제외하고는 단일 생협으로는 제일 큰 규모를 자랑한다.

또 다른 리더로 주목할 사람은 바로 이금자 두레생협 전회장이다. 이 회장은 석왕사에서의 성장경험을 통해서 좀 더 지역으로 나가겠다고 했고, 석왕사 측에서는 이것을 흔쾌히 받아들였다. 석왕사를 나온 이후 두레생협은 거의 맨손으로 시작하였지만 이 회장의 리더십으로 성공할 수 있었다. 다른 생

---

10   아래 분석은 2016년 7월 8일, 경기두레협동조합 백형호 상무 인터뷰 조사를 바탕으로 한 것이다.

그림 10 경기두레생협 매장 전경
출처: 두레생협연합 홈페이지(http://dure-coop.or.kr/)

협들이 이런 저런 가치를 논할 때 두레생협은 우선 생존부터 해결하자는 입장을 견지했다. 물론 두레생협 초기에는 부천지역의 강한 시민사회운동의 흐름에 있었기에 진보적 입장의 활동가, 학생운동과 노동운동 출신의 사람들이 주도적으로 참여했다. 그러나 두레생협이 지금까지 살아남을 수 있었던 것은 주민들이 매장의 특성을 알아보았기 때문이다. 초창기 생협 사업에 배달시스템이 없을 때 두레생협이 배달 사업을 처음 시작했다. 물론 현재 배달 사업은 쿠팡과 같은 대규모 일반 배송업체와의 경쟁에서 밀릴 수 밖에 없어 생존하기 어려운 상황이다. 그 동안 두레생협이 생존이라는 한 가지 목표만을 위해 달려왔고 이제 어느 정도 조직의 생존 문제가 해결되었기에 관심의 폭을 조직 밖 즉, 지역사회와의 관계 활성화로 확대하고 있다. 이러한 이슈와 활동의 폭이 확대되기 시작한 것은 2~3년 전부터이다.

나. 두레생협의 성공 전략

두레생협의 고민은 조합원 스스로 자발적 모임을 활성화시키는 것을 어떻게 추동하는가이다. 과거 5명 중심의 마을 모임을 유지했지만 실패했다. 취미활동을 중심으로 소모임을 운영하고 있지만 활성화되지 못했다. 조합 활동에 열성적인 조합원은 2만명 중에 100명 정도에 그치는 수준이다. 사실 조합원의 생협 활동기간이 너무 짧은 것이 문제이다. 조합 활동에 적극적으로 참여하는 사람들이 전업주부들이지만 그 폭을 확대하기 위해서 책임조합원 전략을 세워 특별출자 제도를 통해 출자금을 증가하는 조합원들이 책임감을 가지고 더욱 적극적으로 참여할 것을 유도하였다.

또한 단순한 매장을 넘어서 일상생활에서 조합원들의 참여를 적극적으로 추동할 수 있는 사업 아이템을 개발하는 것도 큰 과제이다. 두레생협은 지금 먹거리 정도만 초점을 맞추고 있기에 분명 한계는 존재한다. 생협 매장만을 고집하지 말고 교육과 여행, 요양 그리고 상조사업도 고민하고 있지만 전문성과 비즈니스 전략을 제대로 겸비하지 않을 경우 실패할 가능성이 높기에 신중을 기하고 있는 상황이다. 더 나아가 두레생협이 소비자조합으로만 남아서는 안되고 궁극적으로는 생산자조합까지도 포함해야 하는 과제를 안고 있다. 예를 들어 수제비누와 같은 수공예품을 만드는 과정에 생산 조합원이 참여하고, 이들이 납품한 물품을 다시 소비자 조합원들이 구매하는 순환 구조를 이루는 것이다. 지역의 맛집으로 각광받는 빵집 간의 연대도 생각해 볼 수 있다. 개인 수제 빵집들이 상호 연대해서 조합을 이룰 수 있도록 매개 역할을 할 수 있다. 지역을 떠난 사업전략 및 조합원 확대 전략은 늘 위험이 존재한다. 서비스 중심의 사회적기업, 협동조합은 분명 한계가 존재하기에 생산, 소비, 유통, 재생까지 포괄적으로 사회적경제 활동에 참여하는 구성원 간의 연계와 협력을 고민해야 한다. 그러나 현장은 이러한 연대를 쉽게 생각할 수 없을 정도로 많은 걸림돌이 존재한다.

생협의 조직활동의 가장 큰 장애물은 주부 조합원 간의 다툼과 갈등이다. 조합원의 신뢰를 형성하기 위해서는 활동의 재미와 사회적 가치가 잘 결합되는 것이 중요하다. 사실 교육만을 통해 사람을 바꾼다는 것은 거의 불가능하다. 또한 아무리 좋은 교육 프로그램을 준비해도 참여할 수 있는 사람은 제한되어 있는 것이 현실이다. 최근에는 직접 교육현장에 오지 않아도 나중에 무료 인터넷 강의를 통해서 들을 수 있는 경우가 많아서 굳이 교육 장

그림 11 경기두레생협 조합원 활동
출처: 두레생협연합 홈페이지(http://dure-coop.or.kr/)

소로 가지 않은 경우도 많다. 일방향적 교육을 통해서 사람을 바꾸기는 정말 어렵기 때문에 이제는 방식의 전환이 필요하다. 그 핵심은 참여를 통해 재미를 느낄 수 있는 자그마한 기획들을 개발하는 데에 있다.

전쟁터를 방불케 하는 생협 간 경쟁에서 버티는 힘은 직원의 헌신과 희생에 있다

유통업은 사실 칼만 들지 않았지 전쟁의 연속이다. 상도덕이 없을 정도록 치열하고 좋은 자리를 차지하기 위한 경쟁이 대단하다. 이런 열세에도 불구하고 경기두레생협이 버틸 수 있는 강점은 직원들의 판매 능력이다. 부천에는 생협만 4개가 운영될 정도로 경쟁이 치열하다. 직원의 헌신과 열정으로 강력한 경쟁상대인 다른 생협을 이길 수 있었다. 그렇지만 매장에 근무하는 직원(대부분이 여성)에 대한 보상은 아직도 열악하다. 두레생협 직원들 70%가 시간제 근무자이다. 2016년 7월 현재, 직원의 시급은 6,200원이고 1년 후에 6,400원으로 인상되지만 그 후로는 더 이상 상승하지 않는다. 매장에서 근무하는 많은 사람들이 바로 경력단절여성이다. 남자 직원이 부재한 이유는 그들의 눈높이에 맞는 월급을 생협 매장에서는 보장할 수 없기 때문이다. 다시 말해 경기 두레생협이 그나마 생존 할 수 있었던 이유는 숙련된 경력단절여성이 함께 했기 때문이다. 그들은 아직 젊고 조직 생활경험이 있어서 조직에 대한 충성도가 높다. 경력단절여성 고용의 가장 중요한 장점은 임

금이 높지 않다는 것이다. 요컨대, 두레생협이 생존할 수 있는 비밀 병기 중의 하나가 바로 직원들의 노동헌신인 것이다. 안타깝게도 그들은 별도의 조직을 갖추고 있지 못하고 있기에 대의원으로 참여하지 못하고 이사회로 들어가는 것도 막혀있다. 향후 협동조합에서도 직원이 임원으로 이사회에 들어가서 의사결정에 참여할 수 있어야 한다.

(3) 성남 주민신협[11]

가. 주민신협의 성장 원동력

주민신협은 도시빈민운동과 주민운동에 초점을 맞추면서 타 은행을 따라잡기 보다는 지역 마을을 신협을 통해 담아가고자 하였다. 주민신협의 이름은 주민교회에서 따온 것이며 주민과 함께하는 공동체 마을을 담고 있다. 마을 공동체는 마을, 신앙, 신협경제 공동체를 통해 만들어간다는 것을 의미한다. 성남 주민신협의 산증인이라고 할 수 있는 이현배 이사는 지난 35년의 주민신협의 성장과정을 드라마틱하게 묘사한다. 그 핵심은 교회 울타리에서 지역으로 나와 이후 학교와 시장을 중심으로 주민들과의 신뢰관계를 꾸준히 구축한 노력의 과정이었다. 신협이 뭔지도 모르고 시작했다. 일주일 간 교육을 받았는데 그때 금융, 마을공동체 의식에 대한 교육을 받았고 이것이 이 이사의 인생을 바꾸게 되었다. 주민교회에서 시작한 신협운동은 교인을 대상으로 한 경제운동이다. 첫 구호가 '월세를 전세로 바꾸자'이었고 몇몇 임원이 교육을 통해 헌신적으로 출자하여 신협을 꾸려 갔다. 이처럼 신협은 교회가 신협운동과의 결합 즉 신앙과 경제운동이 함께 마을을 새롭게 바꾸는 헌신과 희생의 과정이었다.

주민신협의 큰 변화는 1992년에 이루어진다. 교회 울타리를 넘어서야 한

---

11 아래 분석은 2016년 7월 26일, 성남 주민신협 이현배 이사의 인터뷰 조사를 바탕으로 한 것이다.

다는 주장에 '왜 나가느냐'는 반대가 강했다. 그러나 신협의 성장을 위해 교인 중심으로 한 경제운동은 한계가 있다는 설득과정을 거쳐 교회가 허락하여 전통시장(중앙시장과 현대시장)으로 나오게 된 것이다. 사실 주민신협의 활동 비전은 교육과 마을이었다. 초기 주민신협의 모습은 금융공간으로 말할 수 없을 정도로 초라한 공간이었다. 솔직히 주민들에게 적금을 요구하기도 민망한 상황이어서 우선 아이들에게 눈을 돌렸다. 당시 아이를 잡으면 부모의 마음을 잡을 수 있을 것이라 생각했기 때문이다. 당시 전국적으로 확산되고 있는 재활용 캠페인에 부응하여 우유팩 재활운동을 학생들과 함께 하였다. 이러한 자그마한 노력을 통해 2년 후 1995년에 지역 초등학교 아이들에게 장학적금을 소개할 수 있게 되었고 그것이 20년이 넘게 이어지고 있다. 사실 스쿨뱅킹 선정도 학부모들의 투표를 통해서 정해지기 때문에 부모들의 마음을 돌리는 것은 주민신협의 진정성과 헌신적인 노력이 없이는 불가능했다. 1년 이상을 기다렸다가 학부모의 75% 지지로 학생저축을 따게 되었다. 당시 스쿨뱅킹은 기존의 마을금고와 신용금고가 꽉 잡고 있었기에 이 텃세를 넘어서는 것이 큰 과제였다.

주민신협의 신뢰구축은 아픈 지역 주민들과 함께하는 것으로 시작되었다

주민신협이 지역에서 주민들의 신뢰를 얻는 과정은 어떻게 진행되었는가? 주민들을 만날 수 있는 현장인 시장으로 나가는 전략을 택했다. 주민신협은 매일같이 성남 중앙시장으로 나가서 동전교환 카트를 끌고 다니면서 시장 상인과 주민들과의 친밀감을 높이는데 주력하였다. 사실 처음에는 동전교환 서비스만 하였는데 그 이유는 주민신협을 위한 틈새가 없었기 때문이다. 그런데 중앙시장에 큰 화재사고가 발생하였는데 이것이 주민신협과 시장상인들이 강한 연대감과 신뢰를 구축하는 계기가 되었다. 2002년에 큰 불이 중앙시장에 났는데 복구하는 과정에서 주민신협이 완전히 한 식구가 된 것이다. 주민신협은 시장상인을 대상으로 자활대출을 신용 보증 없이 최

 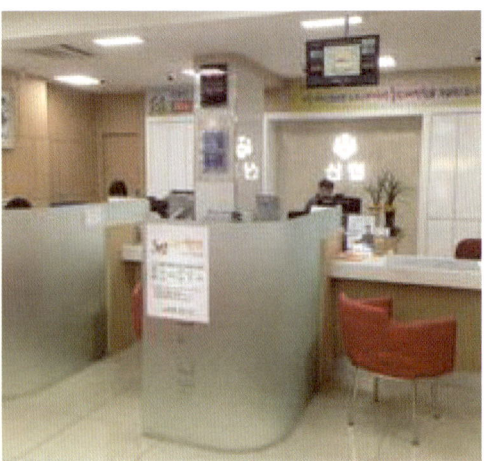

그림 12 주민신협 비지니스 모델   그림 13 주민신협 내부

저 금리로 대출해 주었고 이것이 주민신협과 시장 주민을 하나의 가족으로 변화시키는 계기가 된 것이다. 2004년에 또 한 번의 화재가 발생하였는데 그 때는 전국 신협과 협력하여 모금과 대출을 진행하였다. 아이러니는 왜 당시에 마을금고와 같은 기존의 은행들은 이러한 협력의 손길을 내밀지 않았다는 사실이다. 이러한 신뢰구축으로 주민신협은 지역 공동체의 금융활동의 구심점으로 지속적으로 성장하게 된다.

그러나 그 성장을 더욱 가속화시킬 수 있는 계기는 안주가 아니라 도전의 실험에서 찾을 수 있다. 주민신협은 2006년에 큰 길가로 나오기로 결정한다. 내부적으로 "우리는 항상 뒷골목의 왕자로만 남아서야 되겠는가?" 이런 도전정신 하에 다른 금융기관처럼 큰 길로 나가야만 더 많은 주민들에게 다가설 수 있다는 주장이 있었다. 당시 이런 결정이 나자 시장 상인들이 자기들을 버리고 떠난다고 매우 섭섭해 했지만 이것은 주민신협이 그 만큼 지역에서 신뢰감과 연대를 구축한 것을 보여주는 증거이기도 하다.

나. 지역 공동체의 허브로 거듭나기

주민신협의 현재 5층 건물은 2014년에 마련하였고, 신협의 꿈은 이 장소가 지역의 사회적경제 허브 공간이 될 수 있기를 기대하는 것이다. 이 공간 구성 기획은 지역 공동체를 형성하는데 기여하는 것이 엿보인다. 주민신협의 재미있는 공간으로 1층 카페는 사회적기업으로 청년 발달장애인에게 일자리 및 직업훈련할 수 있는 기회를 제공한다. 물론 주민신협을 방문하는 주민들의 만남의 장소가 되기도 한다. 또한 주목할 만한 장소는 옥상이다. 옥상 면적은 총 230평으로 풋살(크레이지 풋볼) 인조잔디 경기장을 꾸몄다. 공사비용은 총 8천만원이 소요되었지만 사회적기업에서 5천만원을 부담하고 신협이 3천만원을 지원하였다. 풋살 경기 이외에도 야외영화제, 전통혼례, 콘서트 등 다양한 행사를 진행할 수 다목적 열린 공간이 되고 있다. 나머지 공간도 지속적으로 지역의 사회적경제 활동을 추구하는 협동조합과 사회적기업에게 공간을 임대할 기획을 갖고 있어 이 공간은 명실상부 지역 공동체가 살아 움직이는 곳인 셈이다.

주민신협은 금융활동을 중심으로 지역공동체를 지향한다

지역 경제 공동체에서 사람, 환경, 이윤이 중요한데 여기서 이윤을 놓치면 공동체의 지속가능성이 약화된다. 금융이 살아 있어야 주민신협의 힘이 생기는 것이다. 주민신협이 시장 골목을 탈출하여 길 쪽으로 진출한 이후 출자금이 5백억에서 1천억으로 성장하였고, 현재 2천억이 넘어가고 있다. 주민신협이 이익률이 낮다는 지적이 있지만 신용대출을 최대 30%까지 올리는 것을 목표로 활동하고 있다. 이것은 지역 공동체에 기여하자는 가치와 연결된다. 이처럼 주민신협은 이윤창출과 사회적 가치를 융합할 수 있는 비즈니스 모델이 있을 것을 기대하고 국내외 선진 경험을 통해 꾸준히 배우고 적용하고 있다.

그림 14 주민신협 행복정원 풋살장

　다행히도 주민신협 직원 중에는 2~30년을 근속한 직원이 있을 정도로 충성심이 강한 편이다. 그렇지만 이것이 다음 세대로 자연스럽게 이어질 것이라고 생각하는 것은 위험하다. 세대 간 간극을 극복하기 위한 수평적 소통강화를 기획하고 있으나 여전히 극복해야 할 과제이다. 주민신협이 지역(마을)과 교육을 강조해 왔듯이 청소년 교육 사업을 함께 하고 있다. 또한 도시와 농촌 그리고 농업을 연결시키고 한살림과의 협력에도 공을 들이고 있다. 이처럼 주민신협은 사업과 영역의 경계를 넘어서는 노력을 끊임없이 추진하고 있고 지역공동체의 허브로 거듭나고자 애쓰고 있다. 신앙, 경제, 교육 그리고 다양한 사회적경제 영역으로 확대하는 모습을 통해 주민신협은 머지 않아 지역 사회적경제 활동의 허브가 될 것으로 기대한다.

(4) 성남 사회적경제지원센터[12]

　성남은 정치 및 시민사회의 색깔이 아주 강하다. 원도심 지역은 여전히 이런 특성이 강한 반면에 분당과 판교 지역은 다른 면모를 보이는데 외지인이 많은 신도시이기에 지역의 텃세와 색깔이 잘 나타나지 않고 있다. 지역 시민사회에서도 기득권층이 분명 존재한다. 성남 지역 시민사회도 사회적경제

12　아래 분석은 2016년 7월 26일, 성남 사회적경제지원센터 황보대혁 국장의 인터뷰 조사를 바탕으로 한 것이다.

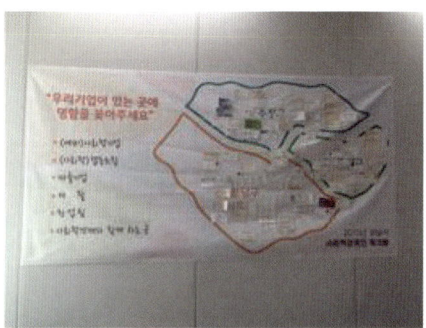

그림 15 성남시 사회적경제지원센터 사무실

활동 관련 초기 지원사업에 대해서 이것을 자신의 기득권으로 인식하는 경우가 있었지만 점차 이러한 요구와 주장은 사라지고 있다.

이런 맥락에서 2011년 6월에 성남 사회적경제센터가 개소했다. 성남시는 기초자치단체임에도 불구하고 성남시는 2010년에 사회적기업이 한국 사회에 확산되면서 관련 조례를 만들고 이들을 지원할 수 있는 센터를 만들었다. 현재는 이 센터는 성남시 직영형태로 운영되고 있으며 활동가는 공무원 신분은 아니고 기타직으로 구분되어 있다. 비록 조례에는 공무원의 규정을 따르라고 되어 있음에도 불구하고 공무원 체계에 이 센터 활동가는 포함되지 않고 있다. 2011년 상근 2명으로 시작해서 지금 6명이 근무한다. 경기도의 기초자치 단위에서 사회적경제 활동 지원센터가 있는 경우는 13명이며 그 중에 반은 직영으로, 반은 위탁으로 운영되고 있다.

성남시의 지원센터는 사회적경제 활동의 신규 발굴, 주체역량 강화, 인재양성에 초점을 두고 있다. 다음으로 경영지원을 하고 있으며 가장 어려운 일이 네트워크 구축이다. 성남 지원센터의 네트워크 활동을 설명하자면 사회적경제협의회, 협동조합협의회, 마을기업, 자활센터(3개 지역자활센터 운영 중) 이렇게 크게 4개의 영역을 묶어서 사회적경제 네트워크라는 단체를 구성하였으며 이것을 사회적협동조합으로 법인화하였다. 그렇지만 아직까지 네트워크가 사회적경제 활동을 대표한다고 말하기는 아직 이르다. 그 이유는 성남지역에 사회적경제 조직이 약 200개 정도가 있으며 그 중에 30%만이 이 협의체에 연결되어 있기 때문이다.

이러한 한계에도 불구하고 성남시가 특화하고 있는 사업이 시민기업인데 이것은 공공영역에서 사회적경제 활동에 진입하기 위한 안정적인 토대를 만들어 보자는 차원에서 민선 5기부터 시작된 것이다. 성남시 공공예산이 집행될 때 많은 돈이 지역에 남지 않고 관외로 넘어가는 것에 주목하였다. 시민기업은 실질적으로 일하는 사람들의 처우를 개선하고 직접 참여하는 시민들이 일을 할 수 있는 구조의 회사로서 그들에게 관리 위탁할 수 있는 기회를 주기 위한 것이다. 예컨대 성남지역의 생활폐기물 수집운반 청소업체 중에 16개 업체가 구역을 나누어 운영되고 있는데 그 기업들을 시민기업으로 지정하고, 새로 생긴 곳은 사회적기업으로 인증 받아서 가입을 하도록 지원하는 것이다. 수도검침, 가로 청소를 맡는 기업, 마을버스도 시민기업으로 출발하여 사회적기업으로 가입을 했다. 비록 업종 편중이라는 한계가 여전히 있지만 점차 다양성을 고려하고 신규 업종을 지원하고 있다.

성남 지원센터 활동에서 주목할 만한 사업은 사회적경제 활동 관련 다양한 교육프로그램을 운영하는 것이다. 이 교육에는 인생 2막을 준비하는 사람 그리고 직장인 중에도 이 영역에 대해 관심이 커서 참여하는 사람이 꾸준히 늘고 있다. 사회적경제 관련 외부 강사를 확보하기가 점차 어려워서 지역 내 강사 순환구조를 만들어 보고자 강사 양성과정 프로그램을 운영하여 큰 성과를 보고 있다. 성남시는 이제 지역에서 복지정책 관련해서 사회적경제 조직을 핵심 주체로 활용하고자 노력하고 있다. 공익 어린이집도 개인이 시작하지만 궁극적으로는 사회적협동조합으로 전환하는 것을 추진하고 있다. 이것은 지역의 교육 및 사회적 약자에 대한 복지 서비스 제공을 지역의 주체화를 통해 대안을 모색하는 것으로 이해할 수 있다. 일례로 사회적협동조합으로 만들어 사회적기업 인증을 받은 드림앙상블(Dreamwith Ensemble)은

그림 16 성남시사회적기업지원센터 교육사업
출처: 성남시사회적기업지원센터 홈페이지(http://se.seongnam.go.kr/)

구분	계	폐기물 수집운반·청소대행	가로청소	마을버스	수도검침	건물관리	청소방역	재활용선별장
기업수	24	16	4	1	1	1	1	(1)
사회적기업	24	16	4	1	1	1	1 (예비)	(1)
종사자수	818	561	127	47	11	52	20	(35)
취약계층	459	278	84	38	10	31	18	(31)

*재활용선별장 운영업체 중복(폐기물수집운반)　　　　　　　　　(2016년 12월 현재)

그림 17 성남시 사회적기업 현황
출처: 2016년 성남시 사회적경제기업 우수 사례 '시민이 만들다'

발달장애 자녀·부모들(약 20명)이 만든 클라리넷 앙상블이다. 발달장애를 갖고 있는 성인들이 드디어 음악훈련을 통해 일자리를 갖게 되고 수익을 얻어 가정에 경제적 기여를 하게 된다는 점에서 큰 반향을 일으키고 있다.

(5) 안산 의료복지사회적협동조합[13]

가. 안산 지역의 시민사회 토양

안산지역은 왕성한 시민사회 활동을 배경으로 사회적경제 조직이 싹트게 되었다. 안산의료복지사회적협동조합(이하 안사의사협) 역시 여러 가지 조직 형태의 옷을 갈아입는 과정을 거쳤지만 기본적으로는 지역 시민사회와의 긴밀한 협력 속에서 성장하게 되었다. 경창수 이사장은 20년 전에 시민사회 활동가들과 협동조합 관련하여 공부를 시작했다. 당시 소비자생활협동조합법이 통과되면서 환자, 지역주민, 의료권리를 보장하는 활동을 기획하였고, 법적으로 의료권리를 보장받기 위해 노력하였다. 처음 30명으로 시작했을 때, 여러 사회조직단체와 노조와 연결되어 있었는데 대표적으로 노동조합, 민중교회, 환경운동연합, YWCA, 그리고 경실련 등과 협력하였다.

특별히 안사의사협의 초기 활동을 견인한 이건우 선생의 리더십을 주목할 필요가 있다. 이 선생은 서울대 미대 출신으로 경기반월이 고향이어서 농촌 계몽을 위해 고향으로 돌아와서 농민회 활동을 하였다. 2001년에 소천하기까지 그는 신협활동에 헌신하였고, 지역 농민운동, 협동조합 구축에 큰 역할을 하였다. 특별히 일본 등과의 국제연대도 적극적으로 추진하였고 이것이 씨앗이 되어 일본, 대만, 아시아 지역의 협동적 연대활동을 구축할 수 있는 토대가 되었다. 한 마디로 표현하면 이건우 선생은 안산의 장일순과 같은 역할을 담당한 것이다. 이처럼 안산 지역에는 진보적 인사, 사회운동 부문이

---

13 아래 분석은 2016년 9월 29일, 안산 의료복지사회적협동조합 경창수 이사장의 인터뷰 조사를 바탕으로 한 것이다.

생협을 지원한 것이다. 안산에도 이른바 협연이라는 협동조합 연줄이 자라고 그것이 지금의 사회적경제 활동을 활성화하는데 밑거름이 된 것이다.

나. 의료사회복지의 중요성

오늘날 기존 의료체계는 많은 한계를 보이고 있다. 공급자 위주의 의료체계이며 치료중심체계이기 때문에 예방과 건강 증진을 위한 활동이 절실히 필요하다. 이러한 문제의식이 지역에서 자발적으로 진행된 것이 주목된다. 안산의사협은 지역주민들의 주체적인 참여를 원칙으로 하며 의료분야에서 주민이 주체로 등장하는 것을 추구한 것이다. 출발 당시 소비자생협이 의료협동조합에도 영향을 미친 것으로 자립, 자주, 자치의 가치를 추구하였다. 안산의료생협은 안성의 경험을 참고 삼아 의료생협은 뭔가 틀려야 한다는 것을 강조하며 30명으로 조합을 시작하였다. 안산생협의 목표는 개인건강 증진을 넘어 예방차원에서 건강한 지역사회를 구현하는 사회운동성을 견지하며 주민들의 참여를 강조하였다. 다시 말해 의료 부분은 교육영역처럼 공공성이 중요하며 또한 사회적 실천이 중요하기 때문에 협동조합을 지향할 수 밖에 없는 것이다.

이런 목적으로 출발한 안산의료생협은 사회적인 속성을 강하게 띠면서 왕진, 가정간호사, 이주민, (불법)이주노동자에 대한 지원활동을 꾸준히 전개하였다. 당시 안산에 거주하는 외국인노동자의 99%가 불법 체류자였기에 그들에 대한 의료지원이 절실한 상황이었다. 또한 장기요양보험이 없는 상황이었기에 방치된 노인과 독거노인이 증가해서 이들에 대한 의료지원이 매우 중요하였다. 이를 위해 안산의료생협은 조합원들의 자원봉사모임을 자발적으로 구성하여 청소 및 반찬 지원활동을 진행하였다. 사실 노인의 경우 밥을 제대로 먹지 않으면 건강을 지킨다는 것은 불가능하였기에 의료생협임에도 불구하고 도시락 지원과 같은 사회서비스를 연결하지 않을 수 없었던 것이다.

사회적협동조합이라는 제대로 된 옷을 입고 조합원 간의 신뢰재를 키우다

이러한 활동 배경으로 안산의사협은 2008년에 사회적기업으로 조직 변신하였고, 2013년에는 안산의료생협의 비전과 부합하는 사회적협동조합이라는 제대로 된 옷을 입게 된 것이다. 사실 이전에는 가치와 활동이 정확히 일치하지 않아 입은 옷이 잘 어울리지 않은 부조화 상태라고 볼 수 있다. 사실 안산의사협에 참여하고 있는 조합원과 의료인이 조직의 비전과 가치를 견지하면서 조직을 지켜왔다고 볼 수 있다. 안산의사협은 의료시장에서 각종 리베이트 관행을 처음부터 거부하였다. 적정진료 원칙을 지키면서 과잉진료로 인한 의료비 부담을 줄이고자 노력하였다. 이런 원칙을 견지하면서 조합원과 의료인이 협동과 상생의 과정을 통해 신뢰와 연대감을 이룰 수 있었다.

안산의사협의 경우 조합원 출자금이 10억에 이른다. 조합원이 믿고 자기 모든 것을 내 준 것이다. 여기에 조금이라도 의혹이 있다든지 불신이 생기면 망하는 것은 순식간이다. 이 신뢰재가 10년 동안 더욱 굳건해 진 것이다. 2008년 조합원 수가 크게 성장하여 연 1000명씩 당시 증가했다. 물론 10년 계셨던 의사가 나가면서 비상이 걸렸지만 조합원의 노력으로 새로운 의사를 모셨고 그가 잘 적응하였다. 경창수 이사장은 "안산의사협의 성공비결은 변하지 않는 조합원들의 활동과 믿음이었고 이것을 통해 많은 어려움을 극복하였는데 이러한 신뢰재가 안산의사협의 가장 큰 자산이며 기본 힘이다."라고 강조한다. 안산의사협 조합원의 대다수는 기존 조합원들의 소개로 조합에 가입하고 있다. 물론 비조합원의 진료경험과 언론 소개를 통해 가입을 하지만 그래도 이미 참여하고 있는 기존 조합원의 믿을만한 소개가 조합 참여의 가장 중요한 채널이 되고 있다.

물론 안산의사협이 항상 탄탄대로를 달려온 것은 아니다. 아픈 실패의 경험도 존재한다. 2005년 건강검진센터를 기획하였다. 이것은 조직차원에서 위로부터 기획된 사업이었고 이론과 아이디어를 앞세워 추진한 것이다. 비싼 장비들을 무리하게 구입하였다. 사실 조금만 기다렸다면 검진센터를 설립할 수 있는 자격요건이 완화되어 큰 비용을 치르지 않아도 되었을 것이다. 솔직히 서둘렀던 것이다. 조금만 인내하면서 조합원의 의견을 청취했으면 더 신중하게 사업을 추진할 수 있었을 것이다. 경 이사장은 지난 실패경험을 솔직히 인정하면서 깨달은 것을 다음과 같이 묘사한다. "내가 기획을 하면 다 실패를 한다. 그런데 조합원들이 기획안을 제출하고 활동한 경우는 진짜 잘되고 있다. 혁신도 잘 이루어졌다. 자발성과 열정이 전제될 때 뭔가 잘되는 것을 확인할 수 있었다."

조합원의 자발성과 혁신을 이끌어 내기 위해서는 조합원들과 같이 활동해야 한다. 일정 교육을 기획한다고 하더라도 조합원은 쉽게 바뀌지 않는다. 조합은 신뢰재이다. 협동조합은 사실 믿음 하나로 지탱하는 조직이라고 설명할 수 있다. 조합원은 억지로 이론과 프로그램을 주입한다고 해서 변하는 것이 아니다. 조합원 교육은 물론 중요하지만 이론이 아니라 체득에 기초를 두어야 하는 것이다. 실제로 의료인이 환자를 대상으로 과잉 진료하지 않고, 과대한 비용을 청구하지 않는다는 진정성과 투명성을 보여주고 그것을 신뢰할 수 있는 것이 조직 성패의 관건이다.

이런 신뢰를 토대로 안산의사협은 민주적인 의사결정 그리고 아래로부터의 참여를 끌어내고자 노력하고 있다. 37개 구역에 100명의 대위원을 선출하고 이들이 대표위원회를 구성한다. 대위원을 선출하는 기반은 마을모임이다. 조합원들이 함께 의료기관의 원가를 분석하고 치료비용을 산정한다. 이것은 조합원이 출자하고 이용하고 운영하는 세 박자 속에서 신뢰가 쌓이는

그림 18 안산의료복지사회적협동조합 내부
출처: 주간동아(2013.04.08.) 믿고 치료해요, 의료생협(http://weekly.donga.com/)

과정을 보여주는 것이다. 안산의사협은 궁극적으로 '돈 중심의 경제에서 사람중심의 경제로 변환'을 지향하고 있는 것이다.

(6) 용인시 수지 느티나무 도서관 소개

용인시 수지구 수풍로 166길 주변의 아파트 및 단독주택으로 둘러싸인 주거지역에 느티나무도서관[14]이 자리 잡고 있다. 본 연구진이 이 도서관을 주목하는 이유는 수도권 신도시에 중산층의 젊은 세대가 많이 거주하는 이 지역에서 다른 지역 도서관과 구별되는 분명한 특징을 발견할 수 있었기 때문이다. 이곳은 사회적 가치와 협동의 공동체를 지향하며 아래로부터 주민들의 자발적 참여를 끊임없이 유인하는 열정과 노하우를 가지고 있으며 이것은 다른 지역에 적극적으로 적용할 수 있는 모델이 될 수 있기 때문이다.

느티나무도서관은 박영숙 관장이라는 대단한 리더를 갖고 있는 것도 장점이지만, 지난 15년 동안 민간차원의 도서관을 설립 및 운영하는 과정에서 지역주민들과의 끊임없는 소통과 공감을 통해 도서관이 지역에서 신뢰할 수 있

14 www.neutinamu.org

는 지역공동체의 구심점으로 자리 잡으면서 사회적경제 활동의 공간으로 기능할 수 있음을 보여주고 있다. 느티나무도서관은 2000년에 사립문고 〈느티나무어린이도서관〉로 미약하게 출발하였고, 2007년에는 사립공공도서관 〈느티나무도서관〉으로 개관하였다. 현재는 도서관은 물론 지역공동체 활성화 사업과 끊임없이 연계활동하고 있다. 느티나무도서관은 현재 공공성을 실현하는 장치로서의 도서관, 지적 자유를 맘껏 펼칠 수 있는 자유로운 공간, 그리고 일상적인 소통과 만남을 통해 주민간의 신뢰 형성 및 지역공동체의 공간으로 그 역할이 확장하고 있다. 이러한 토양이 마련된다면 용인 수지지역의 사회적경제 활동은 더욱 확산될 수 있을 것이다.

가. 수지 느티나무 도서관의 지역공동체 활동 분석 및 이슈[15]

경기지역에는 많은 사회적경제 활동을 실험적으로 추진하는 경우가 많다. 그렇지만 비교적 젊은 중산층이 밀집되어 사는 신도시에서 과연 협동의 커뮤니티가 어떻게 구축되고 있으며 그러한 사회적 가치가 공유 및 확산되고 있는지는 매우 흥미로운 주제가 아닐 수 없다. 이런 이유에서 용인시 수지구에서 커뮤니티 구축의 좋은 모델이 되고 있는 수지 느티나무도서관을 사례로 선정하였다. 용인시 수지구의 느티나무도서관은 여느 지역 공동체에서 추진한 도서관 사업과는 구분되는 주요 특징을 갖고 있다.

시간에 대해 관대해질수록 사회적경제 활동도 그 빛을 낸다

도서관은 책을 보는 곳이지만 커뮤니티 정신(지역공동체 정신)을 갖도록 끊임없이 사람 간의 만남을 추동하는 허브이기도 하다. 수지 느티나무도서관의 시작은 대안이라는 말을 꼭 붙이지는 않더라도 좀 더 세상이 나아졌으면 좋겠고, 사람들이 더 살기 나아지면 좋겠다는 생각으로 출발하였다. 이 도서

---

15 아래의 분석결과는 2015년 8월 19일, 용인 수지 느티나무도서관 방문 및 박영숙 관장 인터뷰 조사를 바탕으로 한 것이다.

그림 19 〈수지 느티나무도서관〉 그리고 책 수레

관 운영의 가장 중요한 특징은 사람에 대한 신뢰이며 시간에 대한 관대함이다. 사실 우리 사회에 팽배해 있는 '빨리 빨리' 정서가 정부, 시민사회, 기업 그리고 사회적경제 영역에도 배태되어 있는 것이 현실이다. 도서관에서만큼은 이것에 역행하는 방식으로 사업과 사람을 대한다는 것이다. 이론은 항상 실제를 앞지르고 있지만 경험을 통해서 현실의 무게와 어려움을 만나게 된다. 논리적으로 생각할 때 돈도 되고, 재미도 있고, 가치가 있는데 현실적으로 안되는 경우가 많다. 시간이 지날수록 시간에 너그러워지고 다양한 체제에 대해 더 너그러워지는 것이 지역공동체를 이루는 열쇠말이라는 것이다. 느티나무도서관은 시간에 관대하자는 원칙을 갖고 지역주민에게 다가서고 있다.

한 사람의 자존감을 지키는 것으로부터 지역의 신뢰와 협동의 가치는 자란다

수지 느티나무도서관은 지역 구성원 한 사람 한 사람의 자존감(self-esteem)을 지키는데 초점을 두고 있다. 지역 주민이 도서관을 이용할 때 그들을 일방적으로 가르치려는 자세를 갖지 않는다. 자존감을 가진 존재로 한 사람 한 사람을 대하면서 그들의 삶 전부를 이해하고 일상의 만남을 중요하시 하면서 이용자 요구에 맞는 프로그램을 지속적으로 개발하여 그들과의 관계성을 발전시키는 데 초점을 두고 있다. 그 대표적인 예가 바로 '책 수레' 프로그램이다. 위 그림 19의 책 수레를 정기적으로 운영하는데 특별히 자영

업에 종사하는 사람들을 일일이 방문하여 책을 대여하고 그들의 이야기를 듣는 시간을 갖고 있다. 그렇게 찾아오는 책 수레를 보면서 일상에 바쁜 주민들이 책에 대한 관심이 느는 것도 중요하지만 도서관이 지역의 문제와 의견을 모으는 메신저 역할을 하게 된다.

이외에도 느티나무도서관은 시각장애인을 향한 점자도서, 이주민과 다문화 가정을 위한 해외서적 서비스, 사회를 담는 워크숍 그리고 사회적경제 활동의 판매 공간(장터)으로서도 기능하고 있다. 한마디로 수지 느티나무도서관은 지역 커뮤니티의 정보 공유의 장이며 동시에 협동의 가치를 구체적인 생활협동을 통해 실천하는 공간 역할을 한다. 이런 지역공동체 활동을 하면서 참 사람은 믿을 만하다라는 생각과 함께 이웃에 대한 신뢰가 커진다는 것이다. 한 사서는 8년의 근무를 통해 이 지역의 약 800명의 도서관 이용자(지역 아이와 아주머니들)의 시시콜콜한 이야기까지 알 정도로 지역공동체 활동가 이상의 역할을 하고 있다는 사실은 놀랍다. 이것은 지역공동체 활동가가 갖추어야 할 전문성인 셈이다. 이러한 신뢰와 관계성을 구축하기 위해서는 일상의 속에서 지역 주민과의 만남에 충분한 노력과 시간을 할애해야만 가능한 것이다. 특히 사회적경제 활동을 통해 지역공동체를 활성화하려는 사업에서는 사람들에게 공을 들이는 것이 무엇보다 중요하다. 아무리 좋은 도서관 구조와 프로그램 그리고 장서를 갖추고 있다하더라도 정말 따라할 수 없는 것은 일상 공간에서 지역구성원 간의 신뢰관계를 구축하는 사람의 존재이다. 협동의 가치를 갖춘 사람들을 만들어가는 정책이 빠진다면 아무리 좋은 협동조합의 원칙과 프로그램이 있다하더라도 사상누각에 불과한 것이다.

지역 주민과의 끊임없는 말 걸기가 지역 공동체 형성의 첫 단추이다

수지 느티나무도서관은 이런 사람들이 늘어나고 있고 그 안에서 형성된 신뢰관계 속에서 파생적으로 다양한 활동을 전개하고 있다. 예를 들어 로컬푸드 판매와 같은 사회적경제 활동 프로그램을 진행할 때 이 지역사람들은 자연스럽게 그 활동을 이해하고 소비하면서 협동의 가치를 체득하게 된다. 요즘 경쟁과 불신이 팽배한 사회에서 지역 도서관이 일상성을 가진 공간으로 십분 활용될 때 사회에 대한 불안을 넘어서 공공성에 대한 신뢰를 쌓을 수 있는 것이다. 수지 느티나무도서관은 이러한 자존감을 지키는 방법으로 '말을 건다'라는 표현을 쓰고 있다. 이 '말 걸기' 운동은 가르치는 것이 아니라 편하게 말을 거는 것이며 이용자를 그저 지켜보는 것이 아니라 '끊임없이 말을 건다'고 강조한다. 이 끊임없는 말 걸기를 통해 공공성에 대한 신뢰를 경험한 사례도 있다.

> 한번은 오토바이 사고를 낸 아이(경제적으로 어려워서 도서관장인 내가 평소에 도움을 주던 청소년)를 대신해서 합의를 보고자 피해자와 전화를 한 적이 있어요. 통화 중에 갑자기 피해자 쪽에서 "혹시 관장님이세요?"라고 반갑게 인사를 하는 것 아닙니까. 이후에는 모든 문제가 일사천리로 풀리고 합의까지 잘 해 주었어요. 사실 이 피해자는 저희 도서관 이용자였고 제가 평소에 지역의 불우 청소년들과 잘 지내면서 보호자 혹은 엄마처럼 행동한다는 것을 잘 알고 있었지요. 도서관 사업에 대한 신뢰감이 없었으면 이런 해결은 어려웠겠지요. _ 박영숙 관장 인터뷰

이처럼 느티나무도서관의 활동은 지역의 공공선을 제고하기 위해 꾸준히 노력하고 있음을 확인할 수 있다. 이것은 위로부터 일방적으로 교육을 시킨다고 이루어지는 것도 아니다. 협동은 머리로 이해하더라도 실천으로 바로 이어지지 않는다. 민간 스스로 각자 자기 몫을 다할 수 있도록 믿고 기다리는 것이 하나의 대안임을 보여주는 것이다. 요컨대, 용인 수지 느티나무도서관은 시간에 관대하며 사람들의 자존감을 지키기 위한 자세로 끊임없이 지역 속으로 내려가 주민들에게 말을 걸고 있는 것이다. 그 과정에서 지역 안에서 신뢰가 쌓이며 협동의 가치를 공유하며 다양한 사회적경제 활동을 실험하고 있는 중이다.

(7) 여주시 통카페

경기 지역에는 도시와 농촌의 성격을 동시에 갖고 있는 도농지역이 많이 존재한다. 도농지역의 사회적경제 영역은 어떤 모습을 띠고 있는지를 살펴보기 위해 사회적 소수자로서의 이주민의 고용기회를 제공하고 그들의 지역사회 통합에 도움을 주고자 시도한 여주의 통카페 사례를 주목하고자 한다. 이 사례가 경기 지역의 사회적경제 생태계를 대표할 수 없지만 수도권 신도시와 도농지역의 맥락을 반영하는 유의미한 사례가 될 수 있을 것이다. 여주 통카페는 경기도 여주시의 여주대학교 내에 1호점과 2호점이 있으며, 여주 도서관과 강천보에 3호와 4호점이 운영 중에 있다. 여주시는 2010년 결혼 이주여성에게 일자리 제공을 위해 마을 기업 '통카페'를 설립하였고, 2011년부터 여주 다문화가족지원센터가 위탁운영하고 있다. 여주시의 여주대학 내에서 시작된 '통카페'는 매체를 통해 우수 마을기업으로 잘 알려진 곳이다. 한국 사회에 새로운 화두가 된 다문화 그리고 이주민의 사회통합 이슈를 지역에서 해결하기 새롭게 시도한 사업 모델이다. 또한 통카페는 사회적 협동조합 카페오아시아의 조합점으로 참여함으로써 다문화가정의 여성들의 취업을 통해 구성원들의 복리증진은 물론 지역사회에서 다문화 가정에 대한 친화적 인식을 갖는데 기여하고 있다.

가. 여주 통카페 분석 및 주요 이슈[16]

사회적 소수자를 지원하기 위해 설립한 통카페만으로 한계가 존재한다

2010년 행정자치부, 경기도, 여주시, 여주대학교가 공동으로 지역에 거주하는 이주민을 대상으로 바리스타 교육을 시키고 이들의 취업기회를 제공하기 위해 여주 대학교 내에 통카페라는 마을기업를 창업하였다. 그 동안 통

---

16 2015년 10월 27일, 여주시 여주대학교 내 〈통카페〉 방문 및 카페 근무자 아키코 인터뷰 조사를 바탕으로 한 것이다.

그림 20 여주 통카페
※ 여주 통카페는 2010년 마을기업으로 창업하였고, 2015년에 사회적기업으로 인증받
  았다. 또한 현재 카페오아시아사회적협동조합의 조합점으로 참여하고 있다.

카페는 4호점까지 확대하였고 19명의 국제결혼 이주민이 직원으로 참여하
였다. 그 중에서 일본인 5명이 다수를 차지하며 우즈베키스탄, 중국, 캄보디
아, 필리핀, 베트남 출신의 이주민이 일을 하였다. 1~2호점이 여주대학 내
에 위치한 관계로 대학학기제를 고려하여 6개월 단위로 계약을 하였다. 또
한 초기에는 카페지점 별로 순환근무를 진행하였으나 이용자들과의 친밀한
관계성을 유지하기 위해 고정근무제로 최근에 바꾸었다.

  통카페 사업에 처음부터 참여한 일본 출신 아키코씨와 인터뷰를 통해서
언론을 통해 비춰진 장밋빛 홍보의 그늘을 확인할 수 있었다. 그녀를 비롯해
많은 다문화가정의 여성들은 통카페에의 참여는 경제적인 측면에서 실질적
인 도움을 받는 데는 한계가 있음을 강조한다. 이 사업에 참여한 많은 국제
결혼 이주민들은 이 일을 통해 큰 수입을 올리지는 못하는 것을 가장 큰 한
계로 지적하고 있다. 그 이유는 근무시간이 하루 최대 5시간이기 때문에 다
른 곳에서 일할 기회를 계속 찾을 수밖에 없는 데에 있다. 이런 이유에서 통
카페에 참여했던 이주민 동료들이 길게 근무하지 못하고 떠나곤 한다.

  실제 이 통카페가 일반 카페들과 경쟁하기 어려운 것이 사실이다. 이미 여
주 시내에 카페가 굉장히 많이 늘었기 때문에 통카페가 독자적으로 생존하
기 어려운 것이 현실이다. 물론 통카페는 행정자치부와 지자체로부터 우수

마을기업으로 선정되어 추가 지원을 받았으며 2012년부터 예비사회적기업으로 변신하여 지자체 지원을 받고 현재는 사회적기업으로 인증을 받아 대학을 넘어 여주시내로 진출하였고 이를 통해 시민들에게 다문화 가정 및 사회통합에 대한 인식을 제고하는데도 기여하고 있다. 이러한 지속적인 변신의 노력에도 불구하고 통카페 이용자의 수에는 절대적인 한계가 존재한다. 현재 외부의 지원을 받지 않고 있지만 여주 대학내 통카페 지점을 제외한 여주도서관, 강천보 한강지점은 적자 상황이다. 여주대학 지점의 보전을 계속 요청할 수 없는 상황이라 여주도서관 지점을 계속 유지할 지는 고민 중에 있다.

이러한 경제적 문제 해결에는 한계가 있음에도 불구하고 통카페는 아키코씨에게 취업기회는 물론 한국사회에 적응하는데 유의미한 통로 역할을 하였다. 만약 통카페가 없었다면 나이 든 이주민 여성이 도농지역에서 취업할 기회를 찾기는 쉽지 않았다. 물론 외국어 학원강사로 일할 수 있었지만 그 기회가 점차 낮아지는 것이 현실이다. 특별히 외국인이기에 카페에 취업 자체가 어려웠을 것이다. 또 하나의 혜택과 소중한 경험은 대학이라는 좀 더 열린 환경에서 근무하였기에 어떤 차별도 경험하지 않은 것이다. 여주 도서관이나 강천보 지점의 경우에는 여전히 다문화 가정의 직원에 대한 편견과 차별적 행동을 경험하는 경우가 있다. 이 통카페가 여주시 지역 내에서 진정한 의미의 사회적기업, 더 나아가 사회적협동조합의 일원으로 긍정적인 영향을 미치기 위해서는 이러한 편견과 선입견이 해소되는 것이 필요하다. 유사한 목표와 활동을 하는 사회적기업 그리고 사회적협동조합이 이 지역 내에 늘어나서 상호 협력을 통해 지역 주민들에게 이러한 활동을 더 자주 노출시키는 것이 하나의 대안이 될 수 있을 것이다.

(8) 경기도 따복공동체지원센터[17]

가. 따복공동체 설립 배경

서구의 선진적인 사회적경제 활동은 지역문제를 해결하고 지역주민들의 자발적 참여에 의해서 이루어지는 꼴인데, 한국 사회는 그런 부분의 토양이 워낙 약한 것이 사실이다. 지금 한국의 사회적경제는 틈새시장의 모습으로 성장하고 있는데 이것은 주류경제의 무관심 속에서 형성되었다고 설명할 수 있다. 만약 사회적경제 영역이 자본주의 경제 즉 시장경제와 금융경제에 영향을 미치기 시작하면 어떤 형태로든 주류 경제영역으로부터 반격이 나올 것이기 때문이다.

사실 사회적경제 활동방식으로 한국 사회문제를 모두 해결할 수 있다고 보는 것은 한계가 존재한다. 경기도 따복공동체는 사회적경제가 담당해야 할 사회적 문제를 바로 지역의 문제로 인식하고 지역문제를 해결하고 지역기업으로 성장할 수 있도록 중간 매개역할을 할 수 있는 중간지원조직의 필요성을 공감하였다.

경기도 지역에서 전통적으로 마을만들기 진영에서 활동한 사람들은 마을 만들기 사업은 지고지순한 일이기에 위로부터의 기획에 대해 거부반응이 큰 것이 사실이다. 실례로 '마을과 지역에 돈이 들어오면 마을이 망한다'는 속설이 있을 정도로 중간지원조직과의 협력에 선뜻 손을 내밀지 않았다. 이러한 한계에도 불구하고 경기도는 사회적경제와 마을만들기를 하나의 우산 아래로 모았고 그것의 결과가 따복공동체지원센터인 것이다. 본래 '따복'은 '따뜻하고 복되다'는 의미로 철학적으로 빈곤층과 사회적으로 배제된 사람들이 주체로 참여할 수있도록 지원하는 것이 '따뜻하다'는 개념을 담고 있

---

17 2016년 9월 27일, 수원시에 위치한 따복공동체지원센터 방문 및 권운혁 센터장의 인터뷰 조사를 바탕으로 한 것이다.

그림 21 경기도 따복공동체지원센터

다. 또한 '복되다'의 의미는 몇몇 개인의 이익이 아니라 지역 사회의 이익으로 공익을 추구하는 사업이 되겠다는 것이 복되다의 개념을 함의하고 있는 것이다.

사실 한국은 제도를 통해 마을공동체, 사회적기업, 마을기업, 협동조합을 구분하고 있지만 해외 지역의 경우는 그런 구분이 없고 자연스럽게 엮여져 있고, 그 주민 조직을 지원하는 인프라가 생긴 것이다. 이에 비해 한국의 경우는 마을기업 따로, 사회적기업 따로, 협동조합 따로, 자활기업 따로 법을 만들어 제도가 편을 갈라 놓고 만 것이다. 소통과 지속가능성을 고민하기 위해서는 이것을 통합적으로 장기적인 관점에서 접근할 필요성을 주목하였다. 물론 어떤 모델로 정하고 일방향적으로 추진하기 보다는 그 과정이 따뜻하고 복되게 만드는 것에 초점을 두었다. 이 과정에서 가장 중요한 것이 바로 신뢰이고 이것이 바탕이 되지 않으면 어떤 지역 공동체도 지속가능하지 않다는 것이 따복공동체의 주요한 설립 배경이 되었다.

나. 중간지원조직으로의 과제

앞서 강조한 것처럼 따복공동체지원센터는 사회적경제 부문에서 나름대로 협력의 모양을 갖추었지만 마을공동체 진영으로부터는 적극적인 결합이 안 된 상태에서 출발하였다. 사실 마을 자체에 지속가능성을 강요하는 것도 문제라는 비판이 있는 상태에서 지원센터는 행정의 양해 하에 공동운영기구를 만들었다. 마을과 사회적경제를 융합하는 형태 그리고 경기도에서 운동활동을 하는 법인을 하나 만들겠다고 해서 만든 것이 마을과사회적경제이고 그곳에 위탁신청을 해서 현재 센터를 위탁받는 과정을 거쳤다. 이 지원센터는 다른 지자체와 달리 더디더라도 경기도의 특성을 고려한 많은 준비과정을 가졌다는 점에서 모범적이라고 할 수 있다. 물론 조례가 준비되지 않은 상태에서 예산을 편성하는 무리한 정책 드라이브가 있었다. 이것은 경기도만의 문제는 아닐 것이다. 광역자치단체장에게는 4년이라는 임기 안에 스타트 업을 해서 충분한 준비기간을 거친 후에 성과를 임기 내에 얻기 힘들기에 정책 드라이브를 걸 수 밖에 없는 상황인 것이다.

경기도는 지역 공동체 재구성의 다양한 실험이 진행되고 있다

경기도에서 진행되고 있는 다양한 사회적경제 활동을 이해하기 위해서는 경기도의 지리적 공간 특성을 이해할 필요가 있다. 대부분의 경기도 사람들은 자신이 경기도에 산다고 얘기하지 않는다. 예를 들어 안양시민이라고 얘기하지 않고 평촌에 산다고 얘기하길 좋아한다. 왜 그럴까? 경기도 내 31개 시군마다 자기 자신만의 독특한 특성이 있고 그것을 강조하길 원하기 때문이다. 이런 이유에서 지원센터는 원도심이 있는 도시에서 도심형과 원도심형 공동체는 어떻게 달라질 수 있을까에 대한 고민을 한다. 또한 양주시와 포천시와 같은 도농복합형 지역의 경우는 도시화가 급속화가 진행되지만 농촌 환경과 어떻게 어울리는가를 고민하고 있다. 뿐만 아니라 전형적인 농촌 지역도 산재해 있어 그곳의 마을 공동체 재구성을 고민하고 있다. 지원센터

그림 22 경기도 따복공동체지원센터 교육 사업
출처: 한국조경신문(2015.07.10.) 경기도 생활환경복지마을사업, '따복공동체' 날개 달고 두둥?

는 이런 맥락에서 지역 주민 스스로 필요한 의제를 지역 주민들이 만들어내게 하는 과정을 유도하고 있다. 아파트형, 원도심형, 도농복합형, 농촌형, 접경형(휴전선 부근) 등이 있다. 그 중에서도 지원센터는 최근 아파트공동체에 깊은 관심을 갖고 실험적인 사업을 진행하고 있다. 서울시의 인구는 줄고 경기도의 인구는 꾸준히 늘고 있는데 이것은 경기도 지역에 많은 아파트 단지가 새롭게 조성되고 있기 때문이다. 의정부 별내 지역 내 따복아파트는 협동조합을 이루어 아파트 분양 및 아파트 공동체를 초기부터 시작하여 다양한 사회적경제 활동을 활성화하는 공간을 제공하는 기획이다.

비슷한 맥락에서 아파트를 중심으로 다양한 공동체가 자생적으로 구성되고 있는데 시흥시의 카페 사례가 주목된다. 아이 보육과 교육에 관심있는 주부들이 자발적으로 모임을 이루었는데 이것이 카페로 발전하는 과정이 협동과 공생의 삶을 보여주고 있다. 아파트 단지에 카페 공간을 만들어 주어 공동체 활동을 하라는 물리적 지원보다는 주민이 주체가 되어 그 주체가 작동하는 시스템이 구축되었을 때 그들이 사회적경제 활동을 할 수 있는 지원이 작동할 수 있다는 것이다. 지원센터의 사업이 2년 정도밖에 안되어 많은 시행착오를 마주하겠지만 한편으로는 이러한 다양한 도전과 실험들이 경기도의 다양한 지역 특성에 맞는 모델을 구축하는데 큰 기여를 할 것으로 기대된다.

3. 강원: 협동연결망의 생태계 추구

강원지역의 원주시는 협동조합의 성지로 일컬어질 정도로 지역 공동체내의 협동의 전통이 강하다. 이러한 전통이 다양한 형식의 사회적경제 틀에서 어떻게 적응 및 확대되고 있는지를 살펴보고자 원주 협동조합사회경제 네트워크와 원주 의료사회복지협동조합을 사례로 선정하였다. 더불어 해당 사례를 통해 기존의 전통과 경험이 어떻게 세대 간 이동하고 있는지를 살펴보고자 한다.

(1) 원주 협동조합사회경제 네트워크

가. 원주시 사회적경제 활동 소개

강원도와 수도권을 연결시키는 원주시는 전국 인구의 겨우 3%만이 거주하는 작은 소도시이다. 원주는 열악한 지리적 환경과 경제시장을 가지고 있기 때문에 1960년대부터 협동조합의 실험을 자연스럽게 추진하였다. 원주시의 협동조합 역사는 1966년의 신용협동조합과 1972년의 밝음 신협의 탄생으로 시작된다. 원주는 협동조합의 역사가 긴 만큼, 우여곡절도 많이 겪었다. 예를 들어 1997년 IMF 구제금융 시기에는 400여개가 넘는 협동조합이 무너지면서 지역 공동체의 신뢰에 큰 금이 가는 것을 경험하기도 하였다. 그러나 원주 지역은 오랜 협동조합의 역사를 통해 협동조합 간의 협동의 틀을 어느 지역보다 건강하게 유지하고 있다. 협동조합에 참여하는 지역 주민 수가 약 35,000명으로 추산되는데 이 수치는 원주 인구의 11%에 해당된다. 2015년 현재 51개의 사회적 기업과 협동조합이 활발하게 상호 협력하고 있다.

원주는 한국 협동조합운동의 성지로 알려질 정도로 협동의 가치와 경험 그리고 문화가 강하게 자리 잡은 곳이다. 1960년대에서 시작하여 1980~90년대를 거쳐 2000년대 새로운 전환기를 맞이하고 있는 원주지역의 사회적경제 생태계 구축 과정은 매우 중요한 부분이다. 원주의 사회적경제 활동에서 가장 주목할 조직은 원주협동사회경제네트워크(이하 원주네트워크)이다. 원주네트워크는 IMF 구제금융 시기를 거치면서 원주 지역의 8개 협동조합이 모여서 2003년에 만든 조직이다. 연대를 통해 협동과 자치 및 자립의 지역사회 건설, 자연과 인간이 상생하는 생명공동체를 만드는 것을 목표로 하고 있다. 아래 그림 23이 보여주듯이 원주네트워크에 소속된 단체는 사회적기업, 농업회사법인, 영농조합법인, 협동조합, 자활센터 그리고 시민사회단체까지 다양한 단체를 포함한다. 이를 통해 원주 지역은 사회적경제 활동을 활성화하기 위해 조직유형을 넘어서 긴밀한 협력관계를 유지하고 있음을 알 수 있다. 이것이 원주의 오래된 협동의 전통에서 기인한 것으로 해석할 수 있다.

협동조합 간의 협동을 선도적으로 보여줄 수 있는 사회적경제네트워크를 추진하고 있는 지역이기에 많은 사람들이 원주를 방문하고 있다. 특별히 원주시는 협동조합 학습 및 확산을 위해 원주협동조합사회경제 네트워크에 사무실 및 회의실을 제공할 정도로 지원을 아끼지 않고 있다. 그런데 사회적경제 혹은 사회복지 전담 부서가 아닌 산업관광과에서 협동조합지원센터를 기획하였다는 사실은 원주시가 협동조합을 어떤 식으로 바라보고 있는지를 반증하는 하나의 척도이다.

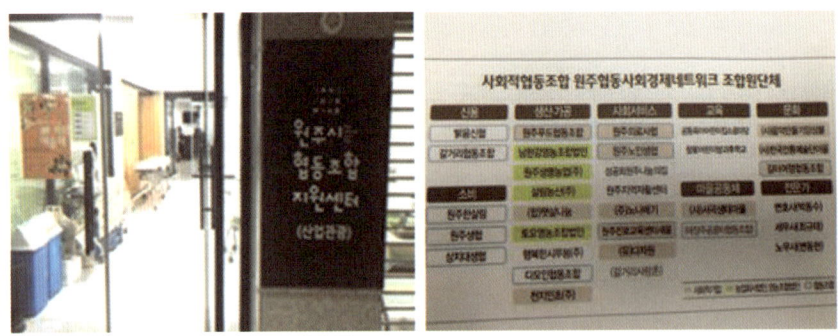

그림 23 원주 사회적경제네트워크

나. 원주 사회적경제 생태계 분석 및 주요 이슈[18]

원주 협동조합사회경제 네트워크(이하 원주네트워크)를 살펴보자. 원주네트워크는 2003년 원주협동조합운동협의회를 시작으로 12년째 협력의 틀을 이어오고 있다. 지역사회가 안고 있는 문제나 조합원들이 안고 있는 문제를 해결하는 조직으로서 협동조합조직체로 새로운 지역사회를 만들자는 취지에서 출발하였다. 사실 원주는 1960년대부터 아래로부터의 협동의 노력이 강하게 자리 잡고 있기 때문에 협동조합이라는 법이 있고 없고가 중요하지 않았으며, 대신에 협동 정신과 운영원리가 이미 기저에 존재한다. 원주에 등록된 협동조합은 일반, 사회적협동조합을 합쳐 총 67개이고, 이 조합들은 다른 형태의 조직(법인·시민사회단체)들과 긴밀한 협력관계를 유지하고 있다. 사실 중요한 것은 협동조합의 숫자가 아니라 각 협동조합이 주민들의 필요와 염원을 사업을 통해서 해결할 수 있는가이다. 원주네트워크가 내세우고 있는 비전은 주민의 삶에서 필요한 협동조합을 비롯한 사회적경제 조직이 만들어지고 그 사회적경제 조직 간 연대를 통해서 장기적으로 자립하고 문화적 정치적으로 자치할 수 있는 사회를 만드는 것이다. 다시 말해 원주네트워크는 협동조합적인 방식으로 주민들이 살기 좋은 사회를 창조해 내는 과정에 초점을 맞추고 있다.

사회적경제 활동의 성과를 보다 구체적인 지표로 보여주는 것이 필요하다

사회적 생태계 내의 가치나 철학, 사람, 사업 등을 제도화된 틀로 정확하게 계산하는 것은 참으로 어렵다. 그렇지만 이런 작업은 분명 필요한 것이다. 물론 사회적경제 활동을 단순히 돈으로 환산해서 수치로 보여주는 것은 한계가 있다. 현재 원주네트워크에 소속된 조직이 28개 단체이고, 여기에

---

18 아래의 분석결과는 2015년 10월 26일, 원주협동사회경제네트워크 김선기 사업지원국장·원주의료복지사회협동조합 박준영 이사장 인터뷰 조사를 바탕으로 한 것이다.

소속되어 활동하는 활동가 중에 4대 보험에 가입된 사람은 총 412명이다. 전체 1년 매출액을 합산해 보지는 않았지만 몇 천억 정도에 이르고 있다. 문제는 사회적경제 활동을 모두 돈으로만 평가할 수 없는 것이기에 어떻게 사회적 영향을 측정하는가는 사회적경제 생태계를 활성화하는데 중요한 과제가 아닐 수 없다. 기초자치단체에서 예산지원보다 더 중요한 것은 분배의 문제이다. 자원을 제대로 분배할 수 있기 위해서는 사회적 생태계를 보다 객관적으로 보여줄 수 있는 자료가 있어야 한다. 영리기업에 종사하는 10명과 사회적경제 영역에서 고용된 10명이 사회적으로 기여하는 것을 설명할 때 분명 다른 접근법과 해석이 필요하다. 지방정부는 사회적경제 활동을 단순히 민생차원의 문제로 접근하기 보다는 대신에 지역을 발전시킬 수 있는 새로운 도구로 접근하는 것이 필요하다. 건강한 협동조합이나 건강한 사회적 기업이 늘어나면 늘어날수록 국가나 자치단체의 예산 지원 없이 주민들의 필요와 염원이 해결될 수 있다.

성공한 협동조합은 스스로 사업을 모색하며 혁신을 꾀한다

사회적경제 주체들의 협력은 정책 지원에 기대는 것이 아니라 스스로 협력관계를 통해 자립할 수 있는 구조를 만드는 것이 중요하다. 상호거래, 상호이용, 상호후원 등 조직 간의 약속된 틀을 바탕으로 자립할 수 있는 구조가 기본적인 답이 될 것이다. 그렇지만 이러한 협력관계는 쉽게 구축되는 것이 아니다. 일례로 원주의 소상공인시장진흥공단에서 지원받은 한 협동조합이 우수협동조합으로 지정받을 정도로 사업적으로는 잘 하였음에도 불구하고 내부를 들여다보면 사람 간의 신뢰관계는 안타깝게도 깨져 있는 상황이었다. 협동조합을 비롯한 사회적경제의 진정한 경쟁력은 사람이 협력의 틀에 담기고 사람의 뜻을 수용할 수 있는 신뢰관계가 필수이다.

성공한 협동조합의 특징은 이분들이 자기 필요, 즉 자기 문제나 필요와 염원을 해결하기 위해서 결사하며 그 결사를 이루기 위하여 사업을 선택했다는 것이다. 만약 사업이 잘 안되면 다른 사업을 적극적으로 모색하고 혁신하고자 스스로가 노력한다. 한편 실패한 협동조합의 경우는 사업 아이템을 우선 보고 거기에 사람을 기계적으로 묶는다는 특징을 보인다. 요컨대 원주 협동조합의 경우 사업 자체가 목적이 되는 곳은 깨졌지만 사람이 주축인 경우는 시간이 걸리지만 성공의 길을 걷고 있다는 것이다.

리더에 의존하는 거버넌스는 위험하며 거버넌스의 시작은 관이 아니라 민이다

거버넌스에 대한 정의는 다양하지만 그 핵심은 상호소통의 문제이다. 한국의 사회적경제 생태계에서 진행되는 많은 활동들이 리더의 결정에 과도하게 좌우되고 있다. 어떤 경우에는 의사결정이 지나치게 폐쇄적인 경우도 있다. 리더에 의존하는 거버넌스는 매우 위험하다는 것이 원주의 경험이다. 최근 서울시를 비롯한 많은 광역자치단체장이 협동조합을 비롯해 사회적기업 및 마을기업에 대해 많은 보이면서 적극적인 지원을 하고 있는데 이것도 성공적인 사회적경제 생태계를 구축하는데 위험요인이 될 수 있다. 원주 경험에 따르자면 거버넌스의 시작은 관에서 시작하는 것이 아니라 민간에서 먼저 시작하는 것이 안정적이다. 민간은 새로운 아이디어를 제안하고 주도권을 가져야 함에도 불구하고 사회적경제를 중앙 혹은 지역정부가 지원해야 하는 사업으로 오해하는 것은 건강한 거버넌스를 구축하는데 독이 되기도 한다. 시혜적인 관점에서 민간에 떨어지는 예산은 사업의 지속가능성을 담보하지 못하며 그 지원금으로 인해 서류작업 업무만 과다해지고 사회적경제 참여 단체 간의 협력도 약화시킨다.

원주네트워크의 역할은 협동조합을 할 수 있는 사람을 발굴하는 것이다

협동조합 코디네이터의 가장 중요한 업무는 협동조합을 할 수 있는 사람들을 발굴하는 것이다. 원주 경험에 따르면 정부 지원정책으로 협동조합을 만들 때 대부분 협동조합을 필요로 하지 않는 사람들이 참여하고 있다는 것이다. 솔직히 협동조합이 누구에게나 필요한 것은 아니기에 정부 지원을 받기 위해 협동조합 설립 수에 초점을 맞추는 양적 접근은 더 이상 타당하지도 바람직하지도 않다. 대신에 지역단위 사회적경제의 자립구조를 만들 수 있는 지역 고유의 모델을 만드는 것이 중요하다. 한 지역에서 협동조합을 필요로 하는 사람들이 주체가 되고, 협동조합이 만들어지면 이 지역에서 자립할 수 있는 협력 구조가 구축되어야 한다. 협동조합 활동을 국가적 차원에서 논의하고 일정 역할을 논하는 것은 너무 크고 어려운 과제이다. 답은 지역에서 찾는 것이지 국가에서 찾는 것이 아니라는 것이다.

최근에 자치단체가 사회적경제 단위를 육성하겠다고 새로운 부서를 만들고 계를 만들고 있지만 그것이 완성이 되려면 담당 공무원이 중요하다. 정책의 완성은 사람이기 때문이다. 사회적경제 관련하여 정책 의지가 있는 공무원이 어떤 식으로든 들고 뛰고 지방의회를 들볶아서 예산을 확보한다면 원주의 사회적경제 영역은 분명 변화를 겪을 것이다. 그러나 사회적경제의 중요성에 대해 생소한 공무원이 대다수이다. 안타깝게도 준비된 공무원이 부족하며 그들의 태도 변화를 바로 기대하기도 어려운 상황이다.

(2) 원주의료사회복지협동조합

우리가 주목하는 또 다른 원주의 협동조합은 원주의료복지사회적협동조합(이하 원주의료협동조합)이다. 원주의료협동조합은 영리를 추구하기보다는 주민들의 건강을 지키기 위해 주민들이 중심이 되어 만든 의료 협동조합이다. 원주의료협동조합은 주민들이 지역주민의 건강은 물론 거리 무료 검진, 노약자들을 위한 방문 진료뿐만 아니라 생계가 어려운 철거민 또는 외국인 노동자와 같은 이웃들의 건강까지 책임을 지는 사회적 서비스에 초점을 맞추고 있다. 아래 그림 24가 보여주듯이 원주의료협동조합은 기존의 협동조합(밝음신협)의 공간지원을 통해서 초기 정착의 어려움을 극복할 수 있었다. 현재는 조합원 재정비 및 다른 지역의 의료협동조합과의 연대활동을 통해 재정적 어려움을 타개하고자 노력하고 있다.

이런 맥락에서 원주의료사회복지협동조합(이하 원주의료협동조합)의 운영과정에서 마주한 안팎의 장애물을 분석함으로써 정책적 시사점을 도출해 보고자 한다.

원주는 협동조합 간의 네트워크인 '협연'이 강하게 자리 잡고 있다

원주의 첫 협동조합은 1966년 설립된 원주신협이며, 1979년 평창에서 신리소비자협동조합이 만들어졌다. 이후 1985년에 생명사상에 입각하여 원주 한살림이 만들어졌다. 중요한 것은 이들이 제도나 법이 없는 상황에서도

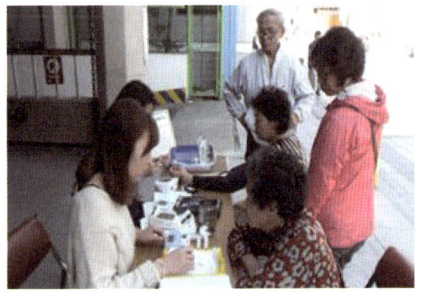

그림 24 원주 의료복지사회적협동조합

지역 주민의 필요와 염원에 의해 스스로 만들었고 그것이 지금까지 지속되었고 있다는 점이다. 2003년 6월에 지금의 원주사회협동조합네트워크가 만들어진 것도 원주에는 신협이나 한살림과 같은 조직이 자리 잡고 있기 때문이다. 2000년대 들어 양극화 문제, 실업, 빈곤 문제가 원주 지역까지 압박해오자 신협, 한살림, 원주생협 및 지역 활동가들이 함께 모여 대안을 모색하는 자리에서 1960년대 무위당 장일순 선생님이 고민한 지역 중심성을 다시금 주목하고 협동조합네트워크를 구성하였다. 예컨대, 원주의료협동조합이 임대하고 있는 밝음신협의 건물 임대료는 2003년에 100만원이며 지금도 100만원이다. 이것이 바로 원주지역의 협동의 힘이며 역사인 것이다. 비슷한 방식으로 시루봉, 다자원, 노나매기, 햇살나눔, 원주푸드협동조합, 원주구두협동조합 등의 기존의 조직들이 직간접적인 출자를 했고, 임대료 감면, 인적자원 중고차 지원 등을 통해서 초기의 어려움을 극복할 수 있었다. 기존의 협동조합과 협업을 한 것이다. 이러한 협동조합 간의 네트워크를 박영준 이사장은 "원주에는 협동조합적 이념과 전통이 분명 있으며, 혈연, 지연, 학연이 있듯이 '협연'이 있다."고 라고 강조한다.

밖에서의 긍정적인 평가에도 불구하고 지역과 조합원의 신뢰가 부족하다

일반적으로 한국사회에서 지역 협동조합은 자체적으로 성장하기 힘든 여건이다. 때문에 비록 사람중심과 지역중심을 강조하고 있음에도 불구하고 이것만으로 과연 성공할 수 있을까라는 의문을 던지곤 한다. 법과 제도는 정부 중심적으로 가지만 실제 그걸 안착시키는 과정에서도 정부나 지자체의 관심과 의지가 필요한 것이다. 한국 의료협동운동의 역사에서 볼 때, 안성, 인천, 안산 협동조합은 첫 번째 그룹이며, 2002년에 원주, 대전 그리고 서울에서 의료협동운동을 이어갔다. 이처럼 원주의료협동조합은 13년 이상의 역사를 갖고 있다. 그러나 이러한 역사와 경험에도 불구하고 원주의료협동조합은 매출액, 조합원 수, 질 등에서 제일 떨어진다는 평가를 받고 있다. 그 이유는 무엇인가?

아직도 밖에서는 원주의료협동조합에 대해서 긍정적인 평가를 하고 있지만 현실적으로 지역주민과 조합원으로부터 신뢰를 얻지 못하고 있다. 여러 가지 이유가 있겠지만 그 이유는 원주 지역만 의료인을 중심으로 한 협동조합으로 출범하지 않았기 때문이다. 그 결과 지역주민에게 의료서비스를 제공하는 전략이 가장 약하게 되었다. 원주는 전문 의료인이 빠진 상태에서 협동조합을 만든 것이 가장 큰 한계이다. 실례로 원주는 2011~12년 동안 급격히 재정문제, 유동성 문제로 큰 위기를 만났다. 특히 의사 선생님이 없어서 일반의원(양의)을 2년 동안 운영하지 못하기도 하였다. 이것이 원주의료협동조합이 지역과 조합원으로부터의 신뢰를 잃게 되는 가장 큰 원인이었다. 만약 조합이 의사를 잘 만나면 몇 년 잘 되게 되고, 혹 의사가 갑자기 바뀌게 되면 진료 서비스의 질이 떨어지게 되어 조합 수입이 떨어지고 곧 경영상으로 위기를 마주하게 되었다.

원주의료협동조합의 조직개혁은 협동적 사회경제네트워크의 뒷받침으로 가능하다

원주의료협동조합은 이를 극복하고자 작년에 대대적인 조직 변화를 시도하였다. 기존 조합원 2,600세대 중에서 사회적협동조합으로 전환할 때 750세대가 탈퇴하였고, 형식적 조합원 700~800세대를 제명함으로써 2014년 말에는 조합원 총 1,446세대를 유지하면서 50%를 정리한 것이다. 사실 아직도 300세대 이상은 기본법에 따른 5만 원 이하의 조합원 계좌를 갖고 있기 때문에 이들을 제외하면 현재 조합원은 1,000~1,100세대에 불과하다. 또한 조합원의 협동조합 이용률을 보면 의원, 한의원을 구분해도 30%도 미치지 못하는 상황이다. 한의원의 이용률이 약간 절반을 넘고 있지만 이러한 통계치는 조합원이 자신이 속한 의료협동조합을 의료기관으로 신뢰하지 못하고 있음을 의미한다.

의료협동조합의 경우 조합원이 자신의 몸을 맡기기에 조합원과 조합 간의 신뢰구축은 매우 중요하며 꽤 긴 시간을 요한다. 사실 의료협동조합은 대체성이 거의 제로에 가깝기에 한 번 원장님이 바뀌게 되면 매출액에서부터 조합 신뢰구축까지 큰 영향을 받게 된다. 그러나 원주의료협동조합이 많은 어려움에도 불구하고 14년 동안 버틸 수 있었던 것은 앞서 강조한 것처럼 원주라는 협동적 사회경제네트워크가 자리 잡고 있기 때문이다. 원주의료협동조합은 2014년까지 누적 결손액이 무려 6억 원이 넘는 상황이었다. 이는 1년에 약 5천만 원의 적자를 보고 있음을 의미한다. 아직까지 조합 임원이 좀 더 희생하는 차원에서 개인적으로 대출을 받아서 부족분을 메꾸면서 버텨오고 있는 실정이다. 한편 청주 의료협동조합은 비슷한 위기를 견디지 못하고 과감하게 사업을 접기도 하였다.

원주의료협동조합은 안팎의 한계에도 불구하고 원주의 사회적경제 생태계로 인해 조금씩 어려움을 극복해나가고 있는 중이다. 원주 의료복지협동조합은 다른 사업과 달리 지역성과 대면성을 잘 결합할 때 성공가능성이 높다는 판단 하에 안정적인 의료진을 구축하고 그리고 의료협동조합 간의 협력체계를 개발함으로써 새로운 수익 사업을 발굴하고자 노력하고 있다.

4. 충청: 배움을 통한 마을공동체 형성

충청지역 사례로 사회적경제 활동의 토대가 튼실하게 구축되어 온 아산지역에서 자발적으로 형성된 공세리 마을협동조합과 제터먹이 사회적협동조합을 살펴보고자 한다. 다음으로 충북 옥천의 경험은 다른 지역에 비해 협동조합 형성이 늦었지만 농민회의 꾸준한 노력 그리고 옥천신문이라는 지역신문을 꾸준히 유지함으로써 지역 공동체의 꿈을 유지하고 있다는 점에서 주목할 만하다. 옥천은 지역에 깊이 뿌리내린 사람을 키우는 것을 강조하고 있다. 과연 옥천의 노력이 홍성군 홍동 풀무마을과 같은 지역 공동체를 키워갈 수있을지 아니면 다른 장애물로 인해 어려움을 마주할지 살펴볼 필요가 있다.

(1) 아산 제터먹이 사회적협동조합[19]

아산은 홍동지역과 비슷한 곳이다. 사회적경제 활동에 참여하는 인적자원이 많고 핵심적인 리더도 많은데 이들은 지역 주민들과 갈등을 최소화하면서 20년 이상 인내하고 살아오신 모범적인 분들이다. 이러한 인적 에너지가바탕이 돼서 아산의 사회적경제가 성장하게 된 것이다. 아산에는 현재 40개정도의 협동조합이 활동하고 있으며 현재 활동 중인 것이 20개가 넘는다. 협동조합협의회와 사회적기업협의회도 구성되었다. 특히 아산지역은 전통적으로 한살림의 생산기지로 유명하며 생산자 조합이 활성화 된 곳이다. 한살림 생산자조합원의 35%가 아산에 있을 정도이다.

제터먹이 사회적협동조합의 전신은 아산 푸른들영농조합이고 모태가 된사업이 콩나물 사업이다. 이 콩나물 사업이 지역활성화의 밀알이 되면서 콩나물 사업이 세 곳으로 확대되었으며 그 중의 하나가 제터먹이이다. 제터먹

---

19 아래 분석은 2016년 5월 26일, 아산에 있는 제터먹이사회적협동조합 윤용진 상무와의 인터뷰 조사를 바탕으로 한 것이다.

이는 사회적협동조합의 틀을 가지고 사업을 시작한다. 이호열 제터먹이 이사장은 푸른들영농조합에서 물러난 뒤 2013년 3월 27일에 제터먹이를 사회적협동조합으로 설립인가를 받고 6월에 충남형 예비사회적기업으로 지정되고, 2014년 6월에는 충남 우수 사회적기업으로 선정되었고, 2015년에는 고용노동부 사회적기업 인증을 받았다. 제터먹이협동조합은 2012년, 101명의 출자금 1억 2천만원으로 출발하였고 현재 조합원수 160명으로 생산자, 소비자, 그리고 직원조합원으로 구성되어 있다.

귀농 13년차로 아산지역에서 8년 간 활동하고 있는 윤용진 상무는 제터먹이 사회적협동조합 운영방식에 대해 자부심이 컸다. 제터먹이는 분배를 하지 않고 법이 정한 법정 적립금과 더불어 이익잉여금도 법정 적립을 하고 그 나머지는 다 기부를 하고 있다. 사실 제터먹이가 사회적협동조합을 기획하게 된 것은 농촌의 고령화, 소외화, 문화적 교육적 소외, 그리고 농촌 전반 문제, 사람이 없어지는 문제, 즉 농촌공동체 자체가 소멸되고 있는 것에 문제의식을 가졌기 때문이다. 농촌형 사회적경제 활동이지만 지역 공동체를 견인하고자 사회적협동조합을 꾸려가고 있는 것을 주목할 만한 내용이다.

거대 곡물기업의 위협을 극복하고자 지역 고유의 종자를 개발하다

제터먹이의 콩나물 사업은 신자유주의 세계화를 주도하는 거대 곡물기업의 위협에 대한 대응전략에서 시작된 것이다. 제터먹이는 무농약 콩나물을 재배하며 한살림에 하루에 평균 1,400봉지를 제공하며 흙살림하고도 거래를 유지하고 있다. 특히 제터먹이는 토종 앉은뱅이 밀 사업을 적극적으로 추진하고 있는데 이 앉은뱅이 밀은 글루텐 성분이 굉장히 낮아서 사람 몸에서 분해가 안되는 것을 미연에 방지할 수 있다. 앉은뱅이 밀은 기존의 수입 밀은 말할 것도 없고 다른 건강 밀에 비해서도 이러한 점은 월등하다. 또한 제터먹이는 생산자 조합원을 보호하기 위해 노력하고 있다. 최저가 보장 약정 수매를 해서 매해 초과된 농산물에 대해서도 구매를 한다. 적정가격을 산정

그림 25 제터먹이 사회적협동조합 콩나물생산 공장 및 밀 가공품

하기 위해 조합원들과 함께 고민하는 토론의 자리를 마련하고 있다. 1년에 소모할 수 있는 나물콩 양이 얼마인지 그리고 이를 맞추기 위해 어느 정도의 면적에 농사를 지을 것인지를 조합원들과 함께 논의하는 것이다. 아마도 민간으로는 국내 최초로 최저가 보상을 하고 있는 것이다. 약정수매를 통해 농민들이 안전한 마음으로 판로 걱정을 하지 않고 농사를 열심히 그리고 투명하게 지을 수 있는 것이다. 나물콩과 앉은뱅이 밀도 똑같이 약정수매를 진행하고 있어 좋은 평가를 받고 있다. 사실 콩은 연주 4개월밖에 재배할 수 없어서 나물콩과 앉은뱅이 밀을 연작할 수 있도록 협력하고 있다. 더 나아가 토종 종자 보존 및 보급 사업이라고 해서 400평 규모로 해서 제터먹이 농부학교를 올해 처음으로 열었다. 이곳에서는 토종 종자만 키울 수 있다. 이 토종 종자가 중요한 것은 종자주권을 확보할 수 있는 유일한 대안이기 때문이다. 우리가 즐기고 있는 청양고추 마저도 거대 곡물기업인 몬산토에 로얄티를 내고 있는 현실을 직시해야 한다. 이런 이유에서 제터먹이는 종자주권을 지키기 위해 나물콩을 40명의 지역 주민이 생산하고 있으며 이것을 앉은뱅이 밀로 확대하고 있다. 더 나아가 앉은뱅이 밀 토종종자를 이용한 요리 모임도 준비하고 있다.

지역농업 활성화는 단순히 농가 소득을 높이기 위한 것으로 제한하지 않고 지역 내의 사회적경제 활동과 연계함으로써 다양한 혁신과 연대활동으로 이어지도록 노력하고 있다. 제터먹이가 추진하고 있는 지역연대 사업으로 협동조합 간의 연대, '풀땀'이 있다. 천안 지역에서 카페도 하고 소모임도 하면서 먹거리 커피를 팔고, 제과 제빵 교육도 하고 판매도 하는 곳이다. 이곳에 제터먹이 앉은뱅이 밀가루를 공급하기도 한다. 또한 '고랑이랑'은 반찬나눔 사업을 통해 연대한다. 최근 아산지역의 경우도 귀농 귀촌의 정착율이 매우 낮은 것이 사실이다. 환상을 깰 필요가 있는 것이다. 귀농 귀촌 보다는 귀향 운동을 하자는 주장이 설득력이 있어 보인다. 그 이유는 귀향이 도시로 떠난 그 마을지역 출신들이 다시 그 지역으로 돌아오는 것을 의미한다. 이런 경우가 훨씬 더 정착하기 수월하기 때문이다. 귀농 귀촌자들이 마주하는 지역의 텃세는 감수해야 하는 것으로 결코 쉽게 극복할 수 없는 요인이기 때문이다.

(2) 아산 공세리마을협동조합[20]

충남 아산시 인주면 공세리는 지리적 공간이 참 아름답고 매력적인 곳이다. 아산호와 삽교호가 연결되어 있으며 아산만 바다가 이곳을 둘러 감은 모습이다. 공세리는 수도권과 가깝고 공세리 성당이 위치하고 있어 멀리서 바라보면 유럽의 어느 아름다운 풍경에 결코 뒤지지 않는 곳이다. 공세리 마을은 언덕에 성당이 위치하며, 그 아래에 큰 건물이 없이 작은 집들이 예쁘게

그림 26 공세리이야기 카페 및 지역 농산물로 만든 팥빙수

---

20 아래 분석은 2016년 5월 26일, 아산 공세리에 있는 마을협동조합 김미화 사무국장과의 인터뷰 조사를 바탕으로 한 것이다.

그림 27 공세리 마을도서관: 꿈꾸는 팽나무 도서관

자리 잡고 있기에 조금만 잘 관리하면 부산 감천문화마을처럼 느낌이 새로워 질 것으로 기대된다.

　이처럼 공세리 성당과 공세리 지역의 역사문화적인 내용을 스토리로 엮어 서 잘 보존한다면 지역 주민들도 자신의 삶이 녹아져 있는 이 지역을 더욱 소 중하게 여기게 될 것이다. 물론 지방자치단체 차원에서 공세리를 전략적으로 키우기 위해서 기획이 들어가고 개발 중심으로 바꿀 수 있다는 것도 경계할 필요가 있다. 많은 지역에서 동일하게 겪고 있는 것처럼 관 주도로 문화재 마 을을 만들기 보다는, 현지 주민들이 주체가 되어 사람 사는 냄새가 나면서도 아름다운 지역 풍경을 유지하는 마을공동체로 거듭날 수 있도록 지자체는 후 원자 역할로만 남는 것이 필요하다. 왜냐하면 공세리 마을주민은 스스로 지 역을 아끼고 상호 협력하는 노력을 지금까지 꾸준히 해오고 있기 때문이다.

공세리 마을협동조합은 요즘 자기만의 스토리로 공세리 팥빙수를 적극적으로 밀고 있다. 안흥찐빵, 병천순대가 전국적으로 유명세를 타고 있는 것처럼 공세리 팥빙수가 알려지길 목표로 열심히 노력하고 있다. 사실 공세리는 한국에서 7번째로 오래된 공세리 성당이 있으며, 이 성당은 한국에서 가장 아름다운 성당으로 손꼽힌다. 이 곳 공세리 성당을 방문하는 사람들에게 지역 주민들이 직접 농사를 지은 팥으로 방앗간에서 직접 만든 떡과 더불어 빙수를 만들어 판매한다. 이 팥빙수를 팔 수 있는 카페 공간이 확보된 과정이 더욱 감동적이다. 사실 카페가 하나 있으면 지역주민들의 소통 공간 역할을 하기에 마을 주민이 상호 협력할 수 있는 허브가 된다. 다양한 보육 및 교육을 위해 함께 노력하는 마을 주민들이 선진 사례를 견학할 기회가 있었다. 안중의 아름다운가게 방문이었는데 이 공간이 지역 주민이 무료로 공간을 제공했다는 놀라운 얘기를 함께 듣게 되었다. 이후 함께 견학을 다녀오신 건물 주인어른(현 마을이장)이 막걸리를 기울이면서 건물 지하를 10년 동안 무상으로 제공할 테니 마을 공동체를 위한 공간으로 활용하라고 제안했다. 이

그림 28 옥천신문

처럼 지역 주민 한 사람이 마을 공동체를 생각할 정도로 인식을 바꾸는 과정이 참 아름다운 것이다. 이후 공세리 마을협동조합은 마을기업사업에 신청하여 5천 만원을 지원을 받았다. 더불어 평생학습사업을 수행하여 2천 만원 상금을 받아 총 7천 만원으로 마을협동조합(20명 출자금 2천만원)을 만들었으며, 이 카페 공간을 리모델링하게 되었다. 2013년 7월부터 카페를 시작한 이후로 5백평 규모의 하우스에 친환경토마토 재배도 함께 하고 있다. 예비 사회적기업으로 신청하여 인력 2명 지원을 받았지만 행정에 대한 부담이 커 더 이상 신청하지 않고 협동조합으로 전환하였다.

(3) 옥천신문

가. 옥천군 사회적경제 생태계 소개

충북 옥천군은 일반인에게 많이 알려지지 않은 아주 평범한 도농지역이다. 대전광역시가 근처에 위치하고 있어 옥천지역에는 새로운 상권이 형성되지 않고 농촌 지역은 크게 개발도 이루어지지 않았다. 이렇게 특별한 사건이나 경험이 없는 지역임에도 불구하고 본 연구진이 충북 옥천에 대해 관심을 갖게 된 이유 중의 하나는 바로 옥천신문 때문이다. 옥천신문은 지역신문으로서 26년 동안 자생적으로 성장하였고, 지역의 공론장으로서 소통과 민주주의의 구심점 역할을 담당하였다. 다른 하나는 오랜 농민운동 경험을 토대로 지역 주민의 필요와 염원을 담아내는 로컬푸드 협동조합 옥천살림이 출발하였기 때문이다.

옥천신문은 충북 옥천군 옥천읍 삼양로 85에 자리하고 있으며 이안재 대표와 황민호 제작국장 등 총 8명의 기자로 구성되어 있다.[21] 옥천신문은 1989년 주민들이 직접 회사의 주인이 되는 군민주 회사로 창간돼 옥천군을

---

21 www.okinews.com

주된 배포지역으로 하는 주간 신문이다. 지역신문업계에서는 가장 처음으로 특정 개인이나 단체가 회사 지분의 일정 이상을 소유할 수 없게 규정하였는데 이것은 편집의 독립성과 자율성을 구현함으로써 대안언론의 전형으로 평가받는 계기가 되었다. 옥천신문 이사회는 옥천 지역에서 활동하는 노동조합 대표, 중소자영업자, 법조인, 개인 등 총 10명으로 구성되어 있으며, 편집국은 공개채용을 통해 모집된 취재기자 5명, 편집기자 2명, 편집국장 1명으로 구성되어 있다. 신문의 주요 내용은 옥천 지역주민의 일상부터 자치단체 행정에 대한 비판·감시 등 다양한 사안을 다루고 있다. 특별히 지역주민은 옥천신문에 기사를 제공하는 정보원 역할까지 담당한다. 요컨대, 옥천신문은 지역의 공공성과 민주성을 화두로 삼으며 지역의 공론장 역할을 감당하며 사회적경제 활동을 추동하는 촉매자 역할도 하고 있다.

(4) 옥천살림[22]

옥천로컬푸드협동조합인 옥천살림은 충북 옥천군 옥천읍 금장로 84에 위치하고 있다.[23] 옥천살림은 2008년 옥천살림영농조합법인 설립에서 그 기원을 찾을 수 있다. 주요 활동은 옥천의 초중고와 어린이집에 무농약의 백미

그림 29 옥천 로컬푸드협동조합 옥천살림

22 아래의 분석결과는 2015년 9월 14~15일, 옥천신문사 황민호 제작국장·옥천로컬푸드협동조합 옥천살림 주교종 상임이사 인터뷰 조사를 바탕으로 한 것이다.

23 http://www.oksalim.co.kr/index.html

를 공급함으로써 로컬푸드의 중요성을 제고하는 것이다. 2009년에는 우리 콩 두부 제작 및 판매를 시작하였고 2010년에는 옥천지역 어린이집 27개소에 무상급식 및 간식 식재료를 공급하게 되었다. 2010년 9월 예비사회적기업으로 지정받으면서 옥천지역의 로컬푸드 사업에 집중하면서 옥천 지역을 기반으로 한 로컬푸드협동조합을 준비하게 되었다. 주요 활동에는 생산자와 소비자의 직거래를 통한 안전한 먹거리를 제공하며, 생태적인 지역농업을 유지하고 궁극적으로는 생명과 평화의 가치 위에 지역공동체를 활성화하는 생활실천운동을 전개하는 것이다.

옥천살림협동조합은 원주, 완주, 진안 등과 비교할 때 그 활동 경험이 상대적으로 짧은 것이 사실이다. 그럼에도 불구하고 옥천살림은 사업보다는 사람에 초점을 맞추면서 농민회의 지속적인 성장과 활동을 통해서 늦었지만 겸손한 자세로 협동조합을 시작하고 있다는 점에서 주목할 만하다.

옥천신문은 지역 공론장으로서 지역공동체의 소중한 자산이다

유료독자 4천명을 보유한 옥천신문은 옥천군 인구의 20% 가까이가 매주 옥천신문의 내용을 공유하고 있다고 할 수 있다. 이 정도의 불특정 다수가 옥천신문을 본다고 생각하면 이 공론장의 영향력은 대단한 것이다. 옥천신문의 26년 동안의 역사는 한마디로 지역의 튼실한 공론장을 만드는 과정이라고 할 수 있다. 사실 지역에서 공론장이 제대로 작동하지 않으면 지역정치는 부패하기 쉽다. 지역신문은 결코 지역 정부가 만들 수 없기 때문이다. 만약 지자체장이 신문을 만들면 그것은 지역신문이 아니라 바로 관보, 즉 관의 홍보자료가 되기 때문이다. 5만 명의 인구, 옥천 지역의 이슈를 다루는 기자가 8명이 상근하고 있다는 것은 광고에 영향을 받지 않고 주민의 목소리에만 초점을 맞춤으로써 지역 공동체를 활성화할 수 있는 충분한 자원을 갖고 있음을 의미한다.

옥천지역에서 사회적경제 활동을 추동한 것도 옥천신문이다

옥천 지역에서 사회적경제를 화두로 제기한 것도 옥천신문이다. 옥천신문은 사회적경제와 관련하여 다양한 기획과 사례를 다루면서 옥천지역 주민들이 사회적경제 활동 참여의 필요성과 욕구를 가질 수 있도록 추동하였다. 이것은 캠페인 차원에서 옥천신문이 드라이브를 거는 방식이 아니라 지역 주민이 좀 더 쉽게 이해할 수 있도록 정보를 제공하여 주민 스스로 사회적경제 활동의 필요성을 발견하고 사업에 대해 함께 토론할 수 있는 공론장을 제공하였던 것이다.

뿐만 아니라 옥천신문은 외지에서 옥천으로 귀농, 귀촌하는 사람들에게도 좋은 자원이 되고 있다. 귀농 귀촌한 사람들을 지역에 알리는 동시에 지역의 필요한 정보(주택임대, 구인 등)를 저렴한 비용으로 광고할 수 있는 섹션을 제공하고 있다. 이는 낯선 사람들이 생활에 필요한 정보를 얻을 뿐만 아니라 옥천 지역에 직접 부딪치기 보다는 옥천신문을 완충제 삼아서 지역에 다가갈 수 있게 되었음을 의미한다. 또한 사회적경제 활동의 다양한 모습을 지역 구성원들에게 지속적으로 알림으로써 대안에 대한 새로운 모색은 물론 안정적으로 발전시킬 수 있는 방안도 계속적으로 공유할 수 있는 소통창구가 되기도 한다. 옥천신문이 이 정도로 성장할 수 있었던 것은 시민들의 적극적인 후원이 있었기에 가능했다. 유료독자가 끊임없이 유지되었고, 헌신적인 기자와 제작진 그리고 그들 스스로 협동의 노력을 통해서 옥천신문을 유지할 수 있었던 것이다.

한편 다른 지역은 지역(마을)신문을 만들기 위해 많은 노력을 하고 있지만 그렇게 성공적이지 못하다. 비록 지역신문을 발간한다고 하더라도 제대로 된 지역신문(전문기자, 정기적인 발간, 정기 구독자수, 기사의 독립성 등)은 찾아보기 힘든 상황이다. 지역 주민 스스로 신문의 필요성을 절실히 깨닫고 협동의 방식으로 지역신문을 만들어갈 때 지역공동체는 물론 지역의 사회경제적 생태계도 건강하게 형성될 수 있다. 이런 견지에서 옥천지역은 비록 사회적경제 활동이 다른 지역에 비해 늦게 시작되었지만 훨씬 더 좋은 환경에 있다고 평가할 수 있다. 혹자는 이 정도 수준이라도 옥천지역에 사회적경제 활동이 시작될 수 있었던 것은 옥천신문이 있었기 때문이라고 지적한다. 만약 옥천신문이 없었다면 지역 공동체, 사회적경제 그리고 민주주의 등의 논의는 옥천에서 사라졌을 것이라는 평가가 지배적이다.

옥천신문은 사회적경제 활동을 스스로 실천한다

옥천신문은 구성원들이 얼마나 신명나게 일할 수 있을까를 고민하고 있다. 기자가 초봉 150만원을 받을 수 있고 그들이 안정적이고도 독립적인 기사를 쓸 수 있는 환경을 만들어가는 것이 최대 과제이다. 만약 지역신문의 기자 한 명이 사라진다면 이것은 지역 공동체 형성에 큰 손실이며 상실이다. 이런 문제의식과 책임의식을 갖고 옥천신문은 내부 구성원부터 행복하게 일할 수 있도록 다양한 실험을 진행하고 있다. 옥천신문노동조합을 만들었고, '옥이네밥상', '옥이네농부'와 같은 텃밭과 신문사내 식당을 운영하고 있다. 이는 신문사 스스로 사회적 약자에게 일자리를 제공하면서도 동시에 로컬푸드를 보다 적극적으로 소비하는 실천을 위한 것이다. 또한 탄력근무제를 운영하여 출근시간을 자유롭게 하고, 주 35시간 근무시간을 보장하기 위해 노력하고 있다. 요컨대, 옥천신문은 과연 바깥에서 비판하고 주장하는 내용을 내부적으로 실천가능한 지를 스스로 구현하고 있다. 즉, 사회적경제 활동을 스스로 실천해 봄으로써 말로만 떠드는 것이 아니라 실천을 통해 사회적경제 활성화 그리고 지역공동체 활성화를 공감하려는 노력을 진행하고 있는 것이다.

옥천살림은 쌀 대책운동에서 학교급식 및 로컬푸드 협동조합으로 성장하고 있다

옥천살림은 2001년 농민들이 '쌀대책위원회'를 구성하면서 옥천군농업 발전위원회를 요구했던 농민운동 속에서 싹이 자랐다. 옥천살림은 농민들이 지속적인 회의체를 요구하고, 군청 앞 천막농성을 하고 시가행진을 하면서 투쟁하여 쟁취해낸 운동의 성과물이다. 2007년 옥천군 학교급식지원에 관한 조례안을 제정만 해놓고 실질적으로 운영되지 않는 것을 문제 삼아 22명의 농민이 2008년 3월에 영농조합법인을 만든 것이 그 시작이 되었다. 이후 순환과 공생의 지역공동체를 만들어가는 로컬푸드 옥천살림을 모토로 학교 급식에 친환경 지역농산물을 공급하게 되었다. 이제는 지역에서 취급하는 품목 수가 40여 가지로 늘어났고 지역의 장애인 보호 작업장의 빵 공장과 방앗간 등의 협력하여 지역 친환경 농산물 원료를 공급하는 것으로 확대되었다. 이에 2013년 11월 20일에 비로소 옥천푸드지원조례가 제정되면서 학교 급식을 넘어 지역의 공급급식으로 넓게 되었다. 드디어 2015년 1월에 지역 주민들과 옥천살림 노동자들, 생산자 농민까지 아우르는 다중이해관계자 협동조합으로 전환하고 옥천푸드유통센터를 위탁받기에 이르렀다. 이처럼 옥천살림은 옥천의 농민운동과 시민사회운동이 결집해서 만든 결과물이고 지역 생태계의 건강성과 지역 주민의 건강성을 확보하기 위해 느리지만 꾸준히 나아가고 있다.

농민들의 지역발전위원회 참여 경험은 옥천살림을 견인하는 힘이다

옥천살림을 견인한 주교종 상임이사는 경제공동체와 지역공동체라는 두 축이 어울리면서 나가야 함을 강조한다. 옥천 안남면 사례를 통해 그는 경영은 경제공동체에서 하지만, 거기에서 발생하는 잉여금을 활용하는 것에 있어서는 지역 공동체인 지역발전위원회에서 결정할 수 있는 구조가 중요함을 역설하였다. 사실 지역에서 돈이 남으면 이것은 혼자 번 것이 아니라 지역 공동 노력에서 생긴 것이기에 경영은 책임자들이 지지만 노인복지에 쓴다든지 아니면 어린이 지원 사업에 쓰는 것에 대해서는 면 단위에서 결정되어야 한다는 것이다. 옥천살림이 아직 협동조합으로서의 역량이 약하기 때문에 현재 지역공동체 문제를 고려할 수 있는 의사결정 단위는 지역발전위원회라 할 수 있다.

옥천살림의 발전방향은 아직 뚜렷하게 잡히지 않은 상태이다. 조합원이 현재 47명이기에 몇몇 조합원, 상임이사 그리고 이사장 정도만 옥천살림에 대해서 심각하게 고민하는 정도이다. 대부분의 사람들은 여전히 자기가 소속된 면 중심의 사업만 신경 쓰는 정도이다. 지금까지 옥천살림은 생산자, 직원, 소비자 등의 다중이해관계자 협동조합으로 운영되고 있으면서 헌신적으로 일하는 분들이 있기에 적자 없이 운영이 되고 있다. 만일 초기에 적자가 났다면 누군가에게 책임을 물었을 것이며, 이는 조직 구조 상 쉽게 깨질 수 있는 약한 상태에 있음을 나타낸다. 이런 것을 고려하여 옥천살림은 현재 천천히 가더라도 안전하게, 빚지지 않는 재정 상태를 유지하면서 나아가고 있는 중이다.

옥천살림은 평범한 주부를 지역의 일꾼으로 변화시키는 훈련장이다

옥천살림은 현재 직원 10명을 고용하고 있으며 직원 1인당 월급은 150~200만 원정도 까지 올리려고 노력 중이다. 주목할 만한 것은 직원들이 만족감이 높고 지역에 대한 강한 정체성을 회복하면서 사명감을 갖기 시작한 것이다. 사실 군 단위에 안정적인 일자리는 항상 부족하다. 도농지역에서는 경력단절 여성 문제가 특히 심각한 상황이다. 옥천살림에서 일할 직원을 뽑기 위해 옥천신문에 광고를 냈는데 많은 경력단절 여성이 지원을 했다. 이들은 여기서의 짧은 직장 경험이지만 옥천 지역에 옥천살림 같은 조직이 더 많아져야한다는 것을 금방 깨닫고 있다.

한 직원은 협동조합 운동이 뭔지도 모르고 그냥 살았고 평범한 주부로 있다가 우연한 기회에 이곳에서 활동을 하면서 로컬푸드에 대해 이해하고 지역 농산품의 급식의 중요성을 깨닫고, 어느 순간에는 로컬푸드를 강력히 주장하는 사람으로 변했다. 그녀는 옥천에서 상고를 나오고 옥천에서 토박이로 살던 사람이었는데 옥천살림에 참여하면서 일상에서 지역의 소중함을 깨달으면서 보다 적극적으로 새로운 프로그램을 기획하고 열정적으로 참여하기 시작했다. 또한 옥천 로컬푸드는 완주와 비교할 때 아주 작은 규모임에도 불구하고 이제 면 단위 어르신들도 옥천 읍내에 나오면 과거에는 갈 곳이 마땅히 없었지만 이제는 자신들이 소속되어 있는 옥천살림을 정거장처럼 편하게 드나들게 되어 너무 기쁘다고 한다. 자신의 근거지가 읍내가 아니지만 옥천살림이 있으니까 커피를 마시든 회의를 하든 남는 시간 동안 갈 데가 생긴 것이다. 더 이상 읍내는 낯선 곳이 아니고 잠깐 쉬어 삶의 문제를 나눌 수 있는 공간이 된 것이다. _ 주교종 이사 인터뷰

이러한 소소한 변화를 통해 농촌지역 주민들이 지역에 대한 소속감과 공동체에 대한 실체를 경험하게 되었다.

체험프로그램 베끼기는 농민의 골칫거리가 되고 있다

농촌지역의 수익사업으로 추진되고 있는 체험프로그램은 농민을 지치게 하고 있다. 농민들이 체험 프로그램에 대한 도시 소비자들의 기호 변화를 계속 신경 쓰면서 프로그램을 바꾸어 가는 것은 한계가 존재한다. 농촌지역 주민들이 스스로 잘 어울려 살다보면 밖에서도 관심을 가지고 그 삶을 배우고 싶어 방문할 수 있는 것이다. 이제는 궁금증으로 지역을 방문한 사람들에게 체험이라고 이름을 붙이기보다는 그냥 우리 지역에서 하루 방문한 사람은 '하루옥천사람', 열흘 방문한 사람은 '열흘옥천사람', 마음만으로 생각하는 사람은 '마음으로 옥천사람'과 같이 폭넓게 생각하는 것이 중요하다. 이런 견지에서 도시 소비자의 욕구를 채우기 위한 체험 프로그램 개발은 지역 농민의 에너지를 활성화시키기 보다는 오히려 소진시키게 된다. 더 이상 체험 프로그램의 일방적 베끼기 전략은 농촌지역 공동체를 위험에 빠뜨릴 수 있을 정도로 심각한 상황이다.

5. 영남: 지역공동체 실험과 지속가능성의 과제

부산의 경우 문화 르네상스로서의 도시재생사업을 적극적으로 추진하고 있다. 그 대표적인 사례가 사하구 감천문화마을 조성이며 이곳은 요즘 젊은 이들이 가장 많이 찾는 명소가 되었다. 또한 산복도로를 중심으로 비슷한 방식으로 도시재생사업이 진행되고 있는데 본 연구에서는 그 진행 과정을 살펴보고자 한다. 도시재생사업과 달리 해운대구 반송동의 지역공동체 활동은 아래로부터 진행되어 주목된다. 반송동 지역의 사회적경제 활동을 주도한 '희망세상'은 풀뿌리 지역에서의 공동체를 회복시키기 위한 아래로부터의 노력이 얼마나 중요한지를 보여주는 사례이다.

한편, 대구 동구 안심마을 지역은 기존에 구축되어 왔던 주민들의 협력 경험 – 장애아동에 공동육아 – 이 지역 사회적경제 활동을 강화하는 데 주요한 토대가 되었다. 특별히 소외된 주민들이 스스로 협력하는 모델을 발굴하는 과정은 매우 주목할 만하다.

(1) 부산지역 도시재생 사업

부산 지역의 경우 전체적으로 장기적인 관점에서 사회적경제 생태계를 구성하기 보다 도시재생사업에 초점을 맞추고 있음을 확인할 수 있었다. 대표적으로 마을만들기센터라는 중간지원센터가 도시재생센터로 편입되었다. 더불어, 도심의 산복도로 주변 경관을 개선하는 '산복도로 르네상스 사업'이 진행되었다. 산복도로 르네상스 프로젝트는 부산시가 지난 2011년부터 10년 간 1,500억 원을 투입해 중구, 동구 등 원도심의 고지대에 개설된 산복도로 일대 9개 구역을 변화시키는 사업이다. 그러나 부산지역 도시재생사업은 마을 주민들이 아닌 행정기관 주도형으로 이뤄지면서 마을 자치의 핵심축인 주민들의 공동체 기반이 여전히 허약한 상황이라는 평가를 받고 있다.

부산 산복도로 르네상스 프로젝트에는 감천문화마을 사업도 포함된다. 감천 문화마을은 마을의 주민, 전문 예술가들과 행정담당자들에 의해 구성된 협의체를 통해 성공적인 창조 도시를 구현하고자 노력하고 있다. 감천마을은 경제개발이 되면서 사람들이 마을을 떠나면서 소외된 빈곤층과 노인만 남아 죽어가는 지역이었다. 부산시는 이 지역을 경제적으로 다시 살리기 위해 신도시로 재개발하는 방식을 선택하기 보다는 문화마을로 보존하고 재생하는 방법으로 "문화마을 만들기"를 시작했다. 아래 그림 30이 보여주듯이 감천문화마을은 유럽풍의 색을 입어가면서 지역 주민들이 지역의 생기를 느끼며 조금씩 감천마을에 대해 관심과 사업에 참여하기 시작하였다.

감천문화마을은 한국전쟁 당시 피란민이 모여 형성된 부산의 달동네였다. 태극도 신도들이 한국전쟁으로 인해 부산 보수동에서 피난생활을 하던 중 1955년부터 1960년에 걸쳐 이곳으로 집단이주하면서 마을이 만들어졌다. 처음 건립된 판잣집들은 1970년 슬레이트 지붕으로 바뀌었고 1980년대 지금의 패널 및 슬라브 형태로 개량되었다. 2009년에 시행된 마을미술프로젝트 일명 '꿈을 꾸는 부산의 마추픽추' 문화체육관광부 공모에 의해 산복도로 변을 중심으로 10여 점의 조형작품들이 설치되었다. 2010년에는 2차 마을 미술프로젝트인 일명 '미로미로 골목길 프로젝트' 문화체육관광부 공모가

그림 30 부산 도시르네상스 및 감천문화마을

이루어지면서 여섯 곳의 '집 프로젝트'와 여섯 곳의 '골목길 프로젝트'가 이루어졌다. 최근에는 마을기업, 협동조합이 이 지역에 지속적으로 생기면서 지역주민의 경제활동 참여를 추동하고 있다.

가. 부산지역 도시재생사업 분석 및 주요 이슈[24]

마을 공동체를 회복하기 위해서는 민주주의의 훈련과정이 중요하다

이미 깨진 상태의 공동체를 만든다는 것 보다는 그 사람들로 하여금 '함께 하면' 무엇을 할 수 있는가를 깨우치는 과정으로 이해하는 것이 중요하다. 그러나 지역의 사회적경제 관련 사업에 참여하는 사람들은 이미 그 과정에 있던 사람들이며, 주로 이들이 해당 업무를 담당하고 있기에 내부로 들어가는 것이 쉽지 않다. 지역의 문제를 함께 논의하는 과정에 사람들이 참여하기 위해서는 다양한 비공식적인 채널과 만남 그리고 재미를 느낄 수 있는 교제가 필요하며, 이 역시도 어느 정도 신뢰관계가 구축된 이후에 가능하다.

지역의 사회적경제 활동을 하는 것은 일상의 민주주의를 체득하는 것으로부터 시작된다. 다양한 회의 공간에서 1인 1표의 권리가 있음을 깨달으며 자신의 의사를 적극적으로 개진하는데는 적어도 6개월에서 1년의 시간이 걸리는 것이 보통이다. 다시 말해 협동조합을 중심으로 지역 혹은 마을 공동체를 회복시키는 것은 민주주의의 훈련과정이라고 할 수 있다. 다양한 현장을 경험한 결과 칭찬하는 문화, 공동으로 지역의 문제를 발굴하는 과정 그리고 지역 문제에 대한 해결을 마련하기 위해 주민 스스로 함께 공부하는 모임 등이 자연스럽게 형성되지 않으면 마을 혹은 지역공동체의 미시적 재구성은 요원하다고 본다. 그래도 지역 내에서 공동으로 쉽게 시작할 수 있는 사업은 다른 지역에서도 유사한 경험이 있는 것으로 공공성 우선의 원칙에 따라 지

---

24 아래의 분석결과는 2015년 7월 16~17일, 부산 산복도로·부산 감천문화마을 방문 및 부산마을공동체민간협의체 변강훈 위원장의 인터뷰를 바탕으로 한 것이다.

역 현안을 목록화하는 작업이다. 여기서 주민 스스로 가장 문제가 된다고 생각하는 문제를 시작하는 것이 가장 자연스럽다. 사실 이 목록화 과정을 통해 지역의 문제가 자연스럽게 드러나고 이것을 지역 구성원 모두의 문제로 공론화하는 것이 가장 중요한 과정이다. 문제는 이러한 공론화 과정이 지역의 사회적경제 활동의 성숙도를 측정하는 중요한 기준이 된다는 것이다.

공론장의 활용 경험이 없기에 사회적 약자 및 소수자의 참여가 저조하다

풀뿌리 민주주의 경험이 미약한 곳은 공론장이 마련되어도 그것을 충분히 활용하지 못한다. 지역 기반의 협동조합 역시 구성원이 이러한 공론장 경험이 없기에 여전히 수동적 참여에 머물게 되곤 한다. 이런 이유에서 공론장을 구성하고 그 안에서 조정자 역할을 주로 지역 활동가들이 담당하곤 한다. 만약 활동가가 조정의 역할을 잘 못하면 무책임한 사람이 되고, 너무 자기 의견대로 끌고 가면 간섭하는 자가 되어 협동의 공간, 민주적 공간이 퇴색되고 만다. 주민 스스로 필요에 의해서 협동조합을 하게 된다면 공론장의 참여가 보다 적극적으로 진행될 수 있으나, 형식적인 참여(개인 연줄망 혹은 추상적 동의)로 출발할 때는 이 공론장에의 참여는 저조하게 된다. 결국 협동조합에 참여하는 주민들은 스스로 당당해지지 못한다. 사실 지금까지 주민들이 공론장에 참여할 기회가 적었으며, 형식적인 참여로 인해 자신의 부족함이 들어날 것을 두려워하여 공론장 참여가 저조하였다. 특히 지역의 공론장에서 사회적 약자 혹은 소수자가 적게 참여하는 것도 문제이다. 젊은 층의 공론장 참여가 저조한 것은 세대격차의 문제가 있기도 하지만 민주적 의사결정에 대한 충분한 훈련과 경험이 부족한 기성세대로 인해 전반적인 과정이 불합리하게 이루어지기도 하는 데에 있다. 다시 말해 지역 공동체가 회복되고 활성화되며 지역 기반을 둔 협동조합 간의 협력이 활성화되기 위해서는 민주적 의사소통의 훈련이 절실히 요구되며, 그 공론의 장으로 사람들을 계속해서 초대하는 과정이 필요하다. 이러한 미시적 재구성 과정이 전제되지 않는다면 협동과 사회적 가치의 지속적 창출이라는 것은 당위적 주장에 불과한 것이다.

　부산 지역 사회적경제 영역에서 주부 여성들의 참여가 두드러진다. 부산의 경우에는 나이와 상관없이 여성들이 참여가 두드러진다. 한편 남자가 주축이 되어 이끌어가는 경우에는 지역의 사업이 무능력하게 진행되며 나이로 누르고 심지어 폭력을 행사하는 경우도 있어 사업 진전이 어렵게 된다. 남자들만 있는 마을의 경우는 독재가 강하고 할머니만 있는 동네의 경우도 그런 경우가 많다. 이런 문제로 세대 간의 갈등이 생기기도 한다. 부산의 인구 감소 주요원인으로 청년 일자리 감소를 들고 있다. 이런 이유에서 "청년들이 살아야 마을이 산다."는 모토로 청년들이 지역으로 돌아와야 한다는 차원에서 다양한 프로젝트를 수행하고 있다. 그런데 안타까운 것은 지역의 장년층 중에는 이제 지역에서 수행하는 이런 저런 사회적경제 프로그램에 대해 뭔가 알게 되었는데 애들이 치고 들어오면 우리 것을 놓칠 것이 아닌가는 경계의 입장을 보이는 경우도 있다는 것이다.

　예를 들어 부산 동구의 '한 지붕 두 가정' 사업의 실패 사례를 들 수 있다. 지역의 장년층과 청년층이 하나가 되어 사업을 추진하는 것을 혁신적인 기획이었지만 지역에 내재하고 있는 세대 간 갈등 혹은 이해부족을 조정하고 소통하는 일을 소홀히 했기에 사업은 실패하게 되었다. 사실 이것은 부산 지역의 문제만이 아니라 다른 지역에도 동일하게 적용되는 문제일 것이다. 사회적경제 영역에 진출하고자 하는 청년에 대한 지원과 고려가 충분히 연구되지 않은 채 일방적으로 추진되고 있다. 청년 중에 극소수의 우수한 청년은 벤처사업에 진출하여 기존의 연줄과 네트워크를 활용하여 창업 직후 후원을 받는 경우가 있는 반면에 대다수의 청년들은 사회에 방치된 채 사회적경제 영역을 기웃거리는 상황이다. 관심은 있으나 사회적경제 영역에서의 창업을 위한 훈련과 자본이 부족한 상황이다. 그러기에 실패를 해도 이후 새로운 도전을 위한 중요한 수업료로 생각하기 보다는 트라우마로 작용하게 되는 것이다. 사회적경제 영역에 진출하기 원하는 청년의 열정과 실천력을 현실로 이어주는 시스템이 부족한 것이 현실이다. 물론 지역에서 청년들의 새로운 실험을 받아들일 준비가 어느 정도 되어 있는가도 중요한 변수가 된다.

행정주도의 지원사업은 사회적가치의 확산으로 이어지지 않는다

부산지역의 다양한 지원사업이 근본적으로 한계가 존재하는데 그 이유는 지역 주민에게 돈만 주면 된다고 생각하고 있기 때문이다. 지역의 사회적경제 생태계의 구성은 지역 주민 스스로의 욕구에 의한 자발적 참여가 필수조건이다. 현재 지역주민 센터가 단순한 행정지원 센터 역할에 머물고 있는데 사회적경제는 행정 지원 한 번만으로 협동조합 혹은 사회적기업이 살아나는 것이 아니다. 예컨대 최근 관광지로 각광을 받고 있는 부산 사하구의 감천문화 마을재생 사업은 행정이 주도한 전형적인 예이다. 이제는 행정이 주도한 것을 주민들로 이양하는 단계인데 행정이 손을 떼지 못하고 있는 형국이다. 자꾸 사회적경제 섹터가 커지기 보다는 외부의 업자가 특색 없는 상품가게를 열고 있어 감천문화마을의 옛 경험과 전통은 사라지고 있다. 특히 문제가 되고 있는 것은 감천문화마을 지역 주민들이 얼마나 깊숙이 이 재생사업 공론장에 참여하는가이며, 이들이 실질적으로 사업 및 프로그램에 얼마나 참여하고 있는지도 의문이다.

1년 반 전 첫 방문 때 감천문화마을 지역 주민들은 하루속히 떠나고 싶은 곳에서 조금씩 살맛이 난다고 했는데 방문 할때마다 지역주민들의 불평이 점차 늘고 있다. 도시재생 사업에 지역 주민의 목소리가 충분히 반영되지 않고 동시에 지역 주민들도 공공성과 사회적가치를 사회화하는데 여전히 주저하고 있다. 이러한 사람들의 더딘 변화를 소풍가는 것으로 비유해 보자. 행복을 위해서 소풍 간 곳이 쓰레기로 가득 차 있으면 우선 그곳을 깨끗이 하고 맛있는 음식을 먹는 것이 아닌가? 돈이 중심이 아니고 어떻게 행복할까를 먼저 고민하면 그런 일은 자연스럽게 풀리면서 행복해지는 것이 아닌가. 마음가짐의 체계가 중요하다. 이 사업을 풀어가는 프로세스가 중요하다. 이것이 깨지면 다 깨진다. 가장 먼저 보아야 하는 것이 마음의 문제이다. 훈련이 필요하다. 돈으로 먼저 보지 말고 사회적 가치로 보라. 돈으로 보면 이미 균열이 생긴다. _ 변강훈 인터뷰

소외받는 주민이 스스로 추진한 사회적경제 활동은 지속가능하다

부산 구도심에서 새롭게 시작한 사업 두 가지를 소개하고자 한다. '동네 일등'은 어묵 꼬치 집으로 시니어 클럽과 실버 사업 차원에서 시작한 것이다. 다시 말해 지역 어르신을 고용하는 것을 목표로 시작하였으나 어르신들이 이 사업에 익숙해지는데 어려움을 겪어서 다른 지역에서도 시도되고 있는 도시락으로 변경하였다. 하루에 100개 도시락을 배달하며 개인보다는 단체를 중심으로 도시락 판매를 하고 있다. 고령화되고 있는 노인들이 사회에서 소외되는 것을 막기 위해 작은 규모로 진행하고 있는데 모든 분들이 적극적으로 참여하고 있기에 지역 내에서 좋은 평가를 받고 있다. 다만 지금 수익으로는 참여하고 계신 어르신의 인건비만 지급하는 수준이다. 그러나 노인들의 경험, 음식 솜씨, 성실한 배달 그리고 노하우 전수까지 이루어지고 있다. 물론 이것을 규모의 경제 원칙을 도입하면 점차 많은 수의 도시락을 생산하고 판매해야 하는데 이 경우 조직화, 관료화, 전문화가 이루어져 소수의 노인들은 또 사업에서 배제될 위험이 있다.

또한 현재 추진 중인 주목할 만한 사업으로 민박촌 사업을 들 수 있다. 이 민박촌은 부산역 근처의 초량 6거리에 위치하고 있다. 행정 단위에서 구입한 주택 2개와 민간이 구입한 주택 2개를 합쳐서 리모델링을 해주고 민간에서 경영권을 10년간 위탁받아 운영하는 민관협력 프로젝트이다. 물론 운영관리 및 실제 사업의 주체는 마을기업이 담당한다. 그런데 이것이 지속가능하기 위해서는 단순한 지원사업에 머물기보다는 이 사업에 대해 필요를 느끼고 적극적으로 참여하고자 하는 사람들이 모여서 함께 궁리하여 협동조합의 형태를 전환시키는 것이 더욱 중요하다. 착한여행, 공정여행, 이야기가 있는 여행, 지역의 소외계층이 직원으로 참여하는 사회적기업 혹은 사회적 협동조합의 형태로 이 도시 캠핑 사업이 진행되면 지역 내 협동 관계망을 구축할 수 있을 것이다. 물론 이것을 단순한 민박촌 사업 더 나아가 관광수익

사업으로만 접근하면 본래 취지는 사라지고 형식만 남을 위험이 존재한다. 지역 주민 스스로 이 사업에 적극적으로 참여하고 주변에 관련된 협동조합이 자꾸 설립되어 상호 협력의 망을 구축하는 것이 향후 성공할 가능성이 높은 조건들이다.

(2) 반송동 희망세상

가. 반송동 지역 소개

앞서 소개한 도시재생 프로젝트는 부산 지역 전체와 연결된 분석이라면 반송동 지역은 구체적인 지역의 사회적경제 형성과정을 분석하고자 선택한 곳이다. 부산 해운대구 반송동에는 '희망세상'이라는 단체가 있다. 이 단체는 반송 지역의 사회적경제 토양을 구축하기 위해 지난 10여 년 동안 헌신적으로 활동한 풀뿌리 민간단체이다. 1998년 '반송을 사랑하는 사람들의 모임'으로 시작해서 현재 어린이날 행사, 마을 신문, 합창단, 밴드, 느티나무 도서관, 협동조합 등의 프로그램을 운영하며 지역의 구심점 역할을 하고 있다. 이 반송지역은 지난 1960~70년대 부산시 곳곳에서 철거된 판잣집 주민들이 단체로 이주하면서 형성된 마을이다. 가난한 동네였고, 반송의 주민 대부분이 얼른 돈을 벌어서 떠나고 싶은 소외지역이었다. 그러나 이 지역을 살만한 곳으로 바꾸고자 지역 주민들이 스스로 지역공동체 활동을 시작하였다. 최근 행정자치부와 국가균형발전위원회는 대한민국 지역혁신 박람회를 통해 반송마을을 살기 좋은 마을의 대표적 사례로 소개하고 있다.

이 반송지역 공동체 활성화의 핵심적인 역할은 바로 희망세상이 주도하였다. 희망세상은 '반송을 사랑하는 사람들'이라는 이름으로 시작된 단체다. 이 모임을 주도한 김혜정 대표는 처음에는 동네도 알고 동네 사람을 사귀려고 신문 배달도 하고 미용실에 가서 사람들 이야기를 듣고, 밥도 얻어먹으러 다니며 사람들을 점점 알아가고 친해지는 것으로 지역에 녹아지려고 했다.

엄마들이 만나서 수다 떨다가, 뭔가 더 해야 한다는 생각에 다양한 활동을 시작한 것이며 홀로 계신 어르신들을 찾아가 밥을 해드리고 청소도 하고, 아이들 모아가지고 공부방을 시작했다. 이런 활동을 하는데도 불구하고 마을 주민들은 이 단체에 대해 별로 몰랐으나, 그 와중에 쓰레기 매립장이 들어온다는 소식에 동네 주민들이 찬성한다는 것을 깨닫고 주민들을 찾아다니며 설명해주고 싸인 받고 다니면서 지역주민들이 희망세상을 알게 되었고 주민들의 참여가 증가하게 되었다. 이후 정기적인 어린이날 행사, 느티나무도서관 설립(2009년), 마을신문 제작, 청소년 카페 그리고 협동조합 및 지역공동체 교육 등을 진행하고 있다.

나. 부산 반송동지역 사회적경제 생태계 분석 및 주요 이슈[25]

아래로부터의 마을 주민의 참여가 반송지역 공동체의 근간이다

반송의 역사는 철거민의 이주와 궤를 같이하고 있다. 이곳 반송지역에는 원주민들이 살고 있었지만 부산시의 철거 도시재생 사업 때문에 철거민들이 이곳으로 이주하게 되었습니다. 처음에는 15평, 20평으로 잘라서 나눠주

그림 31 반송동 지역

25　아래 분석결과는 2015년 7월 17일 반송동 희망세상 김영미 사무국장 인터뷰 조사 그리고 2015년 11월 5일, 반송동 희망세상 김혜정 대표 인터뷰 조사를 바탕으로 한 것이다.

다가 이주민의 수가 많아지다 보니 이후 규모를 더 줄여서 10평으로 나눠서 이주하게 된 집단 이주촌인 셈이다. 당시 이곳으로 이주해 온 사람들은 불우한 이주촌 환경으로부터 하루속히 탈출하고자 하는 마음이 대부분이었다. 대부분 얼른 돈을 벌어서 이곳을 나가려고 했다. 김영미 사무국장 본인도 가능한 빨리 이곳을 떠나 살고자 노력하였지만 어느새 이주한 지 18년이 되었고 그 사이에 반송동 주민의 정체성을 갖게 되었고 희망세상의 자원봉사에서 회원 그리고 사무국장까지 그 활동의 폭이 더욱 깊어지게 되었다. 반송동 주민을 하나로 만드는 계기를 몇 가지로 든다면 우선 쓰레기매립장 반대운동 경험이라고 할 수 있다. 그리고 반송 마을신문을 꾸준히 제작해서 공유해 왔다는 점이다. 마을신문은 연 10회 정도 발간하는 마을소식지이지만 벌써 173호를 발간할 정도로 꾸준히 마을의 공론장 역할을 하고 있다. 마지막으로 주민 스스로 어린이날 행사를 조직하였으며, 해당 행사가 17년째 계속 이어지면서 아이부터 어른까지 참여할 수 있는 지역의 행사로서 반송만의 색깔을 더욱 갖게 되었다.

느티나무도서관은 반송지역 공동체의 구심점이다

느티나무도서관은 반송동 희망세상이 지역 주민과의 관계를 하나씩 하나씩 넓혀가는 공간이 되었고, 그들과의 지역 이슈를 함께 공유하고 학습하는 계몽의 장이기도 한다. 또한 지역공동체의 어려움을 함께 고민하며 대안을 제시하며 구체적으로 사회적 서비스를 제공하는 실천하는 협동의 장이 되기도 하다. 전통적으로 지역 초중학교와 연계해서 책 읽어주는 프로그램을 진행하기도 하며, 신입생에게는 책 선물을 주기도 하며 동네의 문제 청소년들과는 저녁밥을 함께 먹는 '얘들아, 밥 먹자' 프로그램도 진행하기도 하였다. 이러한 지역공동체 서비스 활동을 통해 느티나무도서관은 지역주민이면 누구나 편하게 방문하여 삶의 다양한 모양과 문제들을 함께 나눌 수 있는 소통과 공유의 장이 되었다. 이것이 조금씩 확대되어 생활문화 공동체 활동 예컨대 밴드활동, 합창단, 악기 등의 다양한 동아리를 만들어 상호 신뢰와 협력을 가능케 하는 토대를 만들어 갔다.

충분한 준비와 전문성 없이 시작한 사회적경제 활동의 어려움을 실감하다

그러나 이러한 지역공동체 구성 경험이 지역 기반의 경제공동체를 이루는 것으로 쉽게 연결되지 않음을 실감하게 되었다. 10여 년 전부터 마을만들기사업이 붐을 일으켰다. 반송동 지역주민과 희망세상도 마을만들기사업에 적극적으로 참여하였다. 그런데 성공보다는 실패의 경험이 더 컸다. 지역 활동과 경제활동은 완전히 다르다는 것을 체득하게 되었다. 예컨대, 반송마을에 카페 사업을 하고자 3천만 원을 모아 카페를 운영해 보았다. 그런데 운영은 간신히 될 수 있지만 수익구조를 내지 못하였고 참여자들 사이의 불신도 팽배해 졌다. 그래서 청년들이 마을 지역에 들어와서 청소년들에게 멘토로서 역할을 할 수 있을 것을 기대하며 마을카페 사업을 이들에게 맡겨 운영하고 있다. 1년여 간의 준비를 통해 협동조합으로 발전시켜 청년들끼리 청년가치 협동조합을 만들었고 광고 사업이나 청소년 진로 찾기 사업을 중심으로 수익을 내고자 노력하고 있지만 성공 가능성에 대해서는 그리 낙관적이지 못하다. 도시락사업도 열심히 추진하였으나 이것 역시 지속가능성으로는 어려움을 마주했다. 도시락 사업은 처음에 수익도 나고 재미도 있었지만 참여자들이 너무 힘들고 지쳐가기에 작년에 문을 닫았다. 지역공동체 내에서 비슷한 업종의 주민들의 따가운 눈총을 받은 것도 사실이다.

지역에서 필요한 것은 사업이 아니라 협동할 수 있는 사람이다

두 차례에 걸친 반송동 지역 방문조사를 통해서 연구진은 지역에서 필요한 것은 사업보다 협동하는 사람을 만드는 것이라는 점을 확인할 수 있었다. 지난 10년동안 헌신적으로 공동체 활성화 사업에 참여한 활동가는 '마을기업과 같은 사업은 더 이상 하고 싶지 않다'고 고백하였다. 중요한 점은 협동할 수 있는 사람을 만들어 내는 것이 더 급하다는 것이다. 돈과 관련해서 부산은 기형적으로 흘러가고 있다. 관에서 주로는 하는 것이 마을만들기인데 그 성과를 주민공동체가 협동조합이나 마을기업이 내는지 혹은 내지 않는지로 평가하는 것이 문제라고 지적한다.

요즘 어느 지역이든 지역에서 마을만들기를 하려면 협동조합을 만들라는 결론에 이른다. 그러나 성찰적으로 볼 때 "준비되지 않은 공동체에 돈이 들어오면 90%가 깨지게 되어 있다."는 것이다. 사회적경제의 세 가지 키워드 꿈, 재미 그리고 돈과 관련해서 지역 공동체 활동에 돈은 필요하지만 필수적이지 않다. 지역 구성원들이 어느 일에 대해서 간절히 원한다면 돈이 없어도 하게 되고, 돈은 이후에 생긴다는 것을 경험했기 때문이다. 신뢰할 만한 공동체가 있으면 돈이 그렇게 많이 드는 구조는 아님에도 불구하고 많은 단체 혹은 주민들이 어느 순간 돈으로 사업을 하는 방식으로 바뀌고 있다.

부산지역의 경험을 볼 때 이러한 사업들이 사회 변화에 어느 정도 기여할 수 있겠지만 냉정하게 보면 돈 쓰는 사업을 하고 있어서 돈이 꼭 필요한가에 대해서 의문을 갖는다. 예컨대 지역의 많은 단체들이 지자체 공모사업을 하는데 있어서, 사업으로 어떤 활동이 주어졌으니 그것을 하는 경우가 많아지고 있다는 것이다. 그 결과 지역단체들이 스스로 설 수 있는 힘이 점차 약해지게 된다.

자신의 내적인 힘이 있어야 오래 갈 수 있는데 그런 힘이 약해지는 것 같다. 실례로 지역 주민은 컨설팅을 받고 무엇인지도 모르면서 카페를 한다. 거기에 아주머니들 모셔 놓고 하루 종일 매여 있게 한다. 그렇게 인력을 낭비하고 있다. 그래서 기형적이다. 깊이 있게 연구하고 분석하고 우리 상황에 맞는 지에 대한 고려가 있어야 하는데 우리나라의 공무원은 속도전을 하고 있다. 관과 민의 차이는 주민을 주인답게 만든는데서 찾아야 한다. 관의 경우는 주민을 조직해서 관에서 기획하는 것을 대신해 주는 것을 '주인답다'라고 생각하는 반면에 민의 경우는 자신의 삶의 주인, 세상의 주인이라는 생각에서 스스로 삶을 조직해 나가는 것을 의미한다.

_ 김혜정 인터뷰

반송동 지역공동체는 지난 17년 동안 마을도서관, 박물관, 미술관, 특색 있는 골목 등에 대한 꿈을 꾸면서 다양한 활동을 전개했다. 어떤 면에서 긍정적인 평가를 할 수 있지만 사실 이 사업들은 관이 주도하여 진행해도 되는 사업인 것이다. 진정 중요한 것은 시민의식을 가진 혹은 협동의 가치를 갖춘 주민이 성장하는데 얼마나 기여했는가이다. 결국 사람을 키우는 것이고 사람을 잘 성장시켜 지역의 욕구와 필요에 준하는 사업을 발굴하고 그들을 조직하여 적극적으로 참여할 수 있는 토양을 이루는 것이 중요하다는 것이다. 거버넌스 측면에서 볼 때 정부와의 관계가 좋을 때는 굉장히 좋지만 지역 공동체 및 사회적경제 활동에 무관심한 자치단체장이 올 경우에는 기존의 관계는 한 순간에 사라질 정도로 이 구조도 취약하다.

비록 지역 활동 및 공동체 활동에서는 성공 사례들이 들려오고 있음에도 불구하고, 협동조합의 내부를 자세히 살펴보면 그렇게 건강한 곳이 많지 않다. 협동조합을 스스로 추진할 수 있는 사람들이 충분히 준비되어 있지 않기 때문이다. 혹 사업에 방점이 찍혀 진행되었다면 협동조합은 내부적으로 금방 위기를 마주할 수 있기 때문이다. 반송동에서 새롭게 추진하고 있는 청년가치협동조합도 그렇게 미래가 밝은 것은 아니다. 이 청년들은 무엇을 하려고 협동조합을 만들었을까? 협동할 수 있는 의식과 가치 그리고 경험을 갖추고 있지 않으면 단순히 청년단체로 시작하는 것이 더 바람직할 수 있기 때문이다.

요컨대, 반송동의 희망세상이 다양한 사회적경제 조직을 운영한 경험을 갖고 있음에도 불구하고 다시 사람에 초점을 맞추는 이유를 주목할 필요가 있다. 그들은 지금 다양한 사업보다는 사람을 성장시키는 꿈을 계속 꾸고 있다. 그리고 그 꿈을 재미있는 형태의 동아리 활동을 통해 이어가고 있다. 3년 전부터 시작한 합창단은 현재 40명 정도가 참여하고 있고 많은 분들이 적극적으로 참여하고 있다. 그런데 이 합창단 동아리에 소속되기 위해서는 2개월 한 번씩 공동체 교육을 반드시 이수해야 한다. 이 합창 동아리를 왜

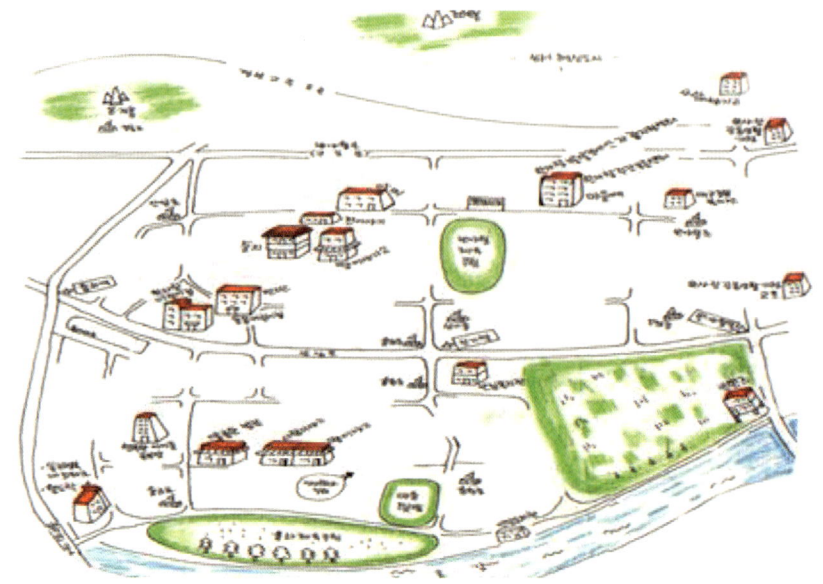

그림 32 대구 동구 안심지역의 사회적경제 생태계

하는지 그리고 이 동아리를 넘어서 반송동 지역에서 무엇을 할 수 잇는지를 의견을 공유하고 교육시키고 있다. 이러한 사회적 가치의 재사회화가 전제되지 않으면 반송지역의 다양한 프로그램 참여가 무의미해지기 때문이다.

(3) 대구 동구 안심마을

가. 대구 동구지역 사회적경제 생태계 소개

대구는 시민사회가 약하고 사회적경제 활동도 다른 지역에 비해 활성화되지 않은 것으로 잘 알려져 있다. 아마도 광역 및 기초자치단체장이 사회적경제 영역에 대해 큰 관심 및 지원을 보이지 않은 것이 하나의 이유가 될 수 있다. 상대적으로 닫힌 기회구조임에도 불구하고 대구 동구의 안심마을 지역은 사회적경제 활동이 매우 활발하여 주목된다. 안심마을에는 아래로부터 다양한 주민 모임이 형성되어 있고, 이것이 사회적경제 활동과 만나면서 교육, 복지, 경제 등의 협동조합이 추진되고 있다. 특히, 사회적협동조합 동행이 추진하고 있는 도심형 텃밭 활용 프로그램과 사회적 약자 고용을 통한 도시락 사업은 주목할 만하다. 또한 방과후 프로그램, 지역 도서관, 장애인을 위한 일자리 창출, 그리고 로컬푸드 활성화를 위한 안심협동조합을 운영 중에 있다.

대구 안심지역은 사회적경제 활동이라고 할 수 있는 교육, 복지 활동을 시작한지 8년이 되었고 본격적으로 협동조합이나 단체를 만든 건 2010년 이후이다. 대구사회는 정치적으로 시민사회에 우호적인 공간은 분명 아니다. 아직 유의미한 거버넌스도 제도로 성립되어 있지 못할 뿐만 아니라 사회적경제 생태계 구축을 위해 각 지역에서 설립하고 있는 중간지원센터에 해당하는 마을공동체지원센터도 2015년 가을에서야 어렵게 만들어졌다. 이런 상황이기에 사회적경제 조직 간의 네트워크 조직을 구성하여 협력하는 것을 기대하기는 아직 이르다. 대구에서 조금 내려와 동구지역이라는 기초자치단체에서도 이러한 협의체를 처음 만들어서 기초지역에서 사회적경제 활동을 전개하려고 하지만 여기에도 한계가 있다.

대구 안심지역의 주목할 만한 협동조합으로는 대구 안심마을 동행(동구행복네트워크, 강현구 대표) 사회적협동조합, 안심 로컬푸드협동조합 그리고 안심마을 주택협동조합 공터 등을 들 수 있다. 우선, 사회적협동조합 동행은 2010년부터 지속가능하고 좋은 일자리 창출, 지역사회와 함께하는 마을형 사회적기업의 성공적인 모델 창출 그리고 공유와 협동을 통한 새로운 도시 공동체의 모색을 비전으로 웰도시락 사업, 율하한마음축제를 진행하였으며, LH사와 공동으로 도심형 마을 텃밭사업을 수행하고 있다. 이후 2013년에는 사회적기업으로 인증받고 2014년에 사회적협동조합으로 전환하였다.

둘째, 안심생활협동조합(유길의 대표)는 2011년 주민 45명이 마을기업의 형태로 기획하여 안심 주민생활커뮤니티를 설립하여 2012년에 마을기업매장 '땅 이야기'와 '사람이야기' 사업을 시작하였다. 2013년 최우수마을기업으로 선정되었고 이후 안심협동조합으로 발전하여 2014년 기준 400명의 조합원이 참여하고 있다. 주요 사업에는 협동 및 먹을거리 교육을 통한 공동체 사업과 친환경 로컬푸드 매장이 있다.

마지막으로 주택협동조합 공터는 대구 동구지역의 발달장애아동에 대한 지원활동과 긴밀한 연계를 갖고 있다. 공터에 자리 잡고 있는 한사랑발달장애인 자립센터는 1992년에 저소득 중증장애 유아를 위한 한사랑어린이집으로 시작하여, 2000년에는 장애청소년학교 한사랑을 개교하였고, 2003년에는 사회복지법인 한사랑을 설립하였다. 2013년에는 발달장애인 자립지원센터 및 평생교육센터를 개소하였고 2014년에는 주택협동조합 공터를 기반으로 현재의 공간을 마련하게 되었다. 이 센터의 핵심 활동은 발달장애 청년들의 교육과 취업 교육이다. 공터에서는 발달장애인의 권익옹호 및 자립생활 컨설팅, 장애인 마을공동체사업, 평생교육, 직업교육(바리스타) 등을 진행하고 있으며, 이 교육이 실제 지역 사회적경제 영역과 긴밀하게 연결되고 있는 특징이 있다.

나. 대구 동구 지역 사회적경제 생태계 분석 및 주요 이슈[26]

동구 안심마을 지역의 사회적경제 활동의 뿌리는 장애인복지 운동에서 비롯된다

안심마을 지역은 행정구역 상 대구 동구 안심1동을 중심으로 활동을 한다. 2008년에 마을 도서관 아띠를 시작한 것이 계기가 되어 2010년부터 본격적으로 사회적기업을 시작해서 지금은 17개 정도의 협동조합이 상호 협력을 하고 있다. 그 밖에 다양한 단체들이 20여개가 2010년도에 순식간에 만들어져서 활동을 하고 있다. 안심마을 지역의 특징은 발달장애인이 도시에서 공동체를 이루어 함께 살 수 있는 노력들이 꾸준히 있어 왔고 그것이

---

26 아래의 분석결과는 2015년 8월 4일, 대구 동구 안심마을 방문 및 대구 사회적협동조합 동행 이형배 이사·강현구 이사장, 안심협동조합 유길이 이사장 인터뷰 조사를 바탕으로 한 것이다.

그림 33 대구 동구지역 협동조합 사례

밑거름이 되어 거주자 중심이 된 생활형 사회적경제 생태계를 이루려고 노력하고 있다.

이런 이유에서 안심의 경우 장애인의 부모님이나 단체들의 탐방이 상당히 많다. 이 마을 안에는 발달 장애인들이 다닐 수 있는 어린이집부터 청년 취업센터까지 갖춰져 있기 때문이다. 사실 전국에 이런 곳이 없다. 그런데 이 것은 지역 주민에게는 일상일 뿐이지 마을 전체가 의도적으로 관여하지 않고 자연스럽게 형성되었다는 것이다. 아직도 장애 부모님들이 둥지에 상담하러 오는 경우가 많은데 그들은 아이들만 보내고, 자신은 조합원으로 참여하기 싫어한다. 협동조합의 성패는 함께하는 사람들의 공감, 공유인데 장애 부모들의 참여부재는 협동조합의 큰 걸림돌인 것이다.

협동조합간의 협동은 시스템이 아니라 협동의 전통과 문화에 기초한다

동구 안심지역 역시 다양한 협동조합을 운영하고 있지만 협동조합 간 협력은 결코 쉽지 않다. 지역에 생협을 하는데 대구 지역에 4개 단체가 공동구매하는 정도이며, 교육협동조합에서도 교사연수를 함께 추진하는 정도이다. 그 외에는 사실 어렵고 또 협동조합의 연대를 얘기하지만 가치가 상이한 경우들이 많은 것이 현실이다. 상이한 가치를 갖고 있는 협동조합들이 무조건 연대하는 것은 타당하지도 쉽지도 않다. 지역 내에서 협동조합 간 네트워크를 이루어 협동을 활성화하고자 하지만 대구 동구지역의 경우는 이 네트워크 밖에 존재하는 사회적경제 활동을 표방하는 단체들이 더 많다는 것이다. 왜 그 조직들이 사회적경제 네트워크 속으로 들어오지 않는 것일까? 사실 이 조직들은 지역 네트워크가 필요 없고 또 안심협동조합이나 사회적협동조합 동행과 같은 조직들을 배제하고 자기들만의 리그를 유지하고 싶어한다. 지역 내 협동의 전통과 문화가 자리 잡지 않는 것이 그 원인이다. 만약 기초단위에서도 협동조합 간의 협동이 어렵다면 이것이 조금 더 확장된 기초 더 나아가 광역단위에서의 협동은 더욱 어려울 것이다. 대구 동구 사회적경제협의회라는 단체를 만들었지만 예산이 없어서 상근자를 들 수 없는 상황이며, 안심마을 지역 내에 9개의 협동조합이 있음에도 불구하고 전업 상근자는 소수에 불과한 상황이다.

도시에서 지역공동체가 경제공동체로 발전하는 것은 험난한 길이다

대구 안심지역의 협동조합을 방문해 본 결과 도시에서 지역공동체를 유지하는 것이 결코 녹록치 않음을 확인할 수 있다. 실제로 사회적경제 활동을 열심히 하고 있지만 지역주민들은 이러한 활동에 대해서 전혀 모르는 경우가 빈번하다. 예컨대, 사실 안심지역에서 벌써 8년째 어린이날 축제, 가을에는 마을 축제를 통해 적어도 5천 명 이상의 지역 주민을 만나고 있지만 그들과의 거리는 아직도 멀게 느껴진다고 한다. 사회적경제 활동에 대한 이해가 너무 적고 관심도 없기 때문이다. 분명히 축제에는 5천 명 이상 오고 있지만 누가 이 일을 하고 있는지 로컬푸드 매장이 있는데 그것을 누가 하고 있는가에 대한 관심도 없다는 것은 안타까운 현실이다. 도시형 공동체 활동과 사업에 대해서 지역 주민들은 처음 몇 년 동안 신기해하면서 방문하고 참여하지만 그것이 자신의 일상의 삶 속으로 배태되지 못하고 겉돌이를 계속하고 있다는 것이다.

이것을 극복하기 위해서는 사회적경제 활동이 기본적으로 정규 교육과정에 포함되어야 한다고 활동가들은 강조한다. 시민사회단체나 관에서 주도하는 사회적기업 혹은 마을기업은 소수의 엘리트적인 활동가 양성 프로그램에 초점을 맞추고 있다. 만약 활동가의 가치와 공동체의 가치가 상충될 때는 어떻게 할 것인지가? 그리고 마포 성미산 지역 사례에 강조한 것처럼 활동가에 의존한 사회적경제 활동은 한계가 있기에 외부 컨설팅에 의존한 사업 계획보다는 그 지역의 필요에 대한 충분한 공감대 위에서 협동의 방법을 찾아가는 것이 중요하다. 지역 커뮤니티 토대가 없다면 어떤 사업이라도 사상누각이 될 수밖에 없기 때문이다.

요컨대, 동구지역 안심마을의 사회적경제 활동 경험을 통해 볼 때 지역 공동체 활성화를 위한 협동조합의 영역은 교육에서 출발해서 경제와 문화의 영역으로 옮겨가고 있으며 그 과정은 매우 지난한 과정이다. 특히 경제공동체를 이루는 것은 오랜 시간이 필요함을 확인할 수 있었다. 사교육비를 줄이기 위해 방과후 마을학교를 운영하고, 도시락, 급식, 상조 등을 마을 내부적으로 할 수 있는 것을 하나하나 만들어가서 자급적인 시스템을 만드는 것이 대세이다. 대구 같은 대도시에서는 마을기업으로 신청하는 것이 카페 아니면 빵집 밖에 없는 것이 현실이다. 그 밖에 어떤 사업을 도시에서 구상할 수 있을까? 안심협동조합과 사회적협동조합 동행의 웰도시락 및 텃밭사업을 중심으로 좀 자세히 살펴보고자 한다.

기존의 협동조합 경험이 새로운 실험과 도전에 쉽게 참여하는 계기가 된다

안심협동조합은 2011년 9월 안심지역 구성원들이 경제공동체를 만들어 보자는 의견을 모아 시작하였다. 앞서 언급했던 것처럼 안심지역에서는 '아띠'라는 도서관을 통해 지역문제를 함께 고민하는 공간이 생겼고 교육문제, 지역 문화 그리고 축제를 몇 년간 진행하다 보니 삶의 구체적인 곳까지 확산시키는데 한계를 느끼고 되었다. 이를 공감하면서 경제공동체를 함께 기획하게 되었으며, 안심협동조합 땅이야기와 사람이야기를 만들게 되었다. 대구 안심지역의 강점은 이 모든 사회적경제 활동이 아래로부터 온 주민들의 공감에서 자발적으로 시작되었다는 것이다. 안심마을의 주민들은 '아띠 도서관'을 2007년 2월에 시작할 때 500만원을 출자하였다. 이런 협동의 경험이 있었기에 2011년 '땅 이야기'를 시작할 때 20~30명이 500만원을 출자할 수 있었다. 비슷한 방식으로 방과 후 프로그램을 진행하기 위한 공동어린이집 협동조합 '둥지'를 시작할 때는 학부형의 경우는 300만원씩 그리고 공동 어린이집에 참여하는 분들은 500만원씩 출자금을 모으는 것도 큰 어려움이 없었다. 이것이 더 발전해서 주택협동조합 공터를 새롭게 추진되었다. 3억 원에 땅을 계약하고 출자금을 모았는데 1구좌 당 1백만원으로 200명의 출자자를 모았다. 이처럼 출자금의 모집 액수가 점점 커졌음에도 불구하고 이것이 가능했던 것은 이전의 협동과 협력의 경험이 있었기 때문이다. 안심지역은 분명 협동의 경험이 쌓여 있고 그 과정에 참여한 지역 구성원이라면 새로운 협동조합 실험에 주저하지 않고 참여할 수 있는 토양을 갖추게 된 것이다.

소비자협동조합 운영의 관건은 운동이 아닌 지역에 맞는 혁신을 동원하는 것이다

안심협동조합은 3년 동안 열심히 사업을 해 보았지만 자꾸 적자가 나고 어려움이 생기는 것을 확인하게 되었다. 왜 이런 어려움이 나올까? 사실 '땅 이야기' 사업은 유통사업 부분에 대한 전문성이 없는 사람들에 의해 시작되었다. 3년 동안 조합원이 47명에서 500명으로 열배나 늘었음에도 불구하고 매출은 그렇게 늘지 않았다. 그 이유는 지역의 작은 마트들이 대형마트로 인수 합병되면서 물량이나 마케팅 전략에서 밀렸기 때문이다. 유기농에 대한 주장은 로컬푸드를 강조하는 안심협동조합만 내세우는 것이 아니다. 대형마트와 유기농 웰빙마트가 새로운 경쟁자로 등장하였음을 충분히 예견 및 인지하지 못했다.

완주처럼 생산자 농가가 조합원으로 참여하고 있지 않은 안심협동조합의 경우는 로컬푸드를 지속적으로 확보하는 것이 결코 쉽지 않았다. 도시에서 농가가 가까이 있지 않은 관계로 철마다 농가가 새로 바뀌고 그 농산물들이 적절하게 맛있는 것이 나와야 하고 제때 그것을 갖고 와야 하는데 그러지 못하였다. 장기적으로 물류시스템을 안정적으로 확보하지 않으면 지역에 기초한 도시형 소비자협동조합은 늘 이러한 어려움을 마주하게 될 것이다. 로컬푸드는 소비자 개념이 아니라 생산자 개념이다. 생산자들이 자기 지역 농산물을 안정적으로 팔고자 한다. 소비자 입장에서 로컬푸드는 거부할 특별한 이유가 없다. 다만 더 비싸고 신선하게 유지되지 않고 제대로 공급이 되지 않으면 조합원들은 금방 실망하게 된다. 비록 로컬푸드 가치에 대해서 아무도 반대를 하지 않음에도 불구하고 소비자의 욕구에 걸맞게 로컬푸드가 제대로 공급되는 것이 가장 중요하다. 완주는 안정적인 직매장 판매장소를 확보하고 있고 농가가 가까운 거리에 있어서 공급의 문제가 없지만 다른 지역은 문제가 된다.

경북의 고령 로컬푸드협동조합의 '아침에 딴 딸기'는 혁신을 통해 로컬푸드를 확산시키는 좋은 사례이다. 최근 대구 역시 거점별로 북부는 칠곡, 달서구, 성서 부도심 같은 곳에서 로컬푸드에 대한 소비자의 관심이 증대하고 있다. 로컬푸드의 핵심은 얼굴이 있는 생산자이다. 소규모 로컬푸드 매장의 경우는 농약검출, 방사선 검출을 할 능력도 없고 바로 체크하는 것은 불가능하다. 대신에 주민들과 생산자간의 직접적인 만남을 통해 농사에 대한 얘기를 함께 나누는 시간을 기획하고 있다. 생산자와 소비자를 만나는 시간을 늘리고 서로 관계를 맺음으로써 신뢰감을 갖게 하는 것이 대안 전략인 것이다.

외부지원 유혹으로 사업을 쉽게 확장함으로써 어려움을 맞기도 한다

그러나 안타깝게도 외부의 유혹에 넘어가서 준비 없이 사업을 확장하는 실수를 범하기도 한다. 안심협동조합은 2013년 9월 5일 순천에서 마을기업 경진대회에서 최우수기업이 되면서 3천만원을 받게 되었다. 대구시에서 그 중 2천 만원을 당장 쓰라고 재촉을 해서 한 달내에 새로운 매장을 내기로 결정한 것이다. 새 매장을 내는 과정에서 제빵 기계도 큰 것으로 구입하고 인테리어도 신경 쓰면서 배보다 배꼽이 더 크게 되어 2천 만원보다 훨씬 많은 돈을 들여서 땅이야기 2호점을 시작했다. 그런데 두 개의 매장을 하다 보니 집중도(부가세 신고, 회계신고 등)도 떨어지고 물건이 이리저리 왔다 갔다 하니까 혼란스러운 1년을 보냈다. 역설적이게도 결과적으로 매장을 늘렸지만 매출은 더 늘지 않게 되었다. 결국 뼈아픈 논쟁 끝에 새롭게 연 매장을 정리하게 되었다. 이후 TF 팀을 꾸려서 일주일마다 모든 자료를 모아 누가 무엇을 사갔는지 얼마가 언제 팔리는지 데이터 분석을 해서 어떤 과정으로 운영해야 하는지를 연구하게 되었다. 깨달은 것은 정부의 지원이 마중물이 될 수 있지만, 그 지원금을 활용할 수 있을 만큼의 자기역량을 갖추고 있지 않는다면 그 지원금은 독이 될 수 있다는 것이다.

사회적협동조합 동행의 도시락 사업은 취약계층의 일자리 제공에 기여하고 있다

대구 동구지역의 대표적인 사회적협동조합인 대구행복네트워크 동행 활동에서 주목할 만한 것은 도시락과 텃밭 사업이다. 동행의 웰도시락 사업은 그나마 희망이 보인다고 평가할 만한다. 정부의 공공조달 방식의 지원이나 시민사회 진영의 도움을 받지 않고 나름대로 안전한 판로를 확보하고 있다.

하루 평균 300개를 배달하고 있으며 1개당 3,300원의 가격으로 판매하고 있는 중이다. 도시락 판매와 관련하여 가장 큰 문제는 도시락의 경쟁력이 점점 약화되고 있다는 점이다. 예를 들어 도시락 보다 식당에서 더 싼 것을 사먹겠다는 사람들이 증가하고 있다. 또한 행사용으로 도시락을 주문하는 경우에도 관변단체들이 사회적경제 영역의 사업들을 색안경을 끼고 주문을 꺼려한다는 점이다. 이런 문제가 있지만 도시락 사업은 좋은 재료와 성실한 배달 등을 통해 안정적인 판매처를 지속적으로 늘리고 있는 중이다. 동행의 도시락 사업이 사회적협동조합의 목적과 가장 잘 부합하는 근거는 바로 지역 취약계층에 대한 일자리를 제공하고 있다는 점이다. 직원의 90%가 지역주민이며 직원들의 월급은 3년 전 시작할 때 목표치에 가까울 정도로 평균 임금이 165만원이고 작업시간은 일주일에 45시간이며 가장 오래 근무한 팀장은 185만원을 받고 있다. 이렇게 조금씩 임금과 노동환경이 개선되고 있지만 직원들의 변화는 5년의 경험으로는 아직 평가하기 이르며 향후 5년의 경험이 더 쌓이면 그들의 변화를 기대할 수 있다고 본다.

도심형 텃밭은 세대 간 소통의 장이며, 로컬푸드와 공공자산을 이해하는 공간이다

안심1동의 경우 신도시 개발로 인구가 급격히 증가하였다. 2008년에는 1만 5천 명 정도였는데 7년 만에 4만 명이 넘은 상황이다. 갑작스럽게 아파트 단지가 개발되면서 인구가 늘었는데 아파트를 개발하다 보니 중간에 학교 부지가 생겼지만 지역에 학생 수가 점점 줄다보니 학교 부지가 쓰레기가 쌓이는 나대지가 되어 버렸다. LH사와 사회적협동조합 동행과 계약을 통해서 소위 도심형 텃밭을 실험적으로 시작하였다. 전국에 유사하게 세 곳이 시작되었지만 안심지역이 가장 성공적으로 운영되고 있다. 그 이유는 이 지역에 이미 주민운동 및 협동조합의 경험이 꾸준히 진행되었기 때문에 이 일에 적극적으로 참여했기 때문이다. 2014년에 4천 평 정도를 텃밭으로 시작했고 동네 어르신 소위 실버세대에게 상주관리자로 채용을 할 수 있는 일자리 공간이 되기도 되었다.

이 텃밭을 통해 지역 주민들이 사회적경제 활동이 무엇인지에 대해 자연스럽게 이해할 수 있는 과정이 되었다. 유기농, 로컬푸드, 공공자원 활용, 지역공동체 활동 등을 이 공간에서 자연스럽게 학습할 수 있게 되었다. 무엇보다도 어린아이에서부터 지역 어르신까지 모두가 참여하면서 농사짓는 경험과 그 수확을 함께 나누는 것까지 협동과 나눔을 자연스럽게 체험하는 소중한 시간과 공간이 되었다. 이제는 안심지역의 도심형 텃밭 운영이 전국적으로 확대되기를 기대하고 있다. 문제는 기초자치단체가 많은 관심을 갖고 있지만 이것을 단순히 관리하는 것이 아니라 사회적경제를 함께 경험하는 학습의 장으로 적극적으로 활용하지 못하고 있다는 점이다. 물론 LH가 이 사업에 어느 정도 관심을 갖고 지원을 할 지 중요한 변수가 되지만 그래도 안심 지역 주민들은 이 사업 참여를 통해 기업의 사회적 책임을 구체적으로 목격하고 있으며 이것이 기초 및 광역자치단체와의 거버넌스의 변화로 확대되기를 기대하고 있다.

6. 호남: 주민과 리더의 협력을 통한 추격

전북 완주는 로컬푸드 1번지로 잘 알려져 있다. 완주군과 긴밀한 협력관계를 유지하며 활동하고 있는 지역경제순환센터는 '지역 공동체 은하네트워크'를 꿈꾸며 다양한 지역 협동조합 간의 협동을 추진하고 있다. 특별히 완주의 로컬푸드협동조합 활동은 농촌 지역 사회적경제 활동의 성공사례로 주목할 만하다. 이 외에도 완주지역에는 농가 레스토랑으로 유명한 삼례 비비정이 있고, 고산 미소로 유명해진 한우 협동조합 그리고 여러개의 농촌 북카페가 존재한다. 또한 용진농협 판매장에서 시작된 다양한 꾸러미 사업들이 활성화되고 있다. 한편 전주 남부시장의 청년몰은 언론에서 가장 많이 노출된 지역 경제활성화 사업으로 주목할 만하다. 이 청년몰은 청년들의 일자리 창출 및 사회적경제 영역으로의 진출과정을 보여줄 수 있는 중요한 사례이기에 선정하였다.

또한 진안 지역은 내발적 발전 전략 및 마을만들기 경험을 통해 민관이 적극적인 협력관계를 통해 지역 공동체 사업을 다양하게 진행하고 있다. 특별히 진안 마을만들기센터를 구축함으로서 농촌 지역의 협동조합 활동 그리고 도시와 농촌의 연계사업(귀농·귀촌인의 마을 접붙이기)이 어떻게 진행되고 있는지를 보여주는 중요한 사례로 선정하였다.

(1) 진안 지역

가. 진안지역의 사회적경제 생태계 소개

전북 진안군은 농촌 지역의 내재적 발전 전략을 주장하며 마을만들기에 열정을 쏟은 곳으로 유명하다. 진안군도 여느 농촌 공동체와 마찬가지로 고령화가 급격하게 진행되었고 많은 인구가 도시로 빠져나가면서 인구 2만을 조금 넘는 정도로 왜소화되었다. 더불어 내부적으로 진안군에 용담댐이 건설되면서 농지가 수몰되고 지역공동체가 해체될 위기에 처하였다. 동시에 외부에는 농산물 시장개방 압력이 더욱 강화되어 농민 스스로 자구책을 모색해야만 했다. 어떻게 하면 내외적인 위기를 극복할 수 있을까? 이런 문제의식이 지역기반의 사회적경제 생태계를 구축하는 쪽으로 방향을 잡게 된 것이다. 그 결과 진안은 '더디 가도 제대로 가는 길'을 모토로 삼으면서 내발적 발전론(endogenous development)에 입각하여 농촌지역 활성화를 추진하게 되었다.

이러한 진안지역 발전 비전을 꾸준히 전개한 결과물이 2012년에 설립된 진안마을만들기센터인 것이다. 이 센터는 전국의 마을만들기 혹은 농촌 지역공동체 회복의 인큐베이팅 역할을 하는 곳으로 성장하였다. 진안은 2002년부터 시작하였고 2007년 4월 전국 마을만들기 대회가 진안에서 연속적으로 개최되었다. 농촌 축제, 귀농귀촌인의 한마당 등의 다양한 주제가 대회 때 다뤄지고 있지만 무엇보다 중요한 것은 이 대회를 통해 전국차원의 마을만들기 네트워크가 활성화되고 있으며, 일반 시민들의 지역기반의 공동체 활동 더 나아가 사회적경제 생태계 구축에 관심을 갖게 된 점이다. 지난 몇 년 동안의 대회 주제를 살펴보면 아래와 같다. 2008년 '다시, 사람만이 희망이다.' 2009년 'GO!향, 뿌리를 튼튼하게 하는 삶' 2010년 '마을과 마을의 아름다운 동행' 2011년 '삼백촌·천리향' 등의 대회가 열렸다.

요컨대, 진안지역의 공동체 활성화 노력은 풀뿌리 주민자치운동이며 동시에 농촌재생프로젝트라고 말할 수 있다. 현재 진안 마을만들기센터 공간에는 마을축제 조직위원회, 귀농귀촌인협의회, 진안고원길, 한일교류협회, (사)농촌으로가는길, 전북진안지역자활센터, 평생학습센터, 줌 협동조합 등이 입주해 있다.

그림 34 진안 마을만들기센터 그리고 봉곡마을 노인학교

나. 진안지역 사회적경제 생태계 분석 및 주요 이슈[27]

고령화된 농촌사회에 대한 복지 서비스를 통해 활력을 갖추다

진안의 경우 귀농 혹은 귀촌한 사람들에 대해서 현실적인 수용론과 경계론을 동시에 갖고 있다. 마을에 기여할 수 있는 사람은 기본적으로 받아야 하지만 동시에 농촌 지역에 참여하기보다는 그저 즐기기만을 원하는 하는 사람에 대해서는 지역 공동체가 많은 부담(전기와 수도공급을 위한 인프라 제공)을 져야하기에 이런 사람들에 대해서는 경계할 필요가 있다는 것이다. 다른 지역과 달리 진안지역의 귀농, 귀촌인 정착률은 70%에 이른다. 한국의 농촌의 고령화율이 70.8%에 이른다. 노인들 대부분의 욕구는 기본적인 생존의 문제 즉, 돈이 없어서가 아니라 외로워서 자살하는 경우가 많다. 진안의 경우 이런 문제를 해결하기 위해 노인대학을 운영하고 있다. 위의 그림 34에서 보여주듯이 봉곡마을의 노인대학의 한글학교는 좋은 평가를 받고 있다. 한글학교는 4년제 8학기제로 운영하고 있는데 작년에 심청전 연극을 준비하여 발표하였다. 또한 연극을 준비하는 과정에서 시어머니가 며느리 구박했던 경험, 다문화 며느리들이 못 견디고 도망갔던 경험 등을 담게 되었다.

---

27 아래의 분석결과는 2015년 7월 23~24일, 진안 마을만들기지원센터 강신욱 부센터장·진안 좌포교회 한명재 목사·진안 귀농귀촌인협의회 박후임 회장, 이재철 활동가 인터뷰 조사를 바탕으로 한 것이다.

이에 이 연극에 참여한 모든 분들이 펑펑 우시면서 이제 죽어도 여한이 없다고 소회를 보일 정도로 정서적으로도 화해와 소통이 되는 귀한 경험으로 좋은 평가를 받고 있다. 물론 이는 귀농 후 해당 노인대학을 운영하고 있는 목사 부부의 헌신 덕분에 가능한 것이기도 하다. 다만, 기존의 지역구성원으로는 이러한 활동하기 어려운 것이 현실이다. 귀농, 귀촌한 주민들이 지역의 진정한 구성원으로 녹아지는 계기가 이 노인대학을 통해서 가능했으며 농촌을 이해하고 귀농, 귀촌인을 자기와 같은 주민으로 받아들이는 과정인 것이다. 새로운 아이디어, 지역공동체를 사랑하는 마음, 개인적인 역량 등이 함께 어우러져 고령화된 농촌사회에 다양한 복지 서비스(교육, 건강, 보건, 놀이 등) 프로그램을 운영함으로써 지역의 활력을 찾아가는 모습이 진안 봉곡마을에서 발견할 수 있었다.

진안 마을만들기센터는 지역의 내발적 발전을 견인하는 싱크탱크로 성장하다

진안지역은 지리적으로 고원지대이기에 농토가 적었고 이 농토를 지키기 위한 소농들의 저항의 뿌리가 깊다. 이러한 열악한 환경에서 주민들은 먹고 살기 위해서 공동체 운동을 시작했다. '내가 필요해서 협동하는 거고 내가 필요해서 투쟁을 한다.'라는 정서가 진안에 남아 있었고 이것이 내발적 발전의 토대가 되었다. 또한 역사적으로도 정여립의 역성혁명 전통이 계승되었고, 1970년대 돌진적 근대화의 상징인 새마을 운동 영향이 덜 미친 곳이기도 하다. 진안은 양반문화가 강하게 자리 잡지 않고 있으며, 농민운동이 지속적으로 유지되던 곳이다. 이러한 역사, 문화와 더불어 사회적 맥락에서도 1992년 용담댐 건설 반대운동을 계기로 진안 스스로 발전의 길을 모색하는 과정을 통해 군수의 리더십과 지역시민 협력을 바탕으로 진안은 중앙정부 지원 없이 마을만들기센터를 세울 수 있게 된 것이다. 그 설립 과정은 진안 지역 시민들의 의식이 제고되는 시간이었다. 이들의 저력으로 인해 관료나 군수가 거버넌스를 구축하고자 직접 손을 내밀어 지금의 마을만들기센터가 설립되었고, 지역의 중요한 정책 대안을 발굴하고 제안하는 씽크 탱크 기능을 하고 있다.

노인 한 분이 돌아가시면 박물관 하나가 사라진다

농촌에서 최근 활성화되고 있는 마을축제에 대해 보다 성찰적인 접근이 필요하다. 효율성을 따지는 행정에서는 지역에서 활기 있게 뭔가가 진행하고 있다는 것을 보여주고 싶은 것이 현실이며 그 결과 지역에서 공통적으로 보이는 것이 마을·지역 축제이다. 축제는 그 지역의 역사와 문화 그리고 삶을 담는 것이 중요하다. 지역 구성원 한 사람 한 사람을 소중히 여기는 활동가들은 '노인 한 분이 돌아가시면 박물관 하나가 없어진다.'라는 문제의식을 갖고 있다. 반면에 행정에서 주도하는 마을축제의 경우는 이러한 지역 사람들의 역사를 담으려는 노력을 하지 않고 비슷한 축제방식을 타지역에서 벤치마킹하고 있다. 예를 들어 농림부가 소위 색깔 있는 마을만들기 축제를 강조하지만 그것은 진행하는 사람들을 들러리로 치부할 때가 많다. 마을 전설에 기반을 둔 조그만 마을의 축제는 어느 지역이나 사람들도 벤치마킹할 수 없다. 군, 시를 포괄하는 지역 축제는 이러한 고유성을 유지하기 힘든 것이 현실이다. 고령화된 농촌 지역에서 연로한 노인들의 역할이 점차 사라지면서 주변화되고 있다. 역발상으로 그 분들이 마을의 역사나 전통을 가장 잘 기억하고 소중히 여기고 있음을 주목하고 그분들을 마을축제의 중심으로 초대하여 스스로 전통과 스토리를 축제에 녹여내려는 진안의 기획은 주목할 만하다. 주변화된 지역 주민을 사업의 주체로 세우는 기획이야말로 지역 공동체를 강화시키는 유의미한 전략이다.

지역 공동체 발전의 철학을 갖추다

진안 지역의 공동체 재구성 성공할 수 있었던 것은 바로 "더디 가더라도 제대로 가자." 그리고 "효율보다는 효과를 지향하자."라는 분명한 철학을 가지고 있는 리더가 있기 때문이다. 그리고 이것을 끊임없이 추진하고자 하는 공무원이 생기며 그들과의 신뢰관계가 조금씩 쌓여가고 있다는 것이 그 핵심이다. 공무원이 선진적인 경험을 배우려고 노력했고 그것이 해외 우수 사례 체험 및 자매결연을 통해 연대활동으로 발전할 수 있었다. 지역공동체 활성화 사업을 추진하는 과정에서 행정과 주민 간의 갈등이 발생하곤 하지만 그 갈등을 중재하고 조정하는 역할을 진안마을만들기 센터가 담당했다. 그 경험을 배우고자 이 센터에는 2015년 7월까지 156팀이 방문할 정도로 농촌지역 공동체 재구성을 교육하는 중요한 거점이 되었다. 문제는 교육을 받은 공무원 수가 아니라 '더디 가더라도 제대로 가자'라는 철학을 얼마나 공유하는 가이다.

귀농운동에 구심점 역할을 한 진안 좌표교회를 주목한다

진안군 성수면 좌포교회의 귀농운동은 주목할 만하다. 시골교회이지만 교인들에게 '귀농과 교회의 역할'이라는 주제로 계속해서 설득하였고, 이들이 귀농인을 위해 땅을 제공하기 시작하였다. 귀농인들과 함께 배추 작목반을 운영해 보았고, 된장 만드는 일도 해 보았고, 약초 가공하는 일도 공동으로 운영하고 있다. 공동작업을 하면서 협동의 가치를 체득하도록 퇴직금을 공동으로 마련하여 지급함으로써 "협동조합 원칙을 삶에서 목격하고 경험하는 것"을 가장 중요한 목표로 삼고 있다. 물론 배려와 사랑으로 귀농자를 도와주었지만 하루아침에 아무 말 없이 떠나는 사람들도 종종 있다.

지역에는 젊은 귀농, 귀촌인에 대한 색안경을 낀 시각과 거부감이 분명 존재한다. 지역의 보수적인 인사들은 귀농인을 '꽁지머리'로 비아냥거리곤 한다. 사실 청년들은 능력이 있지만 그들이 지향하는 모델이 농촌 지역에 없는 것이 문제이다. 진안을 비롯하여 많은 농촌 지역으로 귀농·귀촌 희망자가 늘고 있지만 현실은 그렇게 녹록하지 않다. 사람은 있지만 머물 집과 일할 땅이 없다. 이제 귀농 귀촌 청년들이 협동조합을 만들어 일자리를 창출한다면 지역은 분명 활력이 생길 것이다. 그러나 아직까지 농촌 지역은 그들을 받을 준비가 부족한 상태이다.

귀농인으로 지역공동체에 소속되는 것은 논리가 아닌 정서와 감성에 기초한다

진안 봉곡마을의 행복한 노인학교 운영에 참여하고 있는 한 목사 부부의 사례는 귀농인으로 지역공동체에 소속되어 협동의 가치를 배워가는지를 보여주는 아주 소중한 사례이다. 진안지역의 귀농귀촌협의회 회장으로 활동하고 있는 이 여성은 "귀농, 귀촌인의 자세는 일단 조급해 하지 않는 자세를 갖추어야 한다."고 강조한다. 다른 지역에 와서 무엇을 하려면 적어도 10년은 지나야 한다는 것이 정설이다. 마을에 계신 주민들 입장에서는 기껏 들어온지 얼마 안 되는 놈이 마을에 대해서 '콩 놔라 팥 놔라' 하는 것은 맞지 않다는 것을 인정해야 한다. 사실 귀농, 귀촌인이 없어도 이 마을은 이미 존재해왔기 때문이다.

> 크게 귀농, 귀촌인들은 도시와 농촌문화는 다르다는 것을 인정해야 하는데 그것이 결코 쉽지 않다. 농촌의 땅은 움직이지 않는다는 것, 삶의 방식이 논리적이기보다는 정서적인 측면이 강하다는 것을 깨달아야 한다. 한 지역에 사는 사람들은 어떨 때는 싸우기도 하지만 농사를 짓기 위해서는 품앗이는 절대적으로 필요하기에 어쩔 수 없이 만나야 하는 상황이기에 그 앙금이 쌓이기 전에 풀어지게 마련이다. 땅은 움직이지 않기에 자기 맘대로 계획을 짜고 일정대로 하기 보다는 기후에 따라 일을 하기도, 하지 않기에 삶 전체가 땅을 중심으로 진행되는 곳이다. 이 총체성이 사람들을 더욱 하나로 만들게 한다. 이것을 이해하지 못하면 귀농, 귀촌인은 늘 주변인으로 겉돌 수 밖에 없다. _ 이재철 인터뷰

이 귀농부부가 농촌 지역공동체에서의 사업은 계획이 아니라 저절로 이루어지는 과정이라는 것을 깨닫게 된 것이 바로 행복한 노인학교에 참여하면서 부터이다. 처음에 농촌 지역에 들어오면 텃세라는 것을 금방 느끼게 된다. 그런데 그 텃세를 이상하게 혹은 섭섭하게 생각하기 보다는 지역 주민들이 나름대로 자신들의 지역 공동체를 지키기 위한 하나의 울타리라고 이해하는 과정이 중요하다. 다시 말해 텃세는 공동체를 지켜내기 위한 보이지 않

은 울타리라는 것이다. 행복한 노인학교에는 한글학교, 연극공연, 진안신문 기사 작성, 수영교실, 학선리 마을 박물관(사진·앨범 컬렉션 등)의 다채로운 프로그램을 운영하고 있다. 그것을 운영하면서 초기에는 노인들과 문화적, 정서적 갈등을 경험하다가도 점차 다양한 문화들이 서로 공존하는 과정으로 바뀌게 된다. 즉 이는 서로에게 문화가 스며들게 되는 과정이며 나도 영향받고 당신들도 영향을 받는 과정인 것이다.

사회복지 서비스 차원의 사업을 수행하면서 분명 지역 주민들의 만족도가 높아지고 있음을 확인할 수 있다. 그러나 이것이 소득의 측면만을 의미하는 것은 아니다. 농촌 지역 주민의 만족도가 높아졌다는 것은 10년 뒤에도 이 지역에 주민들이 남아 있을 수 있다는 것을 의미한다. 농촌 지역공동체의 최대 관심은 경관을 쾌적하게 하고 삶의 질을 높이는 것보다 10년 뒤에도 이 지역 혹은 마을이 존재할 수 있느냐와 관련된 생존의 문제에 있다. 이들은 여러 가지 시행착오를 통해서 이 지역에서 오랫동안 농사를 짓고 땅을 지켰던 분들의 삶을 보게 되었고 이 분들이 정말 훌륭한 삶을 사셨다는 것을 인정하면서부터 한 분 한 분 소중하게 보게 되었음을 강조한다.

귀농 귀촌인으로 살아가는데 중요한 것은 경계 허물기이다

그렇다고 귀농, 귀촌한 분들의 재능이 중요하지 않다는 것은 아니다. 그 재능을 어떻게 활용하는가가 중요하며 그것은 어떻게 지역사회에 기여할 수 있는가로 연결시키는 것이 핵심이다. 예를 들어 귀농한 화가에게는 마을벽화와 버스 정류장 색칠을 자원 기부 혹은 자원봉사 형식으로 참여 요청하였다. 그 과정에서 귀농 화가는 지역 주민들과 자연스럽게 만나고 유대감을 형성하게 되었다. 또한 봉곡마을에서 재활용 물품을 활용하는 녹색창고를 운영하면서 지역 노인들이 당위적 차원에서 쓰레기를 버리면 안된다는 공허한 구호를 넘어서 "쓰레기는 돈이다."라는 의식을 갖게 되었다.

사실 귀농의 과정이 결코 순조롭게 진행되는 것은 아니다. 진안센터 내부의 농업귀인센터는 지역으로 귀농하는 사람들에게 다양한 도움을 주고 있다. 현재 귀농의 집 공간은 더 이상 없다. 귀농한 사람들이 농촌 지역의 아무 집에나 들어가서 살 수 있다고 생각하는 것은 큰 오산이다. 농촌의 빈집에 들어가기가 쉽지 않다. 기본적으로 농촌의 빈집에 들어가기 위해서는 도시에서 사용하던 가구를 다 버려야 하는데 이는 농촌의 집 구조가 다르기 때문이다. 기존의 귀농자가 지역 공동체에 잘 적응하고 있을 때 그 사람이 중간자 역할을 하면서 새롭게 들어오는 귀농자의 신뢰관계 구축에 도움을 줄 수 있다. 중간자의 책임성이 중요해지면서 귀농자들은 아무나 소개시켜주지 않게 된다. 기존 귀농자가 쌓은 신뢰 위에서 새로운 귀농자를 받기 때문이다.

　이처럼 귀농귀촌인은 지역에 발을 들여놓게 되면 자신이 그리고 있는 경계부터 허물어야 한다. 산업화 이후 도시에서 살다보면 지역 혹은 마을이라는 경계는 이미 사라진 상태이지만 농촌 지역으로 내려와 살면서부터 귀농귀촌인은 어느 순간 자신이 어느 지역 혹은 마을에 소속되어 그 안에서 살고 있다는 느낌을 갖게 된다. 이런 소속감과 공동체 의식은 자신의 경계를 허무는데서 시작된다. 다시 말해 어느 지역 공동체에 소속된다는 것은 나의 삶에 간섭하는 사람이 많아진다는 것이다. 도시 지역에서는 나 자신의 경계가 분명히 있고 그 안으로 들어오는 사람이 거의 없지만 농촌 지역으로 내려올수록 그 경계가 어느 순간에 허물어지는 것을 느끼게 된다. 완전 노출은 아니지만 어쩔 수 없이 자신의 삶이 노출되기 시작하면서 지역 안에서 알리고 싶지 않아도 이미 알게 되고, 알고 싶지 않아도 알게 되는 것이 바로 지역 공동체의 일원이 되는 것이다. 공동체 유대가 강할수록 지역 구성원은 서로를 다 알게 되는 것이다. 만약에 귀농 귀촌인이 스스로의 경계를 유지하기 위해 나름의 경계를 유지하지만 지역 구성원은 서로 다 알 수 밖에 없다. 취향에 따라 일정 정도 거리를 두지만 그것은 취향에 불과한 것이며 일정 경계 안에 소속될 수 밖에 없는데 그것이 바로 지역 공동체이다.

그림 35 완주로컬푸드협동조합 (해피스테이션 모악점)

　이런 경계 허물기를 큰 저항 없이 받아들일 수 있기 위해서는 보통 2~3년의 준비기간이 필요하다는 것이 선배 귀농, 귀촌인의 공통된 의견이다. 그 준비기간 동안 어떤 내용을 사전에 경험해야 할까? 대도시에만 살아온 사람이라면 반드시 귀농학교를 다녀야 한다. 또한 생협에 가입하고 조합원 활동을 함으로써 협동의 가치를 머리가 아닌 몸과 마음으로도 받아들일 수 있어야 한다. 귀농은 지역에서 구체적으로 사는 것이기에 농사에 대해서도 정보가 필요하다. 이를 위해 도시농부학교나 텃밭농사에 직접 참여하는 것이 중요하다. 물론 귀농인이 몇 년 안에 농사의 달인이 될 수 있는 것은 아니다. 기존에 자신이 가지고 있는 전문성을 살리는 것이 또한 중요하다. 예를 들어 요리, 학원강사, 전기기술, 문화 예술 등의 전문적 지식과 경험이 있다면 이것을 농촌의 일상 생활과 어떻게 접목시킬 수 있는지를 모색해야 한다.

　이렇게 한두 명씩 귀농, 귀촌인이 늘어나면서 서로 정보를 공유하고 지역공동체에 적응하기 위한 여러 가지 노력이 이루어지고 있는데 그 첫 번째 시도가 귀농귀촌인 카페이다. 진안센터 내에 위치하고 있는 이 카페는 다섯 명이 참여하는 직원협동조합으로 운영되고 있다. 다섯 명 각자가 주인처럼 책임의식을 갖고 일하고 있다. 사실 보육의 문제가 있기에 일주일 일정을 상호 협의를 통해 업무 분담을 하여 운영하고 있으며, 귀농 귀촌 문제, 로컬푸드, 협동조합, 마을 축제, 영화제 등 다양한 얘기라 이 카페 안에서 논의되고 있다. 카페사업을 고려할 때 농촌 지역에 들어오는 모든 사람이 반드시 농사를 지을 필요는 없다는 것을 알 수 있다. 사실 농촌지역에서는 농사짓지 않는 귀촌인이 더 필요하기도 하다. 더 나아가 이미 귀농귀촌한 사람들이 지역에 녹아지는 방법을 고민하여 그들의 전문성을 지역에 어떻게 접목할 것인가가 중요한 과제이다. 그들에게 현금 보조라든지 이벤트성 사업을 맡기는 것을 지양하며 안정적인 귀농 귀촌 지원 시스템을 구축하는 것이 필요한데 그 것을 한 단계 한 단계 시행착오를 거쳐 발견하는 것이 진안의 장점이라고 말할 수 있다.

(2) 완주 로컬푸드

가. 전북 완주지역의 로컬푸드 생태계 소개

전북 완주군은 로컬푸드 일번지로 잘 알려져 있다. 완주군이 2008년부터 도입한 로컬푸드 사업은 지역 중·소농들이 생산한 농산물을 공공형 물류시스템을 통해 소비자들에게 직접 공급하는 것이다. 농민들은 시장에 내다 파는 것보다 높은 값을 받고, 소비자들은 싼 값에 싱싱하고 믿을 수 있는 먹거리를 구입할 수 있어 높은 인기를 끌고 있다. 로컬푸드 사업은 건강밥상꾸러미, 로컬푸드 직매장, 로컬푸드해피스테이션, 로컬푸드 공공급식 등으로 나뉘어 추진되고 있다.

그 중에 완주로컬푸드협동조합은 지난 10년간의 경험을 잘 축적하여 성공적으로 발전하고 있는 대표적인 협동조합이다. 2010년 완주로컬푸드 영농조합법인 건강한 밥상을 설립하였고, 전주 모악산, 완주 둔산공원 등에서 직거래장터를 운영하였다. 2012년에는 용진농협 공간을 이용하여 첫 로컬푸드직매장을 열었다. 이후 전주시 효자동에 2호 매장, 2013년에는 모악산 입구에 모악점을 개장하였다. 2014년에는 완주군과 용진농협 등 9개 지역농협과 지역축협이 공동 출자하여 설립한 농업회사법인을 협동조합기본법에 기초하여 완주로컬푸드 협동조합으로 전환하였다. 이 로컬푸드협동조합은 운영주체가 다양해지고 있다는 것이 주요한 특징이다. 사실 면 단위의 농협에서는 로컬푸드에 대한 관심이 없었지만 정부에서 관심을 가지면서 농협 중앙회도 100개를 만들겠다는 정책을 발표하였다. 이후 면단위 농협의 하나로 마트에서도 샵인 샵(Shop in Shop)의 형태로 로컬푸드매장 네 곳(상관면, 소양면, 고산면 그리고 봉동면)을 운영하고 있다. 또한 완주군에서도 2015년 초에 근로자종합복지관을 만들었는데, 해당 건물 1층에 로컬푸드 직매장을 만들었고, 2층에는 농가 레스토랑을 만들었다. 더불어 지역 소비자들과 결합하여 소비자협동조합을 만들고, 그들이 직접 운영하게 하면서 로컬푸드의 운영주체가 다양화되었다. 요컨대 완주로컬푸드는 초기 농협이 중심이 되어 직매장을 확장하였는데 이후 소비자협동조합 그리고 생산자와 직원이 함께 구성한 완주로컬푸드협동조합으로 발전하였다.

나. 완주 로컬푸드협동조합의 지역 생태계 분석 및 주요 이슈[28]

완주로컬푸드협동조합(이하 완주협동조합)의 조합원으로 참여할 경우 다음의 자격요건을 갖추어야 한다. 마을단위의 공동체로 소속된 농가이고, 3회 이상의 교육(기본교육, 심화교육, 출하교육)을 받아야 하며, 완주군에서 시행하는 246가지의 잔류농약검사를 통과해야 한다. 완주의 농가 수는 약 9,000농가이고 실제 생산에 참여하는 경우는 7,000농가이고 그 중에서 3,000농가가 1,500평 미만으로 농사짓는 소농으로 로컬푸드 사업에 해당이 되며 나머지는 대농들이다. 완주로컬푸드협동조합에 속해 있는 농가는 1,050농가이다. 물론 9개 매장에 출품하는 분들도 있지만 평균 200농가 정도가 각 지역 농협에만 출품하고 있다. 나머지 분들은 완주협동조합을 이용하고 있는 것이다. 매장 이외에 100농가 정도가 건강밥상 꾸러미 사업에 참여하고 있

---

28   아래의 분석결과는 2015년 7월 25일, 완주로컬푸드해피스테이션 모악산점 방문 및 완주로컬푸드협동조합 안대성 이사장 인터뷰 조사를 바탕으로 한 것이다.

고, 완주군 학교 무상급식 관련해 학교 급식만 담당하는 농가들이 20~30가구들이 있다. 이런 통계를 고려할 때 완주협동조합은 앞으로 2~3년 정도 생산자 조합원을 더 확보하여 3,000농가 목표에 이르고자 노력하고 있다.

로컬푸드의 주역은 60세 이상 노인이며 돈 버는 재미를 넘어 삶의 활력을 느낀다

지난 3년 동안 생산자 조합원으로 참여한 할머니들은 재미를 톡톡히 보고 있다. 리어카를 끌고 다니던 할머니가 네 바퀴 차를 산 후 협동조합에 참여하면서 돈 벌어 샀다고 하시며 1년이면 그 돈은 뽑는다고 자랑한다. 60대 이상의 분들은 매일 출근하는 재미를 누리고 문자로 자신이 출하한 물품이 몇 개가 있는지 문자로 받으면서 농촌에 사는 것에 활력을 느끼고 있다. 과거에는 농한기에 마을회관에 모여서 화투치고 밥해 먹고 TV보는 것이 일상이었다. 그러나 이제는 경제적 활동에 참여하면서 계산을 하고, 개인 소득을 올려가는 재미를 느끼는 것이다. 물론 65세 이상의 노인의 경우 새로운 수입원이 생기면서 연금 혹은 보조금 혜택을 받지 못하는 경우도 있지만 오히려 이런 사실을 자랑할 정도로 자신이 생산의 주체이며 안정된 경제소득을 올리고 있다는 자신감이 삶의 활력을 갖게 만든다.

특별히 토마토, 딸기, 수박 같이 특정 작물을 생산하는 조합원들은 도매상에 더 이상 휘둘리지 않고 안정적인 판매처가 확보되어 안정감을 갖게 되었다. 수박은 상품가치를 인정받으려면 적어도 9kg 이상이어야 하고 10kg이 되고 모양이 좋으면 특산품으로 가치를 인정받는다. 그런데 모든 수박이 이런 크기와 모양을 갖고 있는 것이 아니다. 만약 1,000통을 생산하면 400통은 제값을 받지만 600통은 헐값에 팔 수 밖에 없는 유통구조이다. 이것이 생산자 조합원으로 완주협동조합에 참여하면서 해결한 가장 큰 기쁨이라고 말한다. 그들은 과거 도매시장에 가면 중개인 밥 사줘야 하고 로비해야 했는데, 이제 로컬푸드 직매장에 오면 누구에게 아쉬운 소리를 하지 않아도 되고 조합원칙만 잘 지켜 출품만 하면 되는 것이다. 완주는 또한 애호박이 유명하다. 협동조합 직매장에 출품할 것도 모자라기에 시장 중개인들이 사정사정

물건을 보내달라고 할 정도로 역전현상이 벌어지고 있다. 지역 농민들은 통쾌함을 느끼며 농민으로서의 자존감을 회복하게 되었다. 이처럼 완주협동조합 농가들은 돈 버는 재미를 넘어 삶의 재미를 느끼고 있는 것이다.

시스템으로는 해결할 수 없고 공동의 실천경험을 통해서 신뢰를 쌓다

사람은 쉽게 변하지 않는다. 지난 3년 동안의 헌신적인 협동조합활동에도 불구하고 아직도 조합원들의 가치관과 삶의 태도가 쉽게 바뀌지 않는다. 과거 농업회사법인으로 있을 때는 농민들이 직원들에게 함부로 대하는 사람들이 없었다. 그 이유는 농업회사 직원에게 실권이 있었기 때문이다. 그런데 협동조합으로 전환하는 순간 모두가 주인이 된다. 나도 주인인데 왜 그런 식으로 나에게 대하느냐 등의 유치한 모습도 보인다. 이런 떼쓰기, 우기기, 자기 욕심 노골적으로 드러내기 등의 모습을 완주에서도 자주 확인할 수 있다. 자연스럽게 생산자조합원과 직원 간의 갈등이 생기게 된다. 다중의 관계자가 결합한 완주협동조합의 경우 이러한 조합원 간 갈등을 해결하기 위해 소통과 공감의 기회를 최대한 많이 갖고자 노력했다. 예컨대, 협동조합으로 전환한 첫 해에 월 1회 대의원 총회를 가지면서 협동조합을 운영한 경험이 적으니 시시콜콜한 모든 것을 대의원 총회를 통해서 결정하였다. 이 결정에 대해서는 책임 있는 자세로 지키자는 것이 주요 골자였다. 실례로 매장에서 남의 농산물 위에 자기 것을 올려놓다 발각되면 1차에는 경고, 2차 때는 출하정지 20일을 벌칙을 부과한다. 이 출하정지는 경제적으로 큰 부담이 되기에 매장들은 대의원 총회에서 결정된 것을 충실하게 지키게 되었다. 또한 가격 및 품질 관리도 각 분과 대의원, 조합이사 그리고 일반 조합원으로 구성된 위원회에서 담당하면서, 일주일에 한 번씩 품질 검수를 진행하였다. 혹 원칙을 위반한 농가를 적발한 경우는 20일 출하정지라는 벌칙을 부과했다. 이처럼 협동조합을 만들었다고 모든 조합원들이 저절로 협동하는 것이 아니라는 것을 확인한 후에는 교육은 물론 자기 욕심을 채우는 행동에 대해서는 불이익을 받도록 하여 협동의 가치를 지속적으로 체득할 수 있도록 하였다.

아래로부터의 다양한 욕구를 끊임없이 수용하는 소통채널이 필요하다

완주협동조합은 대의원 교육을 강조한다. 조합 대표는 대의원 선거구 50개 지역을 연 2회 방문하면서 소통과 교육의 시간을 갖는다. 완주협동조합은 앞서 강조한 것처럼 다중이해관계자 협동조합으로 생산자 1,050명, 직원 50명, 총 1,100명으로 구성되어 있다. 초기에는 대의원을 서로 하겠다고 나섰지만 2년차에 들어서는 소수만이 자원한 상태이다. 대의원 활동을 해서 어떤 이익이 생기는 것도 아니고, 회의는 너무 많으며, 공부도 해야 하다보니 생산자 조합원들은 대위원으로 활동하는 것을 기피하게 된다. 이러한 어려움에도 불구하고 대의원을 선발하는 과정은 아래로부터 다양한 의견을 수렴하고 동시에 중요한 가치를 교육 및 확산시키는 중요한 과정이기에 많은 관심이 몰리고 있다. 완주협동조합은 올 초 대의원 총회를 통해 직매장에 있는 모든 가공품의 GMO(유전자변형식품)를 대체하기로 결정하였다. 유통만 신경 쓰는 것이 아니라 소비자의 밥상까지 책임지기 위해서 생산자 농민들이 밥상의 가공품까지 완결적으로 챙기자는 취지이다. 이런 결정은 많은 농가에게 큰 부담을 주었지만 농가들은 이 결정을 따르고자 다양한 변화를 시도하였다. 간장류, 기름류, 응고제 등 모두를 천연물질로 바꾸어야 했기에 현미유로 바꾸고 간장도 양조간장으로 재료를 바꾸었다. 처음에는 농민들이 반발을 했지만 대의원 선발을 위한 지역간담회를 거쳐 그 취지를 알리고 그들의 고충을 듣고 대안을 모색하는 시간을 가졌다. 결과적으로 협동조합의 취지와 지역의 안전한 먹거리 확보라는 목표에 모두들 동의하고 새로운 방식을 선택하게 되었다. 그 결과 한 농가가 현미유로 재료를 바꾸어서 상품 값을 500원 올렸는데 오히려 소비자들은 이것을 이해하고 그 물건을 더 선호하여 매출이 오르게 되었다. 사실 고령의 농민 조합원들이 이러한 결정과 약속을 더 잘 지키고 있다. 초기에 그들을 이해시키고 설득시키는 것이 어렵지만, 이들은 한번 받아들이면 그 결정을 어기지 않는다. 조합 매장에 자기들이 가진 것 중에 가장 좋은 것을 가져오며 약을 치지 말라고 하면 절대 약

을 치지 않는다. 오히려 젊은 농가들이 돈 욕심을 내서 가끔씩 다르게 행동을 하는 경우가 있다.

완주협동조합의 성공신화를 이어가기 위해서 주어진 시간은 20년이다

완주의 경우 최고령 생산자가 89세이다. 현재 생산의 주축을 이루고 있는 분들은 60대 후반에서 70대 중반의 할머니들이다. 이 주력 부대가 500명 정도 되는데 이 분들이 앞으로 20년 정도 생산에 참여한다고 할 때, 완주는 20년 안에 로컬푸드 생산을 책임질 후속세대를 준비시켜야 하는 숙제를 안고 있다. 지금 당장 생각해 볼 수 있는 방법은 귀농 숫자를 늘리고 그들이 적은 규모로 농사를 지으면서 농촌 지역 공동체 활성화에 기여하는 것이다. 또한 전업농과 겸업농의 비율을 일본처럼 역전시키는 것도 대안으로 생각할 수 있다. 한국의 경우 전업농과 겸업농의 비율이 7:3이지만 일본은 그 반대이다. 일본에는 로컬푸드 직매장이 17,000개가 되는 이유는 농업구조가 바뀌고 농업인구가 변화하면서 이종 겸업농이 70%를 이룰 수 있도록 로컬푸드 매장이 활성화되었기 때문이다. 이종 겸업농의 가구소득의 농업소득이 30% 정도 차지하다. 나머지 70% 수입은 다른 일을 통해 얻고 있다. 다시 말해 일본의 농촌 지역은 겸업 농으로서 살 수 있는 환경을 갖추고 있다는 것이다. 겸업농의 소득을 로컬푸드 사업을 통해서 올리고 나머지는 지역의 일자리 즉 사회적경제 영역을 활성화 시키는 일자리에 취업하면서 소득을 올리는 것이다. 이 두 가지가 잘 어우러진 농촌과 농업구조를 만들지 않으면 미래는 결코 낙관적이지 않다. 요즘 많은 중년 부부가 귀농 귀촌에 관심을 갖고 있다. 농촌 일을 하면서 120만 원 정도의 월급을 받을 수 있는 건강한 일자리를 얻게 되면 많은 사람들이 농촌으로 내려올 것이다. 건강한 일자리가 자꾸 생겨야지 농촌에서 생산하는 물품도 지속적으로 판매할 수 있다. 현재까지 완주협동조합의 50명, 건강한밥상의 10명 그리고 공동대책센터의 20명을 포함하면 로컬푸드 영역에서만 총 80개의 안정적인 일자리가 창출되었다. 농촌지역에서 이 정도의 규모의 일자리를 만들기가 결코 쉽지 않기에 정책적으로 큰 함의를 갖는다.

요컨대, 완주의 지역 경제는 20여년의 기간 동안 500명의 60~70대 할머니 주력 부대의 수입에 크게 의존하였다. 때문에 이 지역에 안정적인 일자리를 창출하고 농업 생산에 지속적으로 참여하면서 농촌지역 공동체를 지켜낼 수 있는 후속세대의 참여를 이끌어내야 하는 중대한 과제를 안고 있다. 완주로컬푸드협동조합이 조금씩 성공적인 경험을 지속적으로 보여준다면 완주군, 전북을 넘어 한국 사회의 미래에 대한 모델이 될 수 있을 것이다.

(3) 전주시 남부시장 청년몰[29]

슬로시티를 지향하는 전주시는 한옥마을뿐만 아니라 남부시장이라는 전통시장 활성화에도 관심을 가지고 새로운 프로젝트를 진행하였다. 그 대표적인 것이 남부시장의 청년몰 지원사업이다. 이 사업은 청년들에게 새로운 일자리를 창출할 수 있는 기회를 줄 뿐만 아니라 젊은 층을 전통시장의 새로운 소비자로 등장시키는 모델이라는 점에서 큰 의미가 있다. 2011년 시작한 이 사업은 국내 많은 언론과 방송 매체를 통해 유명세를 얻게 되었다. 전주 남부시장의 일부 건물 옥상에 위치한 이 청년몰이 세 마리 토끼-전통시장 활성화, 청년에게 새로운 일자리 창출, 협동의 가치 확산-를 잡아가고 있다면, 다른 지역에도 이러한 모델을 확산시킬 수 있을 것이다.

청년몰 프로젝트는 2008년부터 2011년까지 문화관광부의 전통시장 활성화 지원사업의 일환으로, 전주시와 사회적기업 이음이 문전성시라는 이름을 가지고 기획한 일종의 지역 기반 사회적경제 활동이다. 사실 이 사업은 청년들이 주도하기보다는 사회적기업과 남부시장 상인회가 위로부터 기획

---

29 아래 분석결과는 2015년 7월 24일, 전주 남부시장 내 청년몰 방문과 청년몰 양소영 매니저 인터뷰 조사를 바탕으로 한 것이다.

한 사업이다. 이 사업의 목적은 4~6평 규모의 점포를 10개 가량 확보하고, 19세~39세의 청년에게 해당 점포에 대한 우선 입주 자격을 제공함으로써 청년 상인들이 전통 시장의 새 활력소가 되어 건강한 생태계를 만들도록 추동하는 것이다. 사회적기업 이음은 이 목적과 가치를 '적당히 벌고 아주 잘 살자'는 모토로 표현했다. 2012년 남부시장 7동 2층에 12개 청년 점포를 열었고, 2014년에는 30개의 점포로 확대되었다. 그러나 외부에 비춰진 모습과 내부의 모습 사이는 큰 간극이 존재했는데 그 이유는 청년몰 참여자들 간의 공동의 가치(협동조합)를 공유하지 못했기 때문이다.

중앙과 지방정부가 공동 프로젝트로 지원한 남부시장 청년몰의 성장 및 정체과정을 살펴봄으로써 정부 주도형 사회적경제 활동의 한계를 강조하고자 한다.

가치 공유를 우선하기보다는 일단은 살아남을 사람들을 찾았다

청년몰은 가치도 좋지만 일단은 살아남을 사람들이 필요했다. 그래서 당장 장사를 할 수 있는 사람들을 찾았고 모집 문구도 '창업을 원하는 청년을 모집합니다.'로 바꾸었다. 그러다보니 장사를 정말 해줄 수 있는 사람들이 시급한 상황에서 협동의 가치를 갖춘 준비된 사람을 찾기 힘들었다. 1년 반쯤 지나서 청년몰이 매스컴에 소개되면서 이후 사람들이 많이 찾아오기 시작했고 현재는 낮은 단계의 협력을 하는 수준으로 유지되고 있다. 2013년에 지원사업으로서 청년몰 프로젝트는 종료되었고, 2014년부터는 자체적으로 운영되고 있다. 지금 협동조합을 목표로 협력을 모색하고 있지만 그렇게 낙관적이지 못하다는 것이 내부자의 평가이다. 그 이유는 초기부터 협동조합을 목표로 논의가 진행되지 못한 상태에서 다양한 생각을 갖고 있는 사람들이 함께 시작한 상황이기 때문이다. 향후 현재 청년 상인들이 협동조합을 구성할 수 있을 것에 대해서는 부정적인 시각이 크다.

그림 36 전주 남부시장 청년몰

지원사업 종료 후 추진 주체들이 사라지게 되자 느슨한 공동체로 전락하다

청년몰에 들어온 상인들은 현재 6기까지 선정한 사람들이다. 이 선정과정은 6개월에 한번 씩 진행되고 있다. 초기에는 열정 있는 청년들이 혁신적 아이디어를 가지고 이 사업에 들어올 것이라고 기대했지만 기수가 늘어갈수록 이런 사람들은 거의 찾아 볼 수가 없다. 좀 함께 잘 살고 재미있게 사는 정도로 소소한 삶을 사는 것에 만족하는 사람들이 가게를 운영하다 보니 서로 협력하고 논의하고 소통하고 꿈을 꾸는 것이 부담스러워한다. 그 과정에서도 서로 의견을 조율하는 것을 힘들어 하고 결국 점차 개인플레이로 바뀌게 되었다. 물론 각자 열심히 하려고 했지만 여러 사람들이 모여 있다 보니 공동체를 이루는 과정에서 상처를 받고 청년몰을 떠나는 경우도 발생했다.

청년몰 참여 구성원은 협동의 가치가 배태되어 있지 않고 공동체로 뭔가 힘을 모으려는 열정도 충분히 갖고 있지 않은 사람들이 지배적이라는 것이다. 심지어 조금 여유를 갖고 있는 사람들이 가게를 운영하다 보니 협동조합으로의 전환은 점차 요원해지고 있다. 물론 몇몇 사람이 전체 방향을 이끌고 있지만 이것이 전체의 힘으로 모으는데 한계가 있는 상황이다. 협동조합을 이루기 위한 세미나를 자발적으로 꾸리기도 했지만 이것이 진정 개인의 필요와 욕구에서 이루어지는 것이 아니기에 힘이 빠지기도 하다.

요컨대, 전주시 남부시장의 청년몰은 현재 분명한 리더가 없고, 협동의 가치와 경험을 충분히 축적하지 않은 상태이기에 자발적으로 협동조합을 구성하여 제2의 도약을 이루기에는 많은 한계가 존재한다. 그 원인은 협동하고자 하는 사람들이 준비되기 보다는 사업이 우선이었고, 해당 사업을 진행하기 위해 좀 여유 있는 30대 청년사업가를 동원하는 형식이 되었다는 데 있다. 더불어 그들 내부에 충분한 협동의 가치 공유와 유대감이 형성되지 못하였다는 점이 크게 작용하였다. 물론 이러한 것들을 이루기에 3년의 시간은 아주 짧은 것이다. 청년몰 구성원들 스스로 많이 지쳐 있는 상황에서 어떻게 서로 협력하여 현재의 어려움을 극복할 것인가라는 큰 과제를 마주하고 있다. 협동의 경험을 통해 청년몰이 제2의 도약의 시기를 맞이할 것을 기대하고 있다.

7. 제주: 협동문화의 부활 및 적용 과제

제주의 경우는 독특한 시민사회 문화와 강한 연결망이 작동하기 때문에 최근에 구성된 사회적경제 네트워크도 다른 지역과 다른 방식으로 작동할 것이다. 그 특징을 살펴보고자 행복나눔마트와 제주 내 주요 사회적경제 지원 기관을 사례로 선정하였다. 특별히 행복나눔마트 직원협동조합 실험은 직원 간 협동의 가치를 제고하고 업무 만족감(행복)을 높일 수 있는 모델로 주목할 만하다.

(1) 행복나눔마트

가. 제주지역 사회적경제 생태계 소개

제주지역 시민사회는 다른 지역과 차별화되는 아주 독특한 문화를 가지고 있다. 제주는 지역사회가 좁아 시민사회 진영 소속 활동가 대부분이 서로 잘 알고 있으며, 시민사회 진영 소속 활동가 대부분이 서로 잘 알고 있어 연대활동이 일상화되어 있고 협력관계가 매우 끈끈한 연줄에 기초한다. 시민사회에도 소위 '괸당'문화가 영향을 주고 있다고 볼 수 있다. 제주도는 특별자치도로 바뀐 이후에 도지사의 권한이 강력해지면서 인사, 재정, 인허가권 및 조사권까지 가지게 되었고, 지역 정책결정에 막강한 영향력을 행사할 수 있다. 제주 시민사회의 가장 큰 한계는 전문가가 취약하다는 점이다. 다른 지역과 달리 지역출신의 전문가, 대표적으로 대학교수가 시민사회단체의 대표를 맡는 것을 상당히 부담스러워한다. 이것은 아마도 괸당문화에서 전문가들도 자유롭지 못하다는 것을 암시한다. 제주도 인구 60만 중에 공무원이 10가구당 1가구가 될 정도로 공무원의 일상 삶에 깊숙이 영향을 미치고 있는 것도 또 하나의 특징이다. 이런 맥락에서 제주도민들이 다양한 목소리를 역동적으로 모아내서 영향력을 발휘하기 보다는 오히려 도지사를 중심

그림 37 제주도 사회적경제의 새로운 실험: 행복나눔마트

으로 많은 공무원들이 일사분란하게 도정을 움직이고 있는 것이 제주의 현실이다. 강한 괸당문화로 인해 일반 주민들도 '웬만하면 목소리를 내지 않고 조용하면 좋은 것이다.'라는 태도를 갖는다는 것이다. 이런 맥락에서 제주도 시민사회의 사회적경제 활동은 상대적으로 늦게 결합하게 되었고, 지역 개발과 관련하여 많은 이해관계자가 얽혀 있어 구조적으로 공공성을 강력하게 추진할 수 있는 연대와 협력활동이 제대로 이루어지기 어렵다.

위 그림 37에 제시된 직원협동조합 행복나눔마트는 제주 시민사회가 새롭게 시작한 사회적경제의 실험이다. 사회적 양극화를 경험하고 있는 노동자들에게 좀 더 행복한 고용기회 및 작업장을 제공하고자 지역 마트를 직원협동조합으로 전환한 사례이다. 제주시에 위치한 행복나눔마트협동조합(이하 행복나눔마트)은 겉으로 보기에 여느 마트와 큰 차이가 없어 보인다. 그러나 행복나눔마트는 2013년에 기존의 17명의 직원을 고용승계하면서 총 4억 3천만원을 투자하여 설립한 최초의 직원협동조합이라는 점에서 특별한 의의를 지닌다. 행복나눔마트는 제주의 진보정당, 지역운동, 노동운동을 하는 사람들이 뜻을 모아 시작하였다. 또한 생활의 문제를 함께 풀어가며, 협동체 간의 협동을 통해 성장을 꿈꾸며, 안정적인 직장 그리고 삶의 여유를 찾을 수 있는 직장을 만들어가는 것을 목표로 삼고 있다. 현재 행복나눔마트의 조합원은 23명과 직원 21명으로 운영되고 있으며 2015년 하반기에 2호점을 새롭게 열 계획이다.

직원의 생각은 결코 교육으로만 바뀌지 않는다

행복나눔마트협동조합은 기존 마트직원을 대상으로 협동조합을 교육하고 조합원으로서 민주적 의사결정 과정에 대해서 구체적으로 경험할 수 있는 기회를 제공하는 등 헌신적으로 직원들의 변화를 꾀하였다. 다른 마트보다 근무시간은 짧고 직원 수는 많으므로 직원들이 마트를 좋은 일자리로 인식하고 장기적으로 성실하게 근무할 수 있는 여건을 만들어 나갔다. 조합원으로 가입시키는 것은 아무 조건 없이 시간이 지나면 자동 가입하는 것이 아니라 동료나 선임에게 근무 및 동료관계 등의 평판을 확인하여 계속 고용여부를 결정하고 동시에 조합원 교육을 정기적으로 진행하여 조합원 가입을 하게 된다. 조합원이 된 이상 해고는 불가능하며 마트의 공동주인으로서 책임의식을 가지고 민주적 의사결정에 참여하는 과정을 경험하게 된다.

그러나 안타깝게도 지난 2년여 시간 동에 협동나눔마트가 직원에게 쏟은 헌신과 열정의 시간은 큰 결실을 이루지 못하고 있다. 직원들이 협동의 가치는 교육을 통해 이론적으로 받아들이기는 하지만 경험 및 나눔과 배려 등의 연습과 훈련의 부족으로 자발적으로 협동하려는 수준까지는 이르지 못하고 있다. 사람을 변화시키는 것은 장기적인 목표로 삼는 대신에, 단기적으로는 주변의 많은 일반 마트들이 협동조합의 방식으로 운영할 수 있는 구조를 갖추며, 마트도 좋은 일자리가 될 수 있다는 인식의 전환을 이끌어 내는 데 목표를 두고 있다.

(2) 제주지역 사회적경제 활동 지원기관[30]

사회적기업·협동조합 통합지원기관은 제주의 독특한 협업문화를 배경으로 한다

제주지역의 사회적경제 생태계는 다양한 행위자를 제도적으로 묶어내는 방식으로 진행되었다. 2015년 사회적경제에 관심을 갖고 참여하던 시민사회단체는 제주사회적기업협의회, 제주사회적경제네트워크, 제주지역자활센터협회, 제주경제문화연구원 등이다. 이 네 개의 조직을 컨소시엄으로 하여 통합지원기관으로 신청하게 되었다. 이는 사회적경제 관련 다양한 활동을 통합적으로 추진하기 위하여 통합지원센터를 기획한 것이다. 사회적기업협의회는 부분적인 역할만 담당하며 실제적인 활동은 주로 통합지원센터가 담당하고 있다. 예를 들어 지원센터에는 6명의 상근자가 있는데 2명은 사회적기업협의회 직원이다. 사회적경제네트워크도 2명의 실무자가 있는데 이들도 자활센터협회와 제주경제문화연구원에서 파견 받은 실무자이다. 통합지원기관은 제주지역 사회적기업 인증 상담과 제주형 예비사회적기업 지정 상담, 협동조합 설립 지원 상담 등 다양한 행정 지원 사업을 수행하고 있다. 또한 사회적기업과 협동조합을 비롯한 제주지역 사회적경제 조직 간 자원 연계와 유관기관들과의 네트워크 활성화 사업, 사회적경제 교육 및 홍보활동을 하고 있다.

제주도 통합지원기관이 중간지원조직으로서 사회적경제 활성화에 공적인 역할을 할지는 지켜 볼 일이다. 사실 현장의 목소리를 지원기관이 지속적으로 듣고 반영하지 않으면 또 하나의 관료기구로 전락할 것이기 때문이다. 제주지역에 사회적경제 혹은 사회적기업을 제대로 이해하는 공무원은 소수에 불과하다. 광역 단위로 접근하기 보다는 오히려 기초 단위에서 훈련된 공무

---

30 아래의 분석결과는 2015년 7월 20일, 제주 사회적경제네트워크 대표 및 사무국장 간담회 참석 및 행복나눔마트 협동조합 이경수 이사장 인터뷰 조사를 바탕으로 한 것이다.

원이기 때문에 사회적경제에 대한 인식도 단순한 행정 전달 체계로만 접근하고 있다. 현재 제주도를 포함해서 몇몇 광역자치단체장들이 사회적경제에 대해 관심이 크고 의지도 있지만 행정 채널에서 이것을 잘 연결시키지 못하는 것이 현실이다. 시민사회 진영 역시 아직 역량이 미약한 상황이다. 제주도에서 사회적경제 관련해서 사회적기업협의회, 자활기업협회, 협동조합연합회, 마을기업협의회, 사회적경제네트워크, 소비자생활협동조합 등의 6개 협의체가 논의하는 틀을 이루었지만 아직도 각자의 입장만 주장하는 형국이다.

제주지역의 시민사회 네트워크는 사회적경제 영역으로 그대로 연결되어 있다

제주의 경우 시민사회 진영의 활동가들은 거의 다 아는 사이라고 할 수 있다. 학교 선후배나 지역 선후배이기에 많은 부분에서 인간관계가 중첩된다. 이런 이유에서 제주지역의 사회적경제 네트워크에는 협동조합, 사회적기업, 시민단체가 함께 참여하고 있다. 지역자활센터도 제주참여환경연대에서 출발할 정도로 제주지역의 자활사업은 대부분 시민사회운동 진영의 활동가들이 담당하고 있다. 다른 지역의 자활사업은 복지관, 종교 법인이 대부분 담당하고 있지만 제주 지역은 시민사회와 아주 긴밀한 네트워크를 유지하고 있다. 비슷한 모습이 생협 활동에서도 나타나는데 한살림 제주, 제주 아이쿱, 한라아이쿱 등이 상호 긴밀한 협력을 유지하고 있다. 그 이유는 활동가들이 서로 개인적으로 잘 알고 있기 때문이다. 다시 말해 제주도의 괸당문화가 어떤 면에서는 부정적이지만 이렇게 시민사회 진영을 포괄적으로 이어주는 기반이 되기도 한다.

한편 이러한 강한 연결망이 지역의 폐쇄성으로 이어질 위험도 낳고 있다. 최근 제주도로 이주하는 사람들이 많은데 사회적경제 영역을 중심으로 지역사회에 결합하고자 할 때 이러한 괸당문화가 큰 장애물로 작용할 수 있다. 이런 벽 때문에 제주에 이주해 온 사람들이 기존 지역주민과 결합하기 보다는 이주자들끼리 친환경 주택을 만들어 거주하는 모습이 나타나는데, 이것은 지역주민의 삶과는 무관한 공동체 형태이기에 지역에 기반을 둔 사회적 경제 활동에는 부정적 영향을 미치게 된다.

요컨대, 제주지역의 사회적경제 조직들은 비록 늦게 출발하였음에도 불구하고 시민사회 전체를 아우르는 협업의 형태로 발전하고 있다. 그러나 동시에 제주 지역은 특유의 강한 지역색 혹은 괸당문화로 인해 지역공동체를 활성화하는 데 많은 장애물을 경험하고 있다.

8. 사례별 특징과 함의

지금까지 권역별로 주요 지역의 협동조합 생태계 및 사례를 살펴보았다. 각 권역별 주요 특징을 요약하면 다음과 같다.

서울지역의 사회적경제 활동에 참여하고 있는 주민과 시민사회의 관계를 자립, 기획, 운동의 결합으로 요약할 수 있을 것이다. 주민 스스로 자신들의 필요-주거, 복지, 교육-에서 시작한 협동의 경험에서부터 광역 혹은 기초자치단체의 기획으로 사회적경제 관련 활동이 활성화된 사례도 존재한다. 또한 여성민우회처럼 여성운동에 기반을 둔 여성단체가 생활협동조합을 통해 사회적 가치를 확산하고자 노력하는 경우도 있다. 이때, 오랜 시간 아래로부터 구축된 마포지역의 사회적경제 활동보다 위로부터 주도된 사업 혹은 운동으로 기획된 사회적경제 활동은 지속가능성 측면에서 많은 과제를 마주하고 있다.

경기지역의 사회적경제 활동에 참여하고 있는 지역과 조직은 어느 하나로 일반화할 수 없을 정도로 다양하고 역동적이다. 원도심의 지역공동체를 재생시키는 것에서부터 신도시 아파트 단지 내에서 새롭게 형성되는 지역주민 공동체 모습은 희망적으로 보인다. 그러나 전통적인 도농복합지역의 공동체는 위로부터의 기획과 사업중심의 활성화보다는 자연스런 재생을 원하고 있다. 따복공동체로 대표되는 새로운 형태의 민관거버넌스 실험모델도 중요하지만 주민 혹은 시민사회 안에서부터 상호 협력의 노력들이 자연스럽게 결실을 맺을 수 있는 실험들이 시도되어야 한다. 그런데 아직까지 이러한 민민거버넌스의 필요성을 인지하는 수준에 머물고 있으며 구체적인 결실로 이어지지 못하고 있는 실정이다. 민민거버넌스가 활성화될 때 민관거버넌스로 자연스럽게 결합될 것으로 기대된다. 그러나 현실은 지원에 초점을 둔 민관거버넌스가 주를 이루는 형국이다.

강원지역에서는 협동조합의 생태계가 제대로 갖추어진 원주지역을 주목하지 않을 수 없다. 협동연결망의 생태계가 오랜 시간 자리를 잡아가면서 이를 토대로 새로운 협동의 실험들이 상대적으로 쉽게 이루어지고 있다. 소위 '협연'의 자산을 적극적으로 확산할 때 주민과 시민 사이는 더욱 가까워질 것이다.

충청지역의 사회적경제 활동의 키워드는 학습으로 요약된다. 농촌지역의 공동체 붕괴, 농촌인구의 고령화에 따른 생산력 저하 상황에서 어떻게 사회적경제 활동을 활성화시키는가는 주요한 과제이다. 이때 충청지역에서 주목한 것은 바로 소통과 학습 전략이다. 옥천신문은 지역의 다양한 협동적 사회경제생태계를 확산하고자 지역 주민들에게 다양한 경험을 소개하고 지역 리더를 발굴하였다. 홍성, 아산 지역에서 꾸준하게 성장하고 있는 사회적경제 활동 경험은 지역 주민들이 마을공동체의 소중함을 학습하도록 돕는 실천의 장이 되고 있다.

영남지역은 상대적으로 사회적경제 활동에 큰 관심을 보이지 않았다. 산업화를 통해 지역경제 발전 전통이 강하기에 사회적경제 활동은 주변부 주민들의 관심에 머물렀다. 장애인 복지 전통이 강한 대구 동구 안심마을은 주민들의 강한 협동과 연대를 통해 지역복지 공동체를 형성하는데 큰 성과를 보였다. 그러나 그것을 경제적 영역으로 확대하는 과정에서 많은 시행착오를 경험하였다. 사회적경제 활동의 지속가능성 문제는 주민을 넘어 시민으로 그 대상이 확대될 때 혁신, 협력, 지원, 연대의 지렛대를 더 강하게 동원할 수 있게 된다. 지역 공동체에 기초한 초기 성공경험이 사회적경제 활동의 지속가능성을 담보하기 위해서는 시민과 결합해야 하는 과제가 남아 있다.

호남지역은 사회적경제 활동의 한국적 특성 즉 추격 모델을 잘 보여주고 있다. 지자체의 적극적인 리더십과 지원 정책으로 주민은 힘을 얻고 거버넌스를 구축하면서 사업부분에서도 성공적인 부분을 보이고 있다. 로컬푸드 1번지 완주 사례는 주민과 리더의 협력을 통한 추격적 모델을 잘 보여준다. 그러나 이것이 지속가능한 모델인가에 대해서는 논쟁의 여지가 있다. 지속적인 혁신의 결합이 필요하고, 생산 부문만의 활동이 아니라 유통, 가공 그리고 재생의 영역까지 포괄하는 종합적인 접근에 대한 합의가 필요하다. 그러나 정부, 기업 그리고 시민사회 모두가 이러한 종합적인 접근보다는 추격에 초점을 맞추고 있는 형국이다.

제주지역의 경우는 사회적경제 활동을 활성화하기 위해 전통적인 협동문화를 부활시킬 뿐만 아니라 지역에 강하게 자리 잡고 있는 소위 '괸당'문화와 같은 특색과 어떻게 조화를 이루어 지역 경계를 넘어선 협력과 연대를 활성화할 것인가의 과제를 안고 있다. 지역 주민 내부에만 국한될수록 시민과의 거리를 더 멀어질 것이며, 그것을 넘어설 때 전통적인 협동의 문화가 더 힘을 발휘할 수 있을 것으로 기대한다.

다음으로 도시, 농촌 그리고 도농 지역 사례에서 발견된 주요 특징을 중심으로 함의를 간략히 정리해 보면 아래와 같다.

농촌형 사회적경제 활동의 경우 지역 공동체의 사회적경제 활동이 과연 농촌, 농업, 농민을 살리는데 기여하고 있는가를 주목할 필요가 있다. 분석 결과에 따르면 전북 진안과 완주 그리고 옥천에서 타당한 자료를 확보할 수 있었다. 지속가능한 농업을 고민하고 그것의 토대가 되는 농촌 지역 공동체를 활성화해야 한다. 만약 주도하는 농민들이 주체로 제대로 서지 않는다면 농촌 지역의 공동체 활성화 사업은 사업기한이 끝나면 곧 사람들이 사라진다는 것을 확인할 수 있다. 진안은 내재적 발전 모델에 기초하여 농민스스로 끊임없이 협동하는 경험을 쌓아왔고 그것의 결과물이 마을만들기센터로 나타났다. 완주는 로컬푸드 일번지라는 모토로, 소농중심의 생산자 조합원을 안정적으로 확보하였다. 나아가 이들을 교육하고 상호 신뢰할 수 있는 네트워크를 구축하였고 로컬푸드 직매장 판매를 통해 경제적인 공동체를 체험할 수 있는 기회를 제공하였다. 문제는 이러한 모델이 지속가능하기 위해서는 농업 및 농촌의 장기 비전을 제대로 세우는 것이 중요한데 20년이라는 제한된 시간 안에 농업 및 농촌의 재구조화를 이루어야 할 과제를 안고 있다. 특히 농촌에서 진행되고 있는 체험, 문화, 경관을 토대로 한 사업들이 상호 베끼기로 전락할 경우 농민들은 이 사업에 점차 지치고 있다는 것을 확인할 수 있었다.

도시형 사회적경제 활동의 경우, 급격한 도시화 및 산업화로 급격하게 파괴된 공동체성을 어떻게 회복하고 있는가를 주목할 필요가 있다. 도시의 경우 생애주기적 필요－보육, 교육, 주거, 식품, 의료, 안전, 교통·통로. 경제·고용 등－가 복합적으로 요구되고 있다. 분석 결과 강원 원주와 서울 마포구 성미산 마을의 경우 생애주기적 필요들이 종합적으로 해결되기 위해서는 이종협동조합 간의 협동이 절대적으로 필요하다는 것을 확인하였다. 도시 지역일수록 협동 연결망의 생태계를 구축하여 협동조합 연줄(협연)을 적극 활용하고자 노력하고 있다. 이 '협연'은 형님이 동생을 앞에서 끌어주고 뒤에서 받쳐줄 수 있는 협력 관계망으로, 이러한 오랜 협동 네트워크는 사회적경제 생태계의 주요한 토대가 된다. 실제로 원주의료사회복지협동조합이 사업운영 면이나 조합원의 결합차원에서 보면 다른 의료협동조합보다 부족한 부분이 많았음에도 불구하고 구조적으로 재조정하는 시기를 거쳐 다시금 도약할 수 있는 저력을 보여준 것도 바로 원주 지역 내에 강하게 자리 잡고 있는 이종협동조합 간 협력의 문화와 신뢰관계가 구축되어 있었기 때문이다.

한편 대구 동구 안심마을지역도 발달장애인을 위한 자발적 복지 및 교육 관련 협동조합의 경험들이 지역 공동체를 강화시키는데 기여하였다. 그럼에도 불구하고 경제공동체로 확대하는 과정에서 많은 장애물을 마주하는 것은 지역 내 이종협동조합 간 협력과 연결망이 원주와 같이 강하지 않기 때문으로 해석할 수 있다. 마포 성미산 마을의 경우 구성원들의 필요와 욕구에 따라 협동의 방식을 통해 자발적으로 문제를 극복하고자 하는 다양한 주민 모임이 지속적으로 형성되고 있다. 때문에 협동조합 간의 협동의 생태계가 비교적 성공적으로 이루어지고 있으며, 협동의 문화도 조금씩 자리를 잡아가고 있다고 평가할 수 있다. 향후 마포 성미산 지역의 경우는 이종협동조합 간의 협동의 열매가 더욱 커질 것으로 기대된다.

마지막으로 외부 지원에 의존한 지역 협동조합과 내발적 발전전략을 추구한 지역 협동조합의 경우 유의미한 차이를 발견할 수 있다. 최근 사회적경제 활동을 둘러싸고 지역 주민들이 협동하게 되는 계기는 외부의 지원이 있는 경우와 전통적으로 협동의 경험을 쌓아온 경우이다. 외부 지원에 대한 분석결과 부산지역의 감천문화마을 사업, 종로구 창신동지역의 햇빛발전협동조합, 대구 동구지역의 안심협동조합, 전주시 남부시장의 청년몰 사례에서 부정적 영향을 확인할 수 있었다. 반면에 부산 해운대구 반송동 지역의 희망세상, 완주군의 로컬푸드협동조합 그리고 강원 원주시의 사회적경제 네트워크의 경우 거버넌스 운영에서도 긍정적인 측면을 확인할 수 있었다. 지역의 사회적경제 생태계 구축을 위해 정부 주도로 추진한 사업에서 지역 주민 혹은 시민들은 주어진 사업을 좇다가 본질을 놓치는 결과를 야기하였다. 부산시의 도시재생 프로젝트는 부산의 산복도로 환경개선을 통해 부산의 숨겨진 새로운 관광지역을 발굴하는 긍정적인 효과를 거두었다. 감천문화마을은 젊은이들이 찾는 3대 명소 중의 하나가 될 정도로 유명지가 되었다. 감천 문화마을 안에 많은 사회적경제 조직들—마을기업, 협동조합—이 생겨나서 수익을 올리고 있지만 그 사업을 결정하는 거버넌스 구조 안에 감천마을 지역주민들이 점차 사라지고 있다는 점은 안타까운 사실이다. 그러나 협동조합의 성지로 꼽히는 원주와 로컬푸드 일번지 완주의 경우 지자체가 적극적으로 사회적경제 생태계 구축에 앞장서고 있다. 원주는 사회적경제센터 사무실 공간을 지원받았고 그 공간을 사회적경제네트워크 활성화에 적극 활용하고 있다. 완주는 지자체는 물론 농협까지 로컬푸드 직매장을 확장하고 있어 지역주민에게도 안정적인 일자리를 제공하고 있다. 그럼에도 불구하고 지속가능성을 확보하기 위해서는 주민 간의 신뢰, 민주주의 학습, 리더의 비전, 지원제도 및 거버넌스 구축 그리고 기업 혁신 등의 과제를 해결해야 한다.

표 5 지역별 사회적경제 생태계 특징, 성공요인 및 한계

권역	조사지역	사회적경제 생태계 특징	성공요인	한계
서울	마포 성미산 지역	주민조직이 자생적으로 형성. 보육문제를 해결하는 과정에서 협동조합의 전통과 문화가 형성되면서 다양한 협동조합이 지속적으로 형성됨	크고 작은 다양한 주민모임의 네트워크를 구성 주민의 자발적 참여를 인내심 있게 기다림	주택 및 상가 임대료 상승으로 인한 지역으로부터 퇴출위기
	종로 창신동 지역	봉제지역주민들의 보육, 교육, 복지 등을 공동으로 해결하기 위한 지역공동체활동이 활성화됨	소외지역의 주민들의 협동의 강한 욕구 지자체의 적극적인 지원으로 봉제마을 등 도시재생 지원 사업	지역 활동가의 브로커 역할에 지나친 의존 사회적가치의 우선성 인식부족 협동조합=기업이라는 인식 부족
	행복 중심생협	여성민우회라는 여성운동단체 기반으로 출발하였으나 복지, 교육, 생명, 안전 등으로 사업을 확장하고 있음	생협 출발의 지렛대인 민우회와의 관계를 발전적으로 극복	지나친 위탁사업 수행의 문제. 도시 지역 내 생협간 경쟁으로 공생을 위한 협력 위협
경기	부천 행복도시락	사회적기업으로 제대로 성장하기 위한 시스템과 지원 부재를 경험함 부천지역 시민사회의 사회적경제 영역 내 강한 연대활동의 망을 구축함	도시락을 넘어선 사업 다각화 전략: 행복한 밥상 위탁사업 조직혁신 및 전문화: HACCP 인증 획득	보건복지부 결식아동에 대한 바우처제도 도입으로 행복도시락 사업 위기 사회적기업의 일자리 창출을 위한 필요함
	성남 주민신협	주민운동에 기초하여 마을, 신앙, 신협 경제 활동을 통해 지역 경제공동체 생태계를 구축함	지역 주민과의 금융지원 활동으로 강한 신뢰관계 구축함 지역공동체의 허브 역할, 사회적 가치 창출을 위한 공간 제공	민민 거버넌스를 위한 협력과제
	안산 의료복지사회적협동조합	안산 시민사회의 협력의 토양 위에서 생협, 사회적기업, 사회적협동조합의 다양한 옷으로 갈아입는 변화 경험	협동조합의 기획과 혁신은 조합원으로부터 나옴	진정성이 있는 리더십을 재창출하는 과제

권역	조사지역	사회적경제 생태계 특징	성공요인	한계
경기	용인시 수지 느티나무도서관	신도시 젊은 중산층 거주 지역에서 도서관이 지역공동체의 허브역할을 담당	지역주민과의 끊임없는 말 걸기 노력으로 주민과의 신뢰 구축	도서관 참여자를 지역 사회적경제 활동으로의 연결한계
경기	여주시 통카페	다문화 가정 인구가 증가하고 있는 도농지역에서 이주여성을 대상으로 일자리 창출	정부(중앙·지방) 및 대학이 적극적인 지원 및 협력관계	이주여성의 경제적 욕구 충족의 한계; 대학 공간을 넘어선 지역에서는 편견과 선입견 존재
강원	원주시 원주협동조합사회경제 네트워크 원주의료복지사회적 협동조합	1960년대부터 시작한 협동의 경험을 통해 사회적경제를 지향하는 다양한 조직 및 문화 그리고 네트워크 구성	협동조합 이념과 전통이 존재하며 혈연, 지연, 학연을 넘어선 협연이 작동함; 자생성 확보	협동조합 '메카'로서 사회적경제 활성화가 아닌 상품화를 를 추진하는 전략; 의료협동조합은 안정적인 의료진 확보 문제
충청	옥천군 옥천살림·옥천신문	10여년의 농민운동의 결과로 로컬푸드 협동조합을 일궈냈고, 이를 추동한 옥천신문은 지역공동체의 공론장이 됨	사회적가치 및 경제활동의 중요성을 확산시킨 옥천신문의 저력	농촌인구 유출; 협동조합적 토양의 빈약함
충청	아산시 제터먹이사회적협동조합 공세리 마을협동조합	사회적경제 활동에 참여하는 내대외 인적자원이 늘고 있으며, 지역주민 역시 사회적경제에 대한 사회화를 통해 협동의 경험을 쌓아가고 있음	지역 고유종자개발을 통한 상품가치개발, 종자주권 확산 주민 스스로 지역의 역사문화 스토리와 공동체 삶을 묶어내는 일을 강조	지역개발 유혹 지역 고유 농산물을 가공식품으로의 개발 과제
영남	부산 감천문화마을 해운대구 반송동 지역	부산시의 도시재생 사업을 통해 산복도로 및 원도심 환경개선(감천문화마을 및 마을기업; 협동조합)이 창업됨 반송동지역은 소외지역 주민들이 지역단체 희망세상과 함께 자생적으로 지역 공동체를 구축함	건설교통부와 문화체육관광부의 지원사업에 부산시의 적극적인 사업 발굴 및 추진 '희망세상'이 사회적경제 활동을 추진하여 지역 주민간의 신뢰와 협동의 관계를 구축	행정주도적, 위로부터 사업추진으로 지역주민의 소극적 참여; 지속가능성 한계 민주적 훈련과정의 부재 및 사회적 약자 참여 저조

권역	조사지역	사회적경제 생태계 특징	성공요인	한계
영남	대구 사회적협동조합 동행 안심마을협동조합	발달장애아동 복지운동 경험을 토대로 보육 및 복지 지역공동체가 형성되고 이것이 로컬푸드 및 사회적협동조합으로 확산됨	장애인 복지운동에 기초한 지역주민의 자발적인 참여와 헌신적인 협동경험이 다양한 협동조합 실험을 추진할 있는 동력	충분한 준비과정 없이 정부 지원에 의존한 협동조합의 위험성 지자체의 소극적인 사회적경제 활동지원
호남	진안군 진안마을만들기센터	진안군과 농민회가 지난 10여년 동안 내재적발전 전략에 협력하여 진안지역의 사회적경제 활동 활성화를 추진한 결실이 진안마을만들기센터임	농촌지역 공동체 발전에 대한 철학을 견지함: 지자체와 주민 간의 협력거버넌스가 구축됨 귀농귀촌인의 적극적인 유치 및 사회적경제 활동의 촉진자로 활동	고령화된 농촌주민과 귀농·귀촌인 간의 경계 허물기의 어려움 후속세대의 도시유출을 막기 위한 일자리 부족
호남	완주군 완주 로컬푸드협동조합	로컬푸드 1번지 완주는 꿈, 재미, 지속가능성의 세 가지 요건을 갖춘 성공적인 사회적경제 활동 지역으로 성장함	지자체의 제도적, 물적 지원 로컬푸드협동조합 스스로도 지속적인 변신 및 혁신을 추구함 생산자들과의 신뢰관계를 구축함	생산자 주력부대 (65~75세)를 이어갈 후속세대의 참여 전략이 부재함
	전주시 남부시장 청년몰	청년들에게 사회적가치를 우선하며 지역경제활동에 적극적으로 참여할 수 있는 새로운 실험으로서 정부와 지자체 주도로 기획됨 지원종료 후에 협동조합으로 발전하지 못하고 느슨한 공동체로 전락함	대중매체의 적극적인 홍보('적당히 벌고 아주 잘 살자'라는 비전)로 청년몰이 주목받음	협동이라는 공동의 가치에 동의하고 적극적인 사람보다는 우선 사업을 할 수 있는 사업자 선정에 초점을 두는 것이 문제임
제주	제주시 사회적경제네트워크 행복나눔마트협동조합	다소 늦게 사회적경제 영역에 대한 종합적인 지원을 시작하였지만 제주 특유의 괸당문화를 통해 시민사회의 긴밀한 협력관계를 구축하고자 노력함	행복나눔마트협동조합은 국내 최초의 직원협동조합으로 의미가 있으며 협동조합 원칙을 구체적으로 실천하는 직원들의 자발적 협동을 추동함	협동의 경험이 부재한 직원들을 교육만으로는 협동조합의 가치를 체화하는 데 한계가 존재함

IV. 사회적경제 활동의 주요 이슈

앞서 사례 분석에서는 최근 활성화되고 있는 사회적경제 활동의 출발점이 자 원동력이라 할 수 있는 지역과 마을을 주목하였다. 전지구적 차원에서 사회적 양극화라는 거시적인 문제를 해결하기 위하여 그 실마리를 미시적 맥락에서 찾고자 하는 노력이 큰 흐름을 이루고 있다. 이것은 마을이라는 풀뿌리 차원에서 진행되고 있는 사회적경제 활동이다. 특히 지역별 사례분석을 통해 사회적경제 활동의 순환적 연결고리를 발견할 수 있었다. 해당 연결고리를 구성하고 있는 주요 키워드는 다음과 같다: 비전·리더십, 신뢰·주민 공동체, 혁신·경영(개인·조직·사업), 학습·민주주의(실천), 그리고 지원·법, 제도, 물적자원. 이것을 아래와 같이 요약할 수 있다.

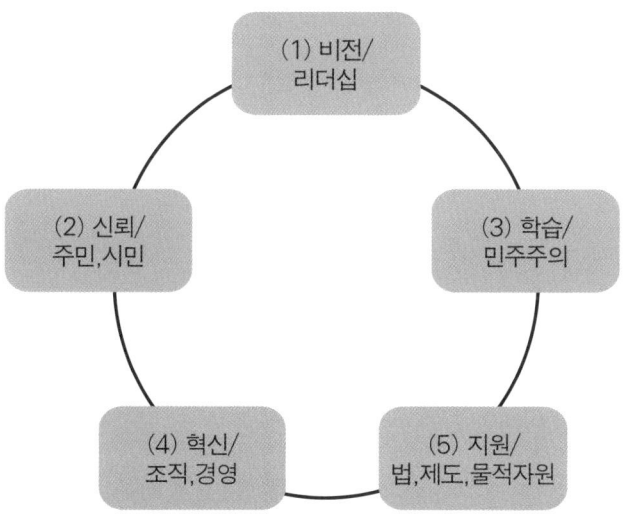

지역 공동체가 지속가능하기 위해서는 위의 다섯 가지 순환적 연결고리가 제대로 연결되어 상호 협력적으로 작동해야 한다. 그러나 현실에서는 이러한 연결고리가 매우 약하였고 상호 균형을 이루지 못해 순환과정이 제대로 작동하지 못한 경우도 많았다. 그 이유는 무엇일까? 정책적 차원에서 접근하여 각 연결고리에서 주목해야 할 부분이 무엇인지를 점검하고 시사하는 바가 무엇인지를 강조하고자 한다.

1. 지역 기반 사회적경제 활동의 장애물 및 시사점

지금까지 주요 지역 및 협동조합을 중심으로 지역별 사회적경제 활동의 특성을 살펴보았다. 한국의 협동조합의 역사는 본래 기원이 오래되었음에도 불구하고 협동의 가치와 경험을 제대로 쌓을 수 있을 토양과 환경이 급격히 무너짐에 따라 협동조합의 전통과 문화, 그리고 활동의 주체가 될 사람들이 사라지고 말았다. 이러한 인적 기반을 회복하고 재구성하기 위해서는 단순한 제도나 조직의 재구성, 정책 지원만으로는 충분하지 않다는 것을 지역 사례 분석을 통해 확인할 수 있었다. 특히 이번 지역 사례연구에서 대상으로 삼은 지역과 사례는 대중매체를 통해서 성공사례로 자주 소개되어 온 곳들이다. 그러나 정책보고서나 대중매체에서 해당 지역 및 지역 협동조합을 비롯한 다양한 사회적경제 조직들을 지나치게 장밋빛으로 묘사하고 있음을 현장 방문과 관계자 인터뷰 조사를 통해서 확인하였다. 지역에서 활동하고 있는 분들은 지난 몇 년 동안 정신없이 달려온 경험을 성찰적으로 바라보며 지역 협동조합에서 진지하게 고민해야 할 다양한 장애물을 지적하였다. 여기서는 각 지역에서 공통적으로 고민하고 있는 대표적인 장애물을 소개하고 각 과제들에서 도출된 정책적 시사점을 제시하고자 한다.

(1) 지역협동조합의 장애물

첫째, 지역공동체 활성화를 경제공동체 활동으로 쉽게 동일시하는 한계가 존재한다. 대부분의 지역에서 교육, 보육 등을 중심으로 협동조합을 진행하고, 이것이 조금 발전하면 주거와 의료까지 사회적 서비스로 확대되어 지역공동체를 활성화시킨다. 대구 동구 안심지역, 마포 성미산 지역공동체는 이러한 유형을 보인다. 그런데 이 지역들은 동시에 경제적인 공동체를 지향하며 도시락, 마을카페 등을 운영하였다. 대부분이 어느 정도 수익을 올리고 있지만 몇 년 안에 성장의 한계를 경험하였다. 특히 마포 성미산의 경우 협동조합의 실패 경험이 거의 없던 지역이지만 카센타를 협동조합으로 추진하였다가 실패를 맛보게 되었다. 경제공동체로 나아가기 위해서는 사업에 대한 더 많은 준비와 조합원의 헌신 그리고 철저한 조합원칙의 견지 등이 필요하다. 나아가 협동조합 간의 긴밀한 협동의 생태계가 갖추어져 있지 않은 경우 도시지역의 경제공동체는 더욱 활성화되기 힘들다. 한국 협동조합이 당장 초점을 맞추어야 할 영역은 교육 및 문화이지 직업 및 일자리 창출로서 경제공동체를 서둘러 공략하는 것은 위험한 것이다.

둘째, 협동조합의 성패를 가늠하는 중요한 조건은 민주주의의 연습이다. 민주주의 훈련이 충분히 되어있지 않다는 점은 지역 협동조합의 큰 한계이다. 사례에서 살펴보았듯이 민주주의 원칙을 간과할 때 협동조합의 힘은 곧 사라지게 된다. 왜냐하면 협동조합은 민주주의의 학습 및 구현의 장이기 때문이다. 즉, 자신의 의사를 제대로 반영할 수 있는 토론의 공간은 물론 회의방식을 견지하고 있는지가 중요하다. 사회적 약자 및 소수자의 목소리가 제대로 반영되지 않는다면 이것 또한 협동의 가치가 제대로 구현되지 못하는 것이다. 풀뿌리 지역으로 갈수록 아직까지 공무원이 지역 주민을 일방적으로 가르치려는 고압적인 자세가 팽배하다. 지역의 문제는 지역주민이 가장 잘 알고 있다는 것을 간과한 태도이다. 따라서 지역 주민 스스로 문제를 도출해 낼 수 있는 기회와 공간을 보장해야 한다. 부산 사례에서 보았듯이 협동조합을 운영할 때 일반 조합원이 자기의사를 제대로 반영하는데 최소 1년 이상의 시간이 소요될 정도로 민주주의를 체득하는 데는 인내심이 필요하다. 만약 민주주의 연습을 소홀히 여기고 지역 활동가나 공무원이 리더십을 발휘하여 협동조합 사업을 추진해 갈 때 초기에는 성과를 낼 수 있지만, 그들이 어떤 이유에서든 그 조합에서 사라지게 될 때 해당 조합은 곧 무력해질 것이다. 긴 호흡을 가지고 사람들이 조금씩 변한다는 점을 인정하고 시간에 대해 관대해지는 것이 중요하다.

셋째, 지역 텃세와 지역 유지에 대한 편견이 지역공동체 활성화의 중요한 한계로 나타났다. 농촌 지역으로 돌아오고 싶은 사람들을 가로 막는 텃세에 대한 올바른 이해가 필요하다. 도시와 농촌 구분하지 않고 어느 지역이든 텃세라는 것이 존재한다. 그런데 이러한 텃세를 기존의 기득권을 지키려는 사람과 합리적인 방식으로 권리와 책임을 다하자는 사람으로 구분하는 것은 올바른 접근이 아니다. 어느 지역이든 그 지역을 사랑하고 지역을 지켜온 사람들을 존중해야 하는 것은 바른 자세이다. 물론 소위 지역 유지로 불리는 사람들을 기득권자로 색안경을 끼고 접근하는 것은 지역공동체 활성화를 가로막는 가장 큰 장애물이다. 이러한 편견이 소통을 가로 막기 때문이다. 그러나 어느 지역이든 텃세라는 것은 존재하기에 그들과의 관계를 트고 새로운 관계망을 갖기 위한 노력을 해야 한다. 새로운 농촌지역에 들어갔으면 그들의 문화를 이해하고 그 땅을 지켜온 사람들에 대한 존중과 그들의 간섭을 겸손하게 받아들이는 것이 필요하다. 진안 봉곡마을 사례가 보여주듯이 지역 공동체에 소속된다는 것은 나의 삶에 간섭하는 사람들이 많아지는 것을 의미한다. 그런데 그것을 거부하고 내 공간, 내 물건으로 경계를 짓는 순간 지역에서의 관계 맺기는 불가능해진다. 호혜적 자세로 그들의 삶의 방식을 인정하고 그것을 배우고 함께 부딪치며 갈등도 하고 서로를 이해하는 적응 과정으로 귀농과 귀촌을 이해할 필요가 있다. 이러한 호혜적 이해와 갈등 과정을 거치지 않고서는 결코 마을의 경계와 벽을 넘어설 수 없다. 일례로 부산 반송동에서 지역 유지들에게 공동의 성과물을 먼저 배려함으로써 이념적 갈등의 벽을 넘어설 수 있었던 것처럼, 마을 유지와 긴밀한 관계를 맺기 위해서는 진정성 있는 자세로 마을 공동체를 위해 그들과 끊임없이 소통하려는 자세가 필요하다. 이러한 관계트기가 없다면 지역공동체 활성화는 요원한 과제가 될 수 밖에 없다.

넷째, 지역 협동조합의 활력소인 청년의 참여를 가로 막는 장애물에 주목할 필요가 있다. 모든 지역에서 청년들이 살아야 지역이 산다는 것을 인지하고 어떻게 하면 청년들을 지역에 남거나 돌아오게 할 수 있을지를 고민하고 있다. 현장의 활동가들은 지역의 사회적경제 활동 영역에서 청년들의 참여가 저조한 것은 세대 차이에서 비롯된다고 진단한다. 수평적 의사결정에 익숙한 청년들의 참여를 기성세대는 못마땅하게 여기곤 한다. 부산의 한지붕 두가정 프로젝트에서 보여준 것처럼 이미 사회적경제 영역에 참여하고 있는 실버세대들은 혹시 젊은 애들이 치고 들어오면 자신의 것을 놓치지 않을까라는 편협하고 이기적인 자세를 보이기도 한다. 협동조합이 상생의 길이고 협력의 길이라는 것이 전혀 몸에 배어 있지 않기 때문이다. 기성세대가 사회적경제 영역을 세대 간의 밥 그릇 싸움처럼 바라보는 것은 청년의 참여를 가로막는 큰 장애물이다.

동시에 이런 지역 기득권자의 저항과 편견을 참지 못하고 민주주의와 합리성만을 내세우면서 지역 노인들을 꼰대로 치부하며 지역을 떠나는 청년들의 경솔함도 문제이다. 이 양자 간의 갈등을 어떻게 중재하고 협력할 수 있는 대안을 발굴하는 것이 절대적으로 필요하다. 노인을 융통성 없는 꼰대로, 젊은이들은 공동체보다는 자기 것만 찾는 이기주의자로 치부하는 극단적 사고를 먼저 피해야 한다. 정부에서 벤처산업에서 두각을 나타내고 있는 소수의 청년만을 바라보고 그들에게만 지원을 고려하는 것도 문제이다. 왜냐하면 이러한 소수 청년에 대한 지원 하에서 지역의 대다수 청년들이 방치되고 있기 때문이다. 청년들의 열정을 믿고 지역에서 판을 벌릴 수 있도록 기회를 지속적으로 제공하는 데서 첫 출발이 이루어져야 한다는 것이 지역 활동가들의 공통된 의견이었다. 다행스러운 점은 지역의 청년들에게 이러한 기회가 점차 늘고 있다는 것이다. 이처럼 청년들에게 사회적경제 영역에서 열정과 실천력을 발휘할 수 있는 훈련의 기회와 자본을 제공하는 시스템을 마련하는 것이 필요하다. 이것은 실버세대의 권리를 양보하는 것도 아니며 모든 기회를 청년에게만 집중하는 것도 아니다. 정부는 지역에서 세대 간 배려와 협력을 추동할 수 있는 전략을 발굴해야 한다.

다섯째, 농촌지역 공동체 활성화에 있어서 가장 큰 장애물은 농촌인구의 고령화이다. 완주 로컬푸드협동조합 사례에서 살펴본 것처럼 로컬푸드협동조합의 주력부대는 65세에서 70세의 여성 노인들이다. 이 분들이 앞으로 생산자로서 참여할 수 있는 기간은 짧게는 10년이고 길게는 20년이다. 모든 농촌 지역에서 고령화 문제는 지역의 사회적경제 생태계를 구축하는 일과 긴밀하게 연결되어 있다. 협동조합 간의 협동이라는 것도 다양한 협동조합이 형성되어야 하는데 그 협동조합에 참여할 주력부대가 고령의 노인들만으로는 불가능한 것이다. 고령화 문제를 무조건 귀농, 귀촌인구를 늘려 해결하려는 것도 너무 순진한 접근이다. 농촌으로의 유인기제가 있어야 한다. 일단, 농업, 농촌, 농민의 세 가지 축을 동시에 고려해서 농촌 지역에서 농업만으로 만족스러운 생계를 유지할 수 있어야 하며 젊은 세대가 농촌을 떠나지 않도록 다양한 일자리를 창출해야 한다. 이때, 도시의 사업들을 농촌에 도시의 것을 농촌에 벤치마킹하는 것은 바람직하지 않다. 완주 고산면 안에 도시형의 북카페가 무려 3개가 몰려 있다. 농촌 현실에 맞는 일자리를 만들어야 하며 로컬푸드와 연결된 일자리는 하나의 대안이 될 수 있다. 예컨대 완주에서는 세대를 걸쳐 총 80개의 일자리를 제공하고 있다. 여성 노인들은 생산자로서 신이 날 정도로 수익을 얻고 있으며 동시에 청년들도 로컬푸드 매장 판매, 농가 레스토랑 서비스 그리고 로컬푸드 온라인 판매를 활성화시키기 위한 온라인 마케팅까지 참여하고 있다. 이것은 농촌지역에서도 사회적경제 영역을 통해 안정적인 일자리를 찾을 수 있음을 보여주는 것이다. 중요한 점은 다양한 지역 협동조합이 지속적으로 성장하고 그 안에서 끝없는 협력의 관계망이 작동할 때 자연스럽게 새로운 일자리가 생긴다는 것이다.

여섯째, 지역의 사회적경제 활동 생태계 구축에 고질적으로 등장하는 장애물은 지방선거이다. 주민들은 지방정부와 함께 다양한 공공사업을 전개하기도 하는데 지역 주민의 목소리에 귀를 기울이는 정치적 환경에서는 지역 주민의 필요와 욕구를 협동조합의 방식으로 해결하는 것에 적극적으로 지원한다. 물론 정치인들은 선거에서 좋은 결과를 얻기 위한 전략으로 사회적경제 조직을 동원하기도 한다. 심지어 정책 대안을 만들어 내는 곳이 지방정부나 공무원이기보다는 사회적경제 조직이라고 말할 정도로 긴밀한 협력관계를 유지하기도 한다. 그런데 선거 결과에 따라서 기존의 관계가 순식간에 역전되는 경우가 발생한다. 일부는 기존에 쌓아온 거버넌스가 하루 아침에 쓰러지는 경험을 여러 차례 하면서 더 이상 거버넌스를 기대하지 않기도 한다. 또한 선거에 모든 에너지를 쏟은 사회적경제 조직은 선거 결과에 따라 기존 사업의 존폐가 결정될 정도로 영향을 받기도 한다. 그러나 사회적경제 활동에 대해 호의적인 기초단체장이 없는 지역에서는 선거를 통한 환경 변화의 유혹이 여전히 강한 것이 지역정치의 현실이다. 이때, 대부분의 지역에서 여전히 선거와 같은 정치환경의 변화를 통해 사회적경제 조직 활성화를 꾀하는 전략은 긍정적이기 보다 부정적인 영향이 더 큰 것으로 나타났다. 때문에 지역협동조합의 경우 정치와 어느 정도 거리를 두고 건강한 조합원을 기를 수 있는 사업에 초점을 맞추는 것이 중요하다.

일곱째, 지역협동조합이 지나치게 운동의 방식으로 진행될 경우 큰 한계에 부딪히게 된다. 사실 운동으로서의 협동조합이 갖는 장점과 단점을 균형

있게 바라보는 것이 필요하다. 캐나다 퀘백의 협동조합은 사회운동의 전통이 강하고 그 출발이 사회운동과 긴밀하게 연결되어 있다. 한국 사회의 협동조합의 부상 역시 국내 시민사회가 신자유주의 세계화의 그림자에서 벗어나기 위한 대안으로 사회적경제를 주목하면서 폭발력을 가지게 되었다. 이러한 맥락에서 공공성 회복을 위한 호혜적 협동 과정에 시민들의 참여를 이끌어내기 위한 의식 전환 캠페인을 전개하는 것이 필요하다. 그러나 이것이 기존의 운동 네트워크에 기초하여 협동조합을 건설하려는 접근은 분명 경계해야 할 전략이다. 서울 지역에서 강력하게 진행된 햇빛발전협동조합의 사례가 운동성에 기초하여 추진된 대표적인 경우이다. 사실 가치적 동원 혹은 계몽적 차원의 동원으로 협동조합을 지속적으로 발전시키는 데는 한계가 존재한다. 기존의 연줄에 기초한 동원과 참여는 오히려 시간이 지날수록 협동조합을 약화시키곤 한다. 따라서, 조합원으로 참여하는 각자가 협동조합의 목적에 동의하고 자신의 삶과 필요에 얼마나 직결되는가를 진지하게 고민해볼 필요가 있다. 우리 사회에서 혹여 강한 연줄망에 기초하여 운동의 방식으로 조합원을 확대하고 있다면 그것은 머지않아 활동의 한계를 마주하게 된다. 몇 사람의 주도로 기획된 협동조합의 경우는 대부분이 이런 연줄과 운동방식으로 설립 및 운영되기 때문에 성장할 수 있는 데 근본적인 한계가 있는 것이다. 다시 말해 사람보다 사업에 초점을 맞추다 보면 협동조합 운동이 마치 지방정부 정책의 대행기관 혹은 서비스 기관으로 전락할 위험에 자주 노출된다. 사회적경제 활동은 결코 행정에 포섭되지 말고 스스로 서야 한다.

(2) 정책적 시사점

앞서 발견한 지역협동조합 운영의 한계에 대한 성찰적 비판을 통해, 농촌 및 도시의 지속가능한 지역협동조합을 활성화하기 위한 몇 가지 정책적 시서점을 도출 할 수 있었다.

우선, 지역협동조합은 지역의 사회적경제 생태계를 고려하지 않을 경우 지속가능하지 않다는 것이다. 지역 맥락에 부합하지 않는 협동조합은 지역 협동조합이 아닌 벤치마킹에 불과한 것이다. 향후 벤치마킹 방식으로 추진하는 지역협동조합은 정책적 지원에서 배제할 필요가 있다.

둘째, 지역 협동조합 내에서 민주적 의사결정이 잘 이루어지고 있는가는 협동조합을 활성화하기 위한 중요한 조건이다. 앞서 강조한 것처럼 민주주의는 학습이 필요한 것이기에 관이나 활동가 주도로 운영이 이루어지다 보면 지역 협동조합을 더욱 약화시키게 된다. 민주주의 학습을 강화할 수 있는 곳은 바로 공론장을 확대하는 것이다. 주민센터, 협동조합협의회, 사회적 기업협의회, 중간지원센터 등의 의사결정 과정에 다양한 지역주민의 참여를 보장하는 협의체를 구성하는 것이 중요하다. 지역의 사회적경제 이슈에 관심을 가지고 적극적으로 참여할 수 있는 공간, 즉, 공론장을 활성화하는 것이 중요하다. 토론과 의사 개진은 저절로 이루어지는 것이 결코 아니다. 정책적으로 이러한 공론장을 확충할 필요가 있다. 공론장을 통해 공감과 소통도 늘어나게 되며 이 경험들은 결국 지역 협동조합 활성화의 중요한 자양분이 될 것이다.

셋째, 지역 협동조합에 관한 사례 분석을 통해 여성 주부의 참여는 증가하고 있지만 청년의 참여는 주춤하고 있음을 확인하였다. 이는 시시콜콜한 일들을 함께 나누는 문화와 여성 주부들의 역할이 지역협동조합 활성화에 중요한 촉매재가 되고 있음을 의미한다. 보육, 교육 그리고 지역 복지 등에 대해 여성 주부들이 함께 고민하면서 이들이 지역의 핵심주체로 서기 시작했다. 한편, 청년들의 지역에 대한 관심은 분명히 증가하고 있지만 지역 내에서 이들을 품을 수 있는 문화가 아직 정착되지 못하고 있다. 이런 견지에서 정책적 대안으로 청년들이 지역 속으로 참여하는 커뮤니티 사업을 집중 계발 및 지원할 필요가 있다. 청년들의 지역 커뮤니티가 형성되어야만 이들이 지역 문제를 함께 고민하고 궁리하고 혁신적인 대안을 제시할 수 있을 것이다.

넷째, 각종 지원 사업이 지역 주민의 사회적 가치의 확산으로 이어지지 않는 이유는 정말 협동하고자 하는 사람들에게 이러한 지원이 이루어지지 않고 있기 때문이다. 지역 현장에 가면 기존의 조직들이 큰 고민 없이 협동조합이라는 새로운 옷으로 갈아입고 정부 지원사업을 받기 위해 노력하는 경우가 많다는 것을 확인할 수 있다. 이들은 사람보다는 사업에 초점을 맞추고 있었다. 그 결과 지역 사람들을 변화시키고 협동의 가치를 체화시키는 것을 최우선 과제로 삼지 않고 있다. 지역 공동체 차원에서 협동조합을 바라보지 않고 조합원의 이익만을 고려하는 단기 프로젝트로만 접근하기 때문이다. 따라서 지원 사업 선정 시 협동조합이 진정 지역의 사회적경제 생태계를 동시에 고려하고 있는지가 중요한 기준이 되어야 한다.

다섯째, 소외받는 주민이 스스로 추진한 사회적경제활동일수록 건강하고 지속가능하기에 이러한 자생적 협동조합에 대한 정책적 지원을 정책적 지원을 고려해야 한다. 부산 반송동 지역 사례에서 확인하였듯이 주민들 스스로 자신의 문제를 발굴하고 대안을 모색하는 경험은 이후 협동조합 운영의 주춧돌이 된다. 그렇지만 이러한 지역공동체에 대한 관심과 문제의식을 가질 수 있었던 것은 오랫동안 그 지역에 살아왔고 사회경제적으로 소외받던 사람들이라는 공감 혹은 유대의 정신이 어느 정도 있었기 때문이다. 불쌍한 사람을 도와주자는 것이 아니라 그 지역에서 함께 살아오면서 유사한 아픔을 자신도 겪었고 그것을 어떻게 함께 풀어갈 것인가에 대해 궁리할 수 있는 공동체 유대감이 어느 정도 자라나 있었기에 가능한 것이다. 이런 공동체 유대감이 형성되고 있는 곳이 마포, 대구 안심, 진안 그리고 원주 지역이었다. 이와 같이 지역 내 유대감이 강하게 자리 잡은 곳에서 아래로부터 추진되는 협동조합 노력들을 정책적으로 지원할 필요가 있다. 모든 지역이 동일한 출발선 상에서 협동조합을 하는 것이 결코 아니다. 자양분이 마련된 곳에는 협동조합 형성의 정책적 지원을 자양분이 부족한 곳은 자양분을 만드는 기초 공사에 초점을 맞출 필요가 있다.

여섯째, 아래로부터 지역 주민의 참여를 이끈 촉매제로 지역도서관을 주목할 필요가 있다. 국내 도시지역에서 나타나는 협동의 경험은 보육 및 교육에 대한 관심으로 시작되며 그들을 한 곳으로 묶는 장소는 지역도서관이었다. 책방이 없는 소외된 지역에 도서관을 스스로 만들어 아이들에게 어려서부터 책을 가까이하게 만들고 싶은 부모의 자식 사랑에 기인한다. 지역 내 자녀를 둔 부모들이 품앗이하듯이 자원봉사로 이 도서관사업에 참여하게 되었다. 도서관을 통해서 다양한 활동이 이어진다. 여기서 다양한 사업이 논의된다. 대구 안심마을, 부산 반송동, 용인 수지가 그렇게 시작되었다. 도시지역 공동체 활성화의 구심점이 되는 도서관은 헌신적인 자원봉사자들이 다른 협동조합의 조합원으로 참여하는 중요한 통로가 되기도 한다. 이때 도서관 사업을 통해 지역 공동체로 들어온 사람들을 어떻게 다른 협동의 플랫폼을 찾게 만드느가는 핵심 과제이다. 이를 위해 도서관은 단순 도서 서비스를 넘어 다양한 커뮤니티 교육, 체험 공유의 기회를 확대해야 한다. 도서관 스스로 지역의 문제를 함께 고민하고 대안을 만드는 공론장이요, 공작소라는 것을 자각해야 한다. 용인 수지의 느티나무도서관은 그 가능성을 보여주는 좋은 사례이다. 이런 견지에서 도시 지역공동체를 활성화하는 장소로서 지역의 민간 주도 도서관을 이해하고, 사회적경제 생태계 구축 차원에서 정책적으로 지원할 필요가 있다. 도서관은 지역의 문제를 제대로 바라볼 수 있는 학습의 공간, 자신의 문제와 유사한 사람들과 만나 함께 논의하는 공감의 공간 그리고 지역 특색에 맞는 대안을 공동으로 발굴하는 협동의 공간이 될 수 있기 때문이다.

　마지막으로 지역 협동조합의 가장 큰 의무는 사업이 아니라 협동할 수 있는 사람을 만들어 내는 것이다. 그러나 많은 지역 협동조합은 조급한 마음에 경제공동체를 구축하고자 사업에 초점을 맞추고 있다. 협동조합을 운영하는 것도 결국 사람이다. 그러나 주민이 스스로 사업을 한다고 해서 주체가 되는 것이 아니다. 문제는 사업 발굴, 사업에 대한 진정한 욕구, 협동 경험의 축적

등이 전제되지 않으면 대부분의 사업이 결국 관 혹은 몇몇 기획자에 의해 끌려갈 위험이 높다는 것이다. 만약 사람을 우선시 하지 않고 사업을 하다보면 구성원들이 지치게 되고 사업명은 남지만 사람은 사라질 위험이 존재한다. 이런 견지에서 정책적으로 사업 성공이 아니라 헌신적으로 조합 활동에 참여하는 조합원을 길러내는 것을 최우선 과제로 삼아야 한다. 더불어 단순 사업별 지원이 아닌 지역별 지원 사업을 고려할 필요가 있다. 그 핵심은 지역 내 사회적경제 생태계 구축사업이며 조직적 차원에서는 이종협동조합 간 협동을 강화하는 쪽으로 나아가는 것이다. 또한 미시적 차원에서는 협연(협동조합 연결망)에 기초한 지역 구성원 간의 신뢰를 구축하는 사업이 요구된다.

2. 사회적경제 활동의 과제 및 전망[31]

앞서 지역별 사회적경제 활동과 생태계에 대한 사례분석을 통해 다양한 장애물을 발견하고 이와 관련하여 정책적 시사점을 도출하였다. 이제 다섯 가지 열쇳말 - 비전, 신뢰, 학습, 혁신, 지원 - 을 중심으로 향후 사회적경제 활동의 활성화를 위한 과제를 제언하는 것으로 결론을 대신하고자 한다.

(1) 비전과 리더십

사회적경제 활동에서 비전을 갖춘 리더십은 어느 것 보다 중요하다. 협동조합을 비롯하여 사회적기업, 마을기업 대부분이 개인 리더에 의해서 많은 것이 결정되고 운영되는 것이 사실이다. 그런데 믿고 따르는 리더에 대한 의존도가 굉장히 높은 경우 리더는 큰 책임감을 느끼게 된다. 리더십은 개인의 특성에서 나오는 것이 아니라 관계 속에서 나오는 것이다. 현재 사회적경제 영역에서 헌신적으로 활동하고 있는 리더들이 차세대 리더십이 제대로 연결되지 못하는 것에 대해 안타까워 하고 책임감을 갖곤 한다. 실례로 협동조합의 리더는 일을 해서 리더가 되는 것이 아니라 조합원들과의 친밀한 관계, 수평적 소통, 겸손하게 듣는 자세 등 그 관계 속에서 얼마나 조합을 잘 이끌어 갈 수 있는가가 중요한 요소로 작용한다. 새로운 리더를 발굴하고 키우려고 노력하고 있지만 쉽지 않다. 그냥 자리를 물려주는 것이 아니라 조합에서 자기 위치를 확실하게 견지하며 사람과의 관계를 잘 이룰 수 있는 리더가 되어야 하기에 후속 리더를 키우는 것은 결코 단순한 일이 아니다.

---

31 여기서 소개하는 일부 정책제언은 2015년 11월 17일과 2016년 11월 20일 두 차례 걸쳐 서울대 아시아연구소가 기획한 〈협동조합 정책포럼〉에서 논의 된 내용을 일부 반영하고 있음을 밝혀둔다. 포럼에 참여한 토론자들은 다섯 가지 키워드-거버넌스, 주민 간 신뢰, 제도, 리더십, 사업의 지속가능성과 혁신-를 중심으로 의견을 제시하였다.

완주 로컬푸드의 경우 생산을 책임질 후속세대를 준비시켜야 하는 과제를 안고 있다. 생산자 조합원의 지속적인 참여가 이루어지지 않으면 현재의 성공적인 운영에 큰 걸림돌이 될 수 있기 때문이다. 생산자를 확보하기 위해서는 정책적으로 귀농 숫자를 늘리고 그들이 적은 규모로 농사를 지으면서 농촌 지역 공동체 활성화에 기여할 수 있도록 지원하는 방법이 있을 수 있다. 그러나 일본의 사례처럼 장기적으로는 전업농과 겸업농의 비율을 역전시키는 전략도 하나의 대안으로 생각할 수 있다. 한국의 경우 전업농과 겸업농의 비율이 7:3이지만 일본은 그 반대이다. 일본에 로컬푸드 직매장이 17,000여개에 이르는 이유는 농업구조 및 인구가 바뀌면서 이종겸업농이 70%를 이룰 수 있도록 로컬푸드 매장이 활성화되었기 때문이다. 이종 겸업농의 가구소득에 농업소득이 30% 정도 차지한다. 나머지 70% 수입은 지역 내 다른 일자리를 통해 얻고 있다. 한국사회에서도 요즘 중년 부부가 귀농 귀촌에 관심을 많이 갖고 있다. 농촌 젊은이들도 농촌지역의 사회적경제 활동 참여를 통해서 월 120만 원 정도의 소득을 올리는 건강한 일자리를 얻게 된다면 그들은 농촌을 떠나기 보다는 미래의 농촌과 농업의 리더로 성장할 수 있는 중요한 토대가 될 수 있을 것이다.

(2) 주민을 넘어선 시민신뢰

사회적경제 활동의 지속가능성을 확보할 수 있는 가장 중요한 요인은 바로 신뢰 형성이다. 주민 간의 신뢰가 제대로 쌓이고 이것이 지역 경계를 넘어선 시민 신뢰로 발전한다면 살맛나고 행복한 공동체에 좀 더 가까워질 수 있을 것이다. 안산 시민사회의 사회적경제 활동 경험은 우리에게 신뢰의 중요성을 보다 선명하게 제시해 주었다. 안산의료복지 사회적협동조합에 참여하는 조합원 모두 사회적경제 활동의 핵심은 신뢰자본이라는 것을 경험하고학습하고 있다. 사회적협동조합이 운영되는 시스템은 조합원의 신뢰와 믿음을 중심으로 똘똘 뭉쳐있다. 결코 조합의 구체적인 운영방식과 요령에 의해서 조합이 성장하는 것은 아니다. 어떤 특정 경영이론에 의해서 조합이 성장한다고 착각하지 말아야 한다. 사회적경제를 지탱하는 신뢰자본은 그 운영방식과 활동이 투명하고 정직해야만 형성된다. 안산의 경우처럼 조합원이 협동조합의 주인이며, 그들이 조합을 살리고 죽일 수 있는 것이다.

신뢰자본을 구축하기 위해서는 우선 지역에 대한 이해 혹은 지역 주민의 필요가 무엇인지를 인지하는 것이 중요하다. 이를 위해서는 주민 간의 소통과 공감의 장이 확대되어야 한다. 보다 구체적으로 지역의 필요를 주민 스스로 조사하고 대안을 발굴하는 노력이 필요하다. 그동안 정부는 사회적경제 활동을 단순한 일자리 창출 수단으로만 바라보고 사회적경제 조직 활동을 위한 가이드라인을 일방적으로 제시하는 경우가 많았다. 특히, 지역과 지역주민에 대한 이해가 부족한 것이 사실이다. 지역 내 다양한 사회적경제 활동은 상호 연결되어 있으며 지역 민주주의, 지방자치, 복지 서비스와도 연결되어 있는 것이다. 만약 정부가 협동조합 활동을 정부 업무 수행의 일부로만 인식한다면 현장의 필요나 욕구와 늘 괴리가 생길 수밖에 없다.

한편, 주민 스스로 서로의 필요를 발굴하고 고민하며 함께 궁리하는 과정에서 서로에 대한 이해와 신뢰감은 높아갈 것이다. 더불어 지역 주민 스스로 문제점을 인식하고 사업 발굴과 운영을 진행하며 동시에 모니터링도 진행해볼 필요가 있다. 이 과정에서 주민과의 소통이 무엇보다 중요하다. 지역 주민들이 무엇을 필요로 하는지, 주민 스스로가 문제 해결을 위해 뛰어들 준비가 되었는지, 그리고 그 과정에서 행정과 정책은 어떤 도움을 적시에 줄 수 있을지에 대한 소통 채널이 항상 열려 있어야 한다. 정부도 더 이상 정책 홍보를 위한 일회적 행사는 지양하고 지역 주민이 스스로 협동조합을 추진하기 위한 전 단계로서 지역 단위 전수조사를 지원해야 한다. 이 과정에서 주민 내 신뢰는 물론 주민과 정부의 신뢰도 증가할 것이다.

(3) 민주주의의 학습장

사회적경제 활동은 민주주의를 구체적으로 경험하는 학습의 장이다. 협동조합 원칙 중의 하나인 1인 1표 원칙에 대한 교육은 아무리 강조해도 지나치지 않다. 또한 협동조합 정신은 결코 몇 차례의 교육을 통해서 달성할 수 없는 것이다. 즉 협동정신과 민주주의는 평생의 교육과 경험을 통해 체득되는 것이다. 그렇기 때문에 어려서부터 사회적경제 활동에 참여하는 것이 중요하다. 어렸을 때부터 협동조합 참여 경험이 없거나 협동의 가치에 대한 교육을 받은 경험이 없다면 사회적경제 활동에 대해 쉽게 좌절하게 된다. 이탈리아 트렌티노의 경우에는 어렸을 때부터 협동 정신을 교육하며, 실제로 다양한 협동 체험 활동을 통해 이것을 체득한다. 특히, 이탈리아의 경우, 협동조합 운영 방식을 교육과정에 포함시키고 있어 협동은 일상 속에 자연스럽게 녹아져 있다. 한국도 초등교육 과정부터 협동조합 내용을 포함하고 그것을 구체적으로 학습 및 체험할 수 있도록 법이 바뀐다면 협동의 삶과 문화가 자연스럽게 녹아질 것이다.

이런 맥락에서 어린 학생들이 사회적경제 활동에 노출될 수 있는 빈도를 높이기 위해서 지역 내 공터나 공원 관리를 사회적경제 조직에게 맡기는 것도 생각해 볼 수 있다. 주민들이 지역 내 공공자산을 활용하여 함께 텃밭을 가꾸고, 공공 전시 및 영화제를 기획하고 운영하는 경험은 중요하다. 이처럼 주민들은 점차 사회적경제 활동을 하나의 문화로 자연스럽게 받아들일 수 있다. 대구 동구 안심마을 사례가 보여주듯이 지역 도시 텃밭은 협동조합의 가치를 세대에 걸쳐 체득하고 함께 학습하는 공간이 되고 있다.

더 나아가 사회적경제 활동에 대한 보다 깊은 연구 및 자료축적이 필요하다. 지역 주민이 지역 이슈에 대한 대안을 발굴할 수 있는 역량을 갖추는 여건이 마련될 필요가 있는 것이다. 예를 들어 한 지역의 친목단체에서 출발하여 안정적인 사회적협동조합으로 발전하고자 한다면 그 조직의 운영 구조는 무엇인지 그리고 마주한 안팎의 장애물을 어떻게 해결하였는지에 대한 보다 철저한 조사 및 연구가 필요하다. 이러한 연구와 자료가 꾸준이 축적된다면 해당 지역만의 특색있는 사회적경제 모델이 도출될 수 있을 것이다. 이탈리아 트렌티노에 세계 최대의 협동조합연구진이 포진하고 있는 이유는 트렌티노에서 새로운 협동조합 실험이 끊임없이 진행되고 중요한 모델이 개발되고 있기 때문이다. 이처럼 한국에서도 지역에 특색 있는 사회적경제 조직이 개발되고, 이들이 고유의 사회적 자본을 토대로 활성화된다면 한국적 사회적경제 활동모델을 개발하는데 크게 기여할 것이다.

(4) 조직 및 경영 혁신

사회적 가치를 강조하는 동시에 경제활동 단위로서 사회적경제 조직은 끊임없는 조직 및 경영 혁신을 통해 시장에서의 경쟁력을 갖추어야 한다. 혁신을 개별 단위에서 추진하기에는 인적, 물적 자원이 상대적으로 부족한 것이 현실이다. 이를 극복하기 위한 대안으로 협동조합 간의 협동이 주목된다. 이처럼 개별 단위 협동조합의 생존을 위해서 협동조합 간 협동이 중요하며, 협력 네트워크 구축은 사회적경제 활동의 지속가능성을 확보하는 데 반드시 고려해야 할 핵심 이슈이다. 특히 이종협동조합 간의 협동을 활성화하기 위한 자체적인 노력은 물론 정부의 법적 물적 지원이 필요하다. 동시에 사회적경제 활동에 참여하는 다양한 시민사회 조직들-시민사회단체, 복지기관, 연구기관, 대학 등-의 협의체를 구성하여 지역문제를 함께 고민하고 풀어가는 협동과정이 매우 중요하다. 예컨대 프랑스 정부는 지난 5년 동안 클러스터의 개념을 동원하여 사회적경제 조직, 일반 기업, 대학 연구소, 연구기관, 학교 등이 지역사회 문제 해결을 위해 일종의 '협동클러스터'를 만드는 사업을 지원하였다. 이를 위해 지역 내 자원과 재능을 공유하고, 공동구매하는 초보적 협력을 전개하였다. 이를 토대로 공동 프로젝트를 수행하면서 협력 기반을 구축하고, 궁극적으로는 지역 발전 전략 수립 및 업종 발전 전략을 세우는 수준까지 이르렀다. 이처럼 장기적인 관점에서 각 단계별 지원 체계에 대한 혁신 전략을 공동으로 모색하는 과정에 주목할 필요가 있다. 정부가 위로부터 혁신전략을 제공하기 보다는 사회적경제 조직들이 주체적으로 그 지역의 다양한 분야와 협력하여 혁신적인 발전 전략을 세우는 것이 중요하다.

또한 지역 내 사회적경제 활동을 담당하는 주체가 실제 그 지역 주민들로 구성되어 있는지도 주목할 필요가 있다. 풍부한 경험과 역량을 갖춘 외부활동가가 참여하면 사업 초기에는 더 잘 될 수 있을 수 있다. 그러나 만약 프로젝트가 끝난 이후 외부 전문가 대부분이 지역을 떠날 가능성이 높다. 그렇다면 사회적경제 활동의 중심 세력이 약화되어 기존의 조직들은 와해되기 쉽다. 지역 주민 스스로 시간을 갖고 필요를 해결할 수 있는 사업을 발굴하고, 외부 활동가의 결합은 가급적 최소화 하는 것이 필요하다. 점차 지역 출신의 사회적경제 참여자들은 정책 결정을 할 때 항상 우위를 차지한다는 자부심을 갖고 스스로 전문성을 갖추도록 노력해야 한다. 왜냐하면 정부 행정은 현장성은 물론 전문성이 늘 부족하기 때문이다. 사실 행정 담당자들은 직무순환의 인사이동을 고려해서 현장에 깊게 관여하기를 꺼려한다. 그런데 안타깝게도 농촌에서 진행된 많은 프로젝트 준비 과정에서 예비계획서 준비, 교육 그리고 평가하는 것이 개별적인 외부 전문가에 의해 진행되는 경우가 많다. 때문에 지역 주민도 외부 상담 의뢰를 점차 꺼리게 되었고 스스로의 혁신을 통해서 좀 더 지속적인 사업을 준비하고 있다. 진안마을만들기센터의 경우 지역 상담에 적극적으로 참여면서 주민들의 눈높이에 맞춘 프로젝트를 만들어 내고 있다.

(5) 법, 제도 및 물적 지원

한국의 사회적경제 활동에서 두드러지게 나타난 추격의 과정은 정부 주도의 다양한 지원 활동과 긴밀히 연결되어 있다. 법적, 제도적 지원에서부터 물적 인적 지원까지 그 폭은 매우 광범위하다. 서구 선진국은 한국의 추격 과정에 놀라고 있다. 그러나 동시에 지원 과정에서 드러나는 문제를 성찰해 볼 필요가 있다. 먼저 협동조합 관련 법·제도에 대한 개선이 필요하다. 현재 협동조합기본법에서 일반협동조합과 사회적협동조합을 구분하는 기준을 영리 혹은 비영리로 단순하게 구분하고 있다. 조합원의 이해와 조합원들에게 잉여가 발생했을 때 협동조합 중에 배당금을 돌려주는 것을 영리로, 돌려주지 않는 것을 비영리로 양분하고 있다. 그러나 영리 대 비영리로 일반협동조합과 사회적협동조합을 나누기 보다는 공익성을 추구하는가 아니면 그렇지 않은가로 보는 것이 타당하다는 주장도 존재한다. 이런 견지에서 정부는 지역기반 협동조합을 육성하기 위해서 영리에 기반을 둔 일반협동조합 보다는 지역 공동체를 활성화하고자 하는 공익적인 목적을 추구하는 사회적협동조합에 대한 지원을 집중하는 것을 강조한다. 그런데 여전히 지역의 공공성을 제고하기 위해 지역 사회적협동조합이 과연 무엇을 할 수 있을지에 대한 방향 설정이 부족한 실정이다.

둘째, 지역 협동조합이 스스로 자립할 수 있도록 금융 및 보험 분야로 활동 영역을 확대하는 방안을 신중하게 검토할 필요가 있다. 실제 마포구 성미산 지역의 대동계 경험과 종로구 창신동 지역의 지역아동센터 활동가들의 계모임은 협동조합 정신과 원칙을 그대로 따르면서도 비인가 신용협동조합을 운영한 사례이다. 물론 이것은 지역 주민들이 오랜 공동체 활동을 통해 신뢰와 유대감을 형성했을 때에만 가능하다. 이러한 지역 내 신뢰와 유대가 축적될 경우 협동조합 영역이 금융업까지 확대될 수 있는 충분한 근거가 될 수 있다.

셋째, 지원 정책과 관련해서 지역협동조합 활성화를 위한 본질적인 거버넌스 변화가 필요하다. 민관 협력 거버넌스를 논하기 전에 먼저 민민거버넌스가 제대로 작동하는가를 성찰할 필요가 있다. 특히, 지역내 사회적경제단체연합회 및 연대체 안에서의 민주적 의사결정과 협치가 제대로 이루어지지 못하고 있는 실정이다. 민민거버넌스를 제대로 구축한 이후에 민관협력 거버넌스를 고민하는 것이 순서일 것이다. 또한 민관거버넌스의 부작용으로 지방행정 조직 안에 민간부문의 인재들이 다양하게 포함되면서 민간역량의 강화가 아닌 분산 혹은 약화를 초래하는 경우도 있다.

넷째, 민관 협력 거버넌스를 강조하고 있는 지방정부가 아직도 지역 주민에 대해 고압적인 자세 즉 수직적인 관계를 고집하고 있다. 이런 상황에서 정부는 주민들이 진정 무엇을 필요로 하는가를 제대로 수렴하지 못하게 된다. 지역 공무원은 지역에 기반을 둔 협동조합에 대한 학습과 이해의 깊이가 높아져야 한다. 지역 사회적경제 활동 참여 경험이 풍부한 공무원이 많을수록 민관협력 거버넌스를 자연스럽게 유지될 수 있다. 전북 진안과 완주에는 민관거버넌스에 대해 보다 열려 있는 공무원이 늘어나고 있다. 심지어 지역 공무원이 협동조합 활동에 더 헌신적으로 참여하는 경우도 있다. '한 사람의 공무원이 변하면 지역의 사회적경제 생태계가 바뀐다'는 말이 나올 정도로 민관거버넌스가 중요해지고 있다.

다섯째, 고령화된 농촌사회 및 농민에게 새로운 활력을 제공할 수 있는 정책 지원이 필요하다. 특히, 농촌지역 고령화 농민에 대한 인식의 전환이 무엇보다 중요하다. 고령화된 농민은 사라져야 할 퇴물이 아니다. 그들의 헌신은 존경을 받아야 하고, 그들의 경험은 문화와 전통으로 소중히 간직되어야 한다. 지역 어른들의 삶을 지역의 전통, 문화 그리고 역사로 여기고 이를 공동의 기억으로 만드는 진안 학선리 마을박물관은 좋은 보기이다.

여섯째, 도시지역 내 협동조합 생태계 활성화 과정에 새로운 위협 요인으로 떠오른 젠트리피케이션에 대한 대응이 필요하다. 최근 서울의 많은 지역이 마주하고 있는 임대료 상승은 사업자의 퇴출위기를 초래하고 있으며 성미산 마을도 예외는 아니다. 주택 문제만이 아니고 마을기업, 주민모임, 협동조합, 사회적기업 모두가 같은 위기를 마주하고 있다. 더 이상 개별 주체들이 해결할 수 있는 문제가 아닌 사회적경제 영역 전체의 문제로 인식해야 한다. 이를 위해 민관이 협력하여 주요 공간들을 일종의 공유 자산으로 만들어 외부 위협으로 부터 보호하고 법적 보호망을 구축해야 한다.

마지막으로 소비자생활협동조합이 소비의 문제로 국한되기 보다는 그 관심과 연대의 폭을 지역 차원으로 확대하고 네트워킹을 강화해야 한다. 그동안 생협이 먹거리 중심으로 활동했지만 지금은 지역 현안을 해결하는 데 관심을 가지고 참여를 확대하고 있다. 특히, 교육, 복지, 주택 등으로 이슈의 폭을 넓히고 있으며, 활동 범위 역시 전국적으로 확대하고 있다. 이와 같이, 사회적경제 생태계를 활성화하는 데 생협은 역할을 담당하고 있음에도 불구하고, 여전히 많은 법적 제도적 장벽을 마주하고 있다. 예컨대, 공정거래위원회의 관리 감독을 받고 있는 생협은 사업에 대한 법과 제도적 지원은 없고 규제의 대상으로 머물러 있다. 이제는 생협도 기재부의 정책 지원 대상이 되어야 한다. 이처럼 소비자생협의 법제화가 지연되면서 소비자협동조합은 타 경제주체처럼 활동을 하고 있음에도 아직까지 소비자단체로만 인식되고 있다. 그 결과 소비자 생협은 정부 지원에서 거의 빠져 있으며, 정책에서도 소비자 단체라는 규정에 갇혀 있어 기업 모델로 인정받지 못하고 있다. 대안경제를 창출하는데 기여하고 있는 생협 활동에 대한 법, 제도 그리고 물적 지원이 절실하다.

참고문헌

Defourny, Jacques, Lars Hulgard, and Victor Pestoff, 2014, *Social Enterprise and the Third Sector*, Toronto, Buffalo, London : Routledge.

Kerlin, Janelle A. 2009, Social enterprise : *a global comparison*, Massachusetts : Tufts University Press.

Quarter, Jack, Ann Armstrong, and Laurie Mook, 2009, *Understanding the social economy: A Canadian perspective*, Toronto : University of Toronto Press.

Quarter, Jack, Sherida Ryan, and Andrea Chan, 2015, *Social Purpose Enterprises*, Toronto : University of Toronto Press.

Restakis, John 2010, *Humanizing the economy : co-operatives in the age of capital*, Gabriola Island : New Society Publishers.

Schaeffer, Robert K. 2014, *Social Movement & Global Social Change*, Plymouth : Rowman & Littlefield.

가토 데쓰오, 2012, 『혁신의 탄생: 아시아 변방의 사회적기업가 7인의 소셜 비즈니스 리포트 (곽지현 옮김), 서울 : 에이지21 (원서출판 2011).

강윤정 외, 2015, 『사회적 경제의 발견 : 나중이 아니라 지금이 행복한 경제!』, 옥천 : 포도밭.

공석기 2014 "한국형 사회적 기업 모델 개발을 위한 탐색적 연구-한국 시민사회의 사회적 기업 길 찾기", 『신학과 사회』28집 1호: pp.77~106.

국토연구원, 2011,『마을만들기, 진안군 10년의 경험과 시스템 : 창조적 도시재생 시리즈 20』, 안양: 국토연구원 도시재생자원센터.

국토연구원, 2014,『마을만들기 네트워크, 사이 넘어 결핍은 네트워크로 메운다 : 창조적 도시재생 시리즈 56』, 안양: 국토연구원 도시재생지원센터.

김기섭, 2012,『깨어나라! 협동조합 : 더 좋은 세상을 만드는 정직한 노력』, 파주 : 들녘.

김성균, 구본영, (2009),『에코뮤니티』, 서울 : 이매진.

김성균, 이창언, 2015,『함께 만드는 마을, 함께 누리는 삶 : 한국형 마을 만들기 의 역사, 이론, 실제』, 서울 : 지식의 날개.

김재환, 2015,『월송리 김 교수의 고향 만들기』서울, : 녹색평론사.

김정희, 조영창 외, 2015,『지방분권이 뭐야? 청년 네 명과 함께 떠나는 현장 탐 방기, 대구 : 지방분권운동대구경북본부.

김종철, 2015,『녹색평론』, 서울 : 녹색평론사.

김의영, 미우라 히로키, 2015,『한·중·일 사회적 경제 Mapping』, 과천 : 진인진.

김현대, 하종란, 차형석, 2012,『협동조합, 참 좋다 : 세계 99%를 위한 기업을 배우다』, 서울 : 푸른지식.

농림축산식품부 농촌정책국 지역개발과 엮음, 2014,『농업, 대한민국 새로운 미 래를 열다, 서울 : 농림축산식품부.

댄 핸콕스, 2015,『우리는 이상한 마을에 산다』(윤길순 옮김), 서울 : 위즈덤하 우스 (원서출판 2013).

라미아 카림, 2015, 『가난을 팝니다 : 가난한 여성들을 착취하는 착한 자본주의의 맨얼굴』(박소현 옮김), 파주 : 오월의 봄 (원서출판 2011).

류은숙, 2015, 『심야인권식당: 인권으로 지은 밥, 연대로 빚은 술로 나누다』, 서울 : 따비.

류태희 외, 2014. 『마을만들기 네트워크 : 사이넘어, 결핍은 네트워크로 메운다』, 안양 : 국토연구원.

리처드 세넷, 2013, 『투게더: 다른 사람들과 함께 살아가기』(김병화 옮김), 서울 : 현암사 (원서출판 2012).

박완희 외, 2014, 『두꺼비와 함께 만들어가는 풀빛세상』, 청주 : 두꺼비생태문화관.

박영숙, 2014, 『꿈꿀 권리 : 어떻게 나 같은 놈한테 책을 주냐고』, 서울 : 알마.

박재동, 김이준수, 2015, 『마을을 상상하는 20가지 방법』, 서울 : 샨티.

스테파노 자마니, 베라 자마니, 2012, 『협동조합으로 기업하라 : 무한경쟁시대의 착한 대한, 협동조합 기업』(송성호 옮김), 한국협동조합연구소 (원서출판 2009).

시미즈 미츠로, 1996, 『덴마크 자유학교 '폴케호이스콜레'의 세계, 삶을 위한 학교』(김경인, 김형수 옮김), 서울 : 녹색평론사, (원서출판 1996).

신성식, 2014, 『협동조합 다시 생각하기』, 서울 : 알마.

에드가 파넬, 2012, 『협동조합 : 그 아름다운 구상』(염찬희 옮김), 서울 : 그물코 (원서출판 2011).

오카무라 노부히데, 2014 『생활협동조합과 커뮤니티: 협동의 네트워크』(충남발전연구원 옮김), 파주 : 한울 아카데미, (원서출판 2008).

유창복, 2014,『도시에서 행복한 마을은 가능한가』, 휴머니스트.

윤병선, 2015,『농업과 먹거리의 정치경제학, 서울 : 도서출판 울력.

임현진 · 공석기 2014『뒤틀린 세계화: 한국의 대안 찾기』, 파주: 나남.

장성익, 2015,『내 이름은 공동체입니다』, 서울 : 풀빛.

정태인, 이수연, 2013,『협동의 경제학 : 사회적 경제, 협동조합 시대의 경제학
　　　원론』, 서울 : 레디앙미디어.

조지 수사, 로저 허먼, 2015,『협동조합의 딜레마 : 협동조합과 주식회사의 조
　　　직형태 전환 사례연구』(김창전, 이현정 옮김), 고양 : 가을의아침,
　　　(원서출판 2012).

충남연구원 엮음, 2014,『사회적경제의 발견』, 옥천 : 포도밭.

충북NGO센터 엮음, 2014,『함께 가자 & GO 충북 NGO 활동가의 삶과 희망』,
　　　청주 : 도서출판 직지.

특임장관실, 기획재정부 엮음, 2012,『상생과 통합의 미래: 협동조합과 함께』,
　　　서울 : 특임장관실.

하승우, 2014,『풀뿌리 민주주의와 아나키즘 : 삶의 정치 그리고 살림살이의 재
　　　구성을 향해』, 서울 : 이매진.

방문 지역별 자료

● 서울 지역

1. 서적

서울시 협동조합 운영 사례집 2013.

하승우, 2014, 모두를 위한 마을은 없다: 마을 만들기 사업에 던지는 질문.

2. 논문

김기태, 2013, "시민운동의 확장과 변모", 「황해문화」, 78(1), pp.33~48.

김경희, 2013, "사회적 경제를 통한 지역혁신의 가능성과 한계", 「공공사회연구」, 3(2), pp.126~150.

3. 발표자료

녹색연합, 지역에너지네트워크 외, 2015, "2015 지역에너지워크숍 :에너지 자립마을의 지속가능성을 위한 지역에너지네트워크 활동방향" (2015.10.01. 서울혁신파크 크리에이티브랩).

● 종로구 창신동

1. 신문 기사

2013.09.10. 시민일보. "종로구 창신동 '마을공동체 사업' 확산" http://www.siminilbo.co.kr/news/articleView.html?idxno=334023.

2013.10.14. 동아일보. "'창신동 봉제마을' 웃음꽃이 활짝 피었습니다" http://news.donga.com/3/all/20131014/58186614/1.

2014.06.10. 동아일보. "'달동네'서 아름다운 예술마을로" http://news.donga.com/3/all/20140610/64132775/1.

2015.10.05. 한국경제. "오래된 거리 고치며 '문화'를 만든 서울사람들" http://www.hankyung.com/news/app/newsview. php?aid=201510051099C.

2015.10.15. 서울시 뉴스레터. "창신동에 '봉제박물관·봉제거리' 조성" http://mediahub.seoul.go.kr/archives/924561.

● 마포구 성미산 마을 지역

1. 서적

유창복, 2010, 「우린 마을에서 논다」, 또하나의문화.

윤태근, 2011, 「성미산 마을 사람들」, 북노마드.

오마이뉴스, 2013, 「마을의 귀환」, 오마이북.

위성남 외, 2013, 「마을하기, 성미산마을의 역사와 생각」, 국토연구원.

유창복, 2014, 「도시에서 마을은 가능한가」, 휴머니스트.

2. 신문 기사

2013.11.22. 아시아경제. "〔서울스토리〕 20년 '함께'의 힘... 마을을 명물로 만든 '성미산'

      http://view.asiae.co.kr/news/view.htm?idxno=2013112112512551094.

2014.09.05. 경향신문. "〔성미산 20년〕 공동육아→대안학교→마을기업으로 확장... '도시 마을' 개념을 바꾸다"

      http://news.khan.co.kr/kh_news/khan_art_view.html?artid=2014090 52009275&code=940100.

● 경기 용인시

1. 신문 기사

한겨레, 2014.06.05, "도서관 문화는 사람과 세상을 바꿀 근원적인 힘"

      http://www.hani.co.kr/arti/culture/book/640994.html.

● 경기 여주시

1. 신문 기사

경기일보, 2014.10.02, 이국의 며느리들, 커피처럼 고소한 꿈을 볶다 –〔사회적 기업, 착한소비가 살린다〕 14. 통카페

      http://www.kyeonggi.com/?mod=news&act=articleView&idxno=83 9907&page=&total=.

이코노믹리뷰, 2013.04.30, 〔마을기업⑤〕 "마음 통(通)하니 '마을의 흄'이 '마을의 힘'으로"

　　　　http://www.econovill.com/news/articleView.html?idxno=85458.

헤럴드경제, 2014.12.10, 여주대학교, 사회적 기업으로 다문화가정 이주여성 고용창출

　　　　http://biz.heraldcorp.com/view.php?ud=20141210000801.

● 강원 원주시

1. 신문 기사

협동조합에 길을 묻다

　　　　http://www.nocutnews.co.kr/news/4489563.

협동조합, 강원도 취업 지도를 바꾸다

　　　　http://www.nocutnews.co.kr/news/4490539.

농촌을 살리는 협동조합

　　　　http://www.nocutnews.co.kr/news/4490909.

협동조합, 아직은 실험 중

　　　　http://www.nocutnews.co.kr/news/4491061.

강원도, 그래도 협동조합이다

　　　　http://www.nocutnews.co.kr/news/4492085.

협동조합이 강원도를 바꾼다

　　　　http://www.nocutnews.co.kr/news/4492992.

협동조합 '사람중심의 강원도를 꿈꾼다'

　　　　http://www.nocutnews.co.kr/news/4493767.

협동조합에 다시 길을 묻다

　　　　http://www.nocutnews.co.kr/news/4494471.

2. 영상 자료

행복한 공생共生 협동조합의 도시, 원주 1

　　　　https://www.youtube.com/watch?v=1qjKu-cTVRY.

행복한 공생共生 협동조합의 도시, 원주 2

https://www.youtube.com/watch?v=xVo_85MghPY.

행복한 공생共生 협동조합의 도시, 원주 3

https://www.youtube.com/watch?v=gYsz5wBP_6U.

행복한 공생共生 협동조합의 도시, 원주 4

https://www.youtube.com/watch?v=qaSJ1INoR3A.

● 부산 사하구 감천문화마을

부산 중구 오름길 문화 만들기

http://www.designcity.or.kr/include/download.asp?file=/data/
board/001__1%C0%E5_%BB%E7%BE%F7%B0%B3%BF
%E4(11-04-10).pdf.

산동네를 예향으로 만든 주민들의 힘

http://www.pcnc.go.kr/cwsboard/board.do?mode=download&bid=1
25&cid=4314&filename=4314_201501021714346800.pdf.

산복도로 르네상스 마스터플랜

http://bdi.re.kr/program/data/researchreport/asd.
pdfSanbokdoro Renaissance Project) (http://old.busan.go.kr/
open_content/common/Download.jsp?fpath=/board/TBL_
MBOARD00244/&name=Sanbokdoro.pdf&charset=UTF-8.

1. 신문 기사

OKRBS "'협동' 주경야설 산복도로 모노레일 옆 산리협동조합 떡치는 소리"

http://www.okrbs.co.kr/search.
php?query=%ED%98%91%EB%8F%99.

CNN 2015.02.11. "Gamcheon: Is this Asia's artiest town?"

http://edition.cnn.com/2013/07/10/travel/busan-gamcheon-village.

- 충북 옥천

1. 발표문

하승우. 2015. "지역의 시민 정치와 지역 거버넌스: 어떤 문제와 가능성이 있는가?"
(2015.08.10 서울대 아시아연구소).

2. 신문자료

옥천신문 (1989. 09. 30).

3. 학술지

차재영. 2002. "지역신문의 성장과 공공영역의 구축", 「한국언론학보」 46(3),
p.446~482.
차재영. 2008. "지역신문과 지역공동체의 구축: 충북 옥천지역 사례를 중심으
로", 「언론과학연구」, 8(4), pp.592~627.

4. 신문 기사

2015.12.05. 오마이뉴스. "마을은 다 옳은가? 끊임없이 의심한다",
http://www.ohmynews.com/NWS_Web/View/at_pg.aspx?CNTN_
CD=A0002164417.

- 부산 해운대구 반송동

1. 영상 자료

부산 반송마을 희망세상 느티나무 도서관
Linkhttp://www.maeul.or.kr/bbs/board.php?bo_table=m_case&wr_
id=65.
살기좋은 마을 만들기(부산xTED).

2. 신문 기사

반송마을 관련 (프레시안 2007.05.11.).

3. 서적

부산 중구 오름길 만들기 사업개요집 (부산 중구청 발간).
사례로 보는 국민대통합(2014), 부산 감천문화마을 (p.90~101).
함께하는 희망, 도시재생 (국토교통부 발간).

4. 논문

김현정, 2011, "장소마케팅 관점에서 공공미술 프로젝트에 관한 고찰 – 부산 공공미술 프로젝트 사례를 중심으로", 「한국콘텐츠학회논문지」, 11(2), pp.276~286.

이호상, 이명아, 2012, "문화예술을 매개로 한 도시재생 전략에 관한 사례연구 – 부산 감천문화 마을과 나오시마 사례를 중심으로", 「한국과학예술포럼」, 10, pp.171~183.

5. 발표자료

산복도로 르네상스 마스터플랜 자문회의 자료 (부산발전연구원 2010.6.10.).

● 대구 동구 지역

1. 보도자료

대구고용노동청 (2014.07.29) "대구 사회적경제 활성화 워크숍 개최".

2. 영상 자료

다큐 공감. "우리는 희망동네에 삽니다", (KBS, 2014.09.13 방송).
도시에서 고향을 만들다(TBC) – 안심마을 편집본.

3. 사례집

사례로 보는 국민대통합(2014) – 대구 안심주민공동체 (pp. 102~111).

4. 잡지 기고글

이형배. "대구 안심마을 이야기: 도시에서 행복한 마을살이" 월간국토 6월호.

● 전북 진안군

1. 신문 기사

진안군마을만들기센터 소식지 참고 (2014년 9월호, 2015년 6월호).
진안군 마을 축제 관련 기사 모음자료.

2. 서적

구자인, 2012, "마을만들기, 진안군 10년의 경험과 시스템: 더디가도 제대로 가는 길".

● 전북 완주군

1. 신문기사

어머니의 손맛이 지은 비비정 마을 이야기

    http://www.makehope.org/%EC%96%B4%EB%A8%B8%EB%8B
    %88%EC%9D%98-%EC%86%90%EB%A7%9B%EC%9D%B4-
    %EC%A7%80%EC%9D%80-
    %EB%B9%84%EB%B9%84%EC%A0%95-
    %EB%A7%88%EC%9D%84-
    %EC%9D%B4%EC%95%BC%EA%B8%B0.

전북일보 2013.03.21. 【완주 비비정 농가레스토랑에 가다】로컬푸드에 더한 어
    머니 손맛 '놀라워'

    http://www.jjan.kr/news/articleView.html?idxno=465555.

다정다감 2013.10.24. 시골마을의 무한 혁신 보여준 완주 비비정마을
    http://reporter.korea.kr/newsView.do?nid=148768836.

SBS CNBC "소비자도, 농민도 활짝 웃는 완주군 '로컬푸드' 성공기"
    http://www.jjan.kr/news/articleView.html?idxno=539457.

전북일보 2011.01.03. "안전한 농산물 먹고, 농가소득 높이고…완주군 '건강 밥
    상 꾸러미' 사업"

    http://www.jjan.kr/news/articleView.html?idxno=381570.

한국농어민신문 2011.04.28. "도농상생 모델 주목 '채소꾸러미사업'"
    http://www.agrinet.co.kr/news/articleView.html?idxno=100973.

뉴시스 2013.10.30. "완주군 로컬푸드 성공모델 '활동보고서' 공개"
    http://www.newsis.com/ar_detail/view.html?ar_id=NISX20131030_
    0012473575&cID=10401&pID=10400.

충청신문 2013.07.26. "마을체험여행 천국 완주에 잠깐 다녀오다"
    http://www.ccnnews.co.kr/news/quickViewArticleView.
    html?idxno=38258.

전북일보 2012.10.15. "로컬푸드 1번지 완주, 용진농협 로컬푸드직매장 - 참여농
    가 확대…월소득100만원 실현"

    http://www.jjan.kr/news/articleView.html?idxno=450403.

● 전북 전주시

1. 영상 자료

"유쾌한 유통 – 완주 로컬푸드 협동조합".

2. 신문 기사

완주 고산 미소시장 기사 모음자료 (SBS CNBC, 전북일보, 아주경제, 대한지
　　　　방자치뉴스 등).

완주군 '건강 밥상 꾸러미 사업' 관련 기사 모음자료(전북일보, 한국경제신문 등).

완주 로컬푸드 레스토랑 기사 (새전북신문 2012.12.05).

완주 비즈니스 커뮤니티 관련 자료 (희망제작소 중소기업센터)

3. 발표 자료

강성욱(완주군 로컬푸드 팀장). "완주군 농정형식을 통한 로컬푸드 활성화 사례"

● 제주지역

1. 신문 기사

프레시안, 2014.03.31, "대표보다 이주노동자 월급이 많은 여기는…", 〔박진현의
　　　　제주살이〕 제주 행복나눔마트
　　　　　　http://www.pressian.com/news/article.html?no=115741.

제주의소리, 2015.01.29, 제주 사회적경제, 통합지원기관으로 씨 뿌린다
　　　　　　http://www.jejusori.net/?mod=news&act=articleView&idx
　　　　　　no=157760.

찾아보기

부록

지역별 연구·조사에 도움에 주신 분들

지역	성명	직함	활동 기관 명
서울	이창환	이사	마포 사단법인 마을
	남기창	대표	청암지역아동센터
	안인숙	회장	행복중심생협
	이병진	팀장	성동협동사회경제추진단
	최정필	차장	문래예술공장
경기	박영숙	관장	용인 느티나무도서관
	권운혁	센터장	따복공동체지원센터
	백형호	상무	부천 경기두레협동조합
	박명혜	대표	부천 행복도시락
	경창수	이사장	안산의료복지사회적협동조합
	황보대혁	국장	성남사회적경제지원센터
	이현배	전무	경기주민신용협동조합
영남	이형배	대표	대구 안심마을문화공작소
	유길의	대표	대구 생활협동조합
	강현구	대표	대구 사회적협동조합 동행
	변강훈	센터장	부산시마을공동체민간협의회
	김영미	사무국장	부산 희망세상
	김혜정	대표	부산 희망세상

지역	성명	직함	활동 기관 명
호남	강신욱	센터장	진안군마을만들기지원센터
	한명재	목사	진안 좌포교회
	박후임	회장	진안마을귀농귀촌협의회
	이재철	운영위원장	진안 행복한노인학교, 진안분교
	양소영	매니저	전주 청년몰
	김정흠	공동회장	임실군지속가능발전협의회
	임경수	센터장	완주커뮤니티비즈니스센터
	안대성	대표	완주로컬푸드협동조합
충청	하승우		옥천 지역활동 참여
	주교종	상임이사	옥천살림
	황민호	편집국장	옥천신문
	김미화	사무국장	아산 공세리마을 협동조합
	윤용진	상무	아산 제터먹이 사회적협동조합
강원	김선기	사무국장	원주협동사회경제네트워크
	박준영	이사장	원주의료생활협동조합
제주	이경수	이사장	행복나눔마트협동조합
	안봉수	위원장	가시리(유채꽃)마을만들기사업추진회
	이선희	사무장	가시리(유채꽃)마을만들기사업추진회
	안은주	사무국장	제주올레센터
	박선경	대표	사회적기업 퐁낭